U0129394

台灣學者眼中的
大陸百年文學

林 黛 嫚 主編

民國文學與文化系列論叢
文史哲出版社印行

國家圖書館出版品預行編目資料

台灣學者眼中的大陸百年文學 / 林黛嫚主編.
--初版 --臺北市：文史哲,民 112.08
　頁；　公分（民國文學與文化系列論叢；13）
ISBN 978-986-314-652-0（平裝）

1.CST：中國文學史　2. CST：現代文學
3.CST：文學評論

820.908　　　　　　　　　　　112012943

民國文學與文化系列論叢 13

台灣學者眼中的大陸百年文學

主　　編：林　　　黛　　　嫚
出 版 者：文　史　哲　出　版　社
　　　　　http://www.lapen.com.tw
　　　　　e-mail：lapen@ms74.hinet.net
登記證字號：行政院新聞局版臺業字五三三七號
發 行 人：彭　　　正　　　雄
發 行 所：文　史　哲　出　版　社
印 刷 者：文　史　哲　出　版　社
　　　　　臺北市羅斯福路一段七十二巷四號
　　　　　郵政劃撥帳號：一六一八〇一七五
　　　　　電話886-2-23511028 · 傳真886-2-23965656

定價新臺幣五二〇元

二〇二三年（民一一二）八月初版

ISBN 978-986-314-652-0　　　　78363

台灣學者眼中的大陸百年文學

目　次

總序　一

民國文學史觀的建構
—— 現代文學研究的新思維與新視野

張堂錡

一

　　「民國文學」是有關中國現代文學學科研究歷史進程中，繼「中國新文學」、「中國現代文學」、「20 世紀中國文學」、「百年中國文學」之後，近期出現並開始受到重視與討論的一種新的學科命名與思維方式。它的名稱、內涵與意義都還在形成、發展的初始階段。類似的思維與說法還有「民國史視角」、「民國視野」、「民國機制」等。這些不同的名稱，大抵都不脫一個共同的「史觀」，那就是回歸到最基本也最明確的時間框架上來進行闡釋。陳國恩〈關於民國文學與現代文學〉即明確指出：「作為斷代文學史，民國文學中的『民國』可以是一個時間框架。就像先秦文學、兩漢文學、魏晉南北朝文學、隋唐文學和宋元明清文學中的各個朝代是一個時間概念一樣，民國文學中國，是指從辛亥革命到 1949 年中華人民共和國成立這一時段。凡

在這一時段裡的文學，就是民國文學。」這應該是大陸學界對「民國文學」一詞較為簡單卻完整的解釋。

北京師範大學的李怡則提出「民國機制」的說法，他在〈民國機制：中國現代文學的一種闡釋框架〉中也認為：「民國機制就是從清王朝覆滅開始，在新的社會體制下逐步形成的推動社會文化與文學發展的諸種社會力量的綜合」，然而，「隨著 1949 年政權更迭，一系列新的政治制度、經濟方式及社會文化氛圍、精神導向的重大改變，民國機制自然也就不復存在了。中國文學在新的機制中發展，需要我們另外的解釋。」當然，他們也都注意到了「民國」從清王朝－中華民國－中華人民共和國的線性時間概念之外的更豐富意義，例如陳國恩提到了民國的價值取向；李怡也強調必須「從學術的維度上看『政權』的文化意義，而不是從政治正義的角度批判現代中國的政治優劣」，他認為這樣的「民國文學」研究是「對一個時代的文學潛能的考察，是對文學生長機制的剖析，是在不迴避政治型態的前提下尋找現代中國文學的內在脈絡。」

面對大陸學界出現的這些不同聲音，在台灣的現代文學研究者已經不能再視而不見，如何在一種學術交流、理性互動、嚴謹對話、多元尊重的立場上進行對相關議題的深入討論，應該說，對兩岸學者都是一次難得的「歷史機遇」。台灣高喊「建國百年」，大陸記念「辛亥百年」，一個「民國」，各自表述。但不管怎麼說，「民國」開始能夠被大陸學界接受並引起討論熱潮，這本身就是一種試圖突破既有現代文學研究框架的努力，也是大陸學界在意識型態方面對「民國」不再刻意迴避或淡化的一種轉變。正是在這種轉變中，我們看到了中國現代文學研究的新契機。

二

　　民國文學不是單一的學術命題，不論從研究方法或視野上來看，它都必須涉及到民國的歷史、政治、經濟、教育、法律、文化、社會與思想等諸多領域，它必然是一個跨學科、跨地域、跨國別的學術視角，彼此之間的複雜關係說明了此一命題的豐富性與延展性。

　　必須正視的是，台灣對「民國」的理解是以「建國百年」為前提，而大陸學界則是以「辛亥百年」為前提，如此一來，大陸對「民國」的解釋是一個至 1949 年為止的政權，但台灣則是主張在 1949 年之後「民國」依然存在且持續發展的事實。拋開歷史或政治的解釋權、主導權不論，「民國」並未在「共和國」之後消失，這是不爭的事實。因此，在討論民國文學與文化之際，就會出現 38 年與 100 年的不同史觀。箇中複雜牽扯的種種原因或現實，正是過去對「民國文學」研究難以開展的限制所在。而恰恰是這樣的分歧，李怡所提出的「民國機制」也就更顯得有其必要性與可操作性。他說 1949 年政權更迭之後，民國機制不復存在，指的是「中華民國在大陸」階段，共和國機制在 1949 年之後取代了民國機制，但是「中華民國在台灣」階段，要如何來解決、解釋，「民國機制」其實可以更靈活地扮演這樣的闡釋功能。

　　「民國文學」的提出，並不是要取代「現代文學」，事實上也難以取代，因為二者的側重點不同，前者關注現代文學中的「民國性」，後者關注民國文學的「現代性」，這是一種在相互參照中豐富彼此的平等關係。現代性的探討，由於其文學規

律與標準難以固定化，使得現代文學的起點與終點至今仍是一種遊移的狀態，從晚清到辛亥，從五四到 1949，再由 20 世紀到 21 世紀，所謂文學的「現代化」與「現代性」都仍在發展之中。「民國性」亦然。從時間跨度上，現代文學涵蓋了民國文學，但在民國性的發展上，它仍在台灣有機地延續著，二者處於平行發展的狀態，不存在誰取代誰的問題。

在大陸階段的民國性，是當前大陸「民國文學」研究的重心，它有明確的歷史範疇與時間框架，但是在台灣階段的民國性，保留了什麼？改變了什麼？在與台灣在地的本土性結合之後，型塑出何種不同面貌的民國性呢？這是兩岸學者都可以認真思考的問題。

民國文史的參照研究，其重要性無庸置疑，而其限度與難度也在預料之中。「民國文學」作為一個學術的生長點，其意義與價值已經初步得到學界的肯定。現代文學的研究，在經過早期對「現代性」的思索與追求之後，發展到對「民國性」的探討與深究，應該說也是符合現代文學史發展規律的一次深化與超越。在理解與尊重的基礎上，兩岸學界確實可以在這方面開展更多的合作機會與對話空間。

三

為了呼應並引領這一充滿學術生機與活力的學術命題，政大文學院與北京師範大學於 2014 年幾乎同時成立了「民國歷史文化與文學研究中心」，四川大學、四川民族大學也相繼成立了類似的研究中心；政大中文研究所於 2015 年正式開

「民國文學專題」課程；以堅持學術立場、文學本位、開放思想為宗旨的學術半年刊《民國文學與文化研究》，在李怡、張堂錡兩位主編的策劃下，已於 2015 年 12 月在台灣出版創刊號；由李怡、張中良主編的《民國文學史論》、《民國歷史文化與中國現代文學研究》兩套叢書則分別由花城出版社、山東文藝出版社出版，在學界產生廣泛的迴響。規模更大、影響更深遠的是由李怡擔任主編、台灣花木蘭出版社印行的《民國文化與文學研究文叢》，自 2012 年起陸續出版了五編七十餘冊，計畫推出百餘冊，這套書的出版，對現代中國文學研究打開了新的學術思路，其影響力正逐漸擴大中。

　　對「民國文學」研究的鼓吹提倡，台灣的花木蘭出版社可以說扮演了積極推動的重要角色。自 2016 年 4 月起，由劉福春、李怡兩人主編的《民國文學珍稀文獻集成》叢書第一輯 50 冊正式發行，並計畫在數年內連續出版這套叢書上千種，這真是令人振奮也令人嘆為觀止的大型學術出版計畫！

　　從 2016 年 8 月起，文史哲出版社也成為民國文學研究的又一個重要學術平台，除了山東文藝出版社授權將其出版的《民國歷史文化與中國現代文學研究》叢書 6 本交由文史哲出版社出版之外，其他有關民國文學研究的學術專著也將列入新規劃的《民國文學與文化系列論叢》中陸續出版，如此一來，民國文學研究將有了一個集中展現成果、開拓學術對話的重要陣地，這對兩岸的民國文學研究而言都是一個正面而積極的發展。文史哲出版社是台灣學術界具有代表性的老字號出版社，經營四十多年來，出版過的學術書籍超過三千種以上，對兩岸學術交流更是不遺餘力，彭正雄社長的學術用心與使命感實在讓人欽佩！這次願意促成這套叢書的出版，可說是再一次印證

了彭社長的文化熱忱與學術理念。

　　我們相信，只要不斷的耕耘，這套書的文學史意義將會日益彰顯，對民國文學的研究也將會在這個基礎上讓更多人看見，並在現代文學領域產生不容忽視的影響力。對於「民國文學」的提倡與落實，我們認為是一段仍需持續努力、不斷對話的過程，但願這套叢書的問世，對兩岸學界的看見「民國文學」是一個嶄新而美好的開始。

2016 年 7 月，台北

總序 二

民國歷史文化與中國現代
文學研究的新可能

李　怡

　　中國現代文學發生發展的社會歷史背景是「民國」，從民國歷史文化的角度考察中國現代文學，既是這一歷史階段文化自身的要求，也是中國現代文學研究新的動向。

　　中國現代史上的「中華民國」是現代中國歷史進程的重要環節，無論是作為「亞洲第一個共和國」的歷史標誌，還是包括中國共產黨人在內的全體中國人都曾為「民國」的民主自由理想而奮鬥犧牲的重要事實，「民國」之於現代中國的意義都是值得我們加以深究的。與此同時，中國現代文學的「敘史」也一直都在不斷修正自己的框架結構，從一開始的「新文學」、「現代文學」到 1980 年代中期的「二十世紀中國文學」，每一種命名的背後都有顯而易見的歷史合理性，但同時又都不可避免地產生難以完全解決的問題。「新文學」在特定的歷史年代拉開了與傳統文學樣式的距離，但「新」的命名畢竟如此感性，終究缺乏更理性的論證；「現代文學」確立了「現代」

的價值指向，問題是「現代」已經成了多種文化爭相解釋、共同分享的概念，中國之「現代」究竟為何物，實在不容易說清楚；「二十世紀中國文學」確立的是百年來中國文學的自主性，但是這樣以「世紀」紀年為基礎的時間概念能否清晰呈現這一文學自主的含義呢？人們依然不無疑問。正是在這樣一種背景上，關於中國現代文學「敘史」的「民國」定位被提了出來，形成了越來越多的「民國文學史」命名的呼籲。

「民國文學」的設想最早是從事現代史料工作的陳福康教授在 1997 年提出來的[1]，但是似乎沒有引起太多的注意；2003年，張福貴先生再次提出以「民國文學」取代「現代文學」的設想，希望文學史敘述能夠「從意義概念返回到時間概念」[2]，不過響應者依然寥寥。沉寂數年之後，在新世紀第一個十年即將結束的時候，終於有更多的學者注意到了這個問題，特別是最近兩三年，主動進入這一領域的學者大量增加。國內期刊包括《中國社會科學》、《文學評論》、《中國現代文學研究叢刊》、《文藝爭鳴》、《海南師範大學學報》、《鄭州大學學報》、《現代中國文化與文學》都先後發表了大量論文，《文藝爭鳴》與《海南師範大學學報》等還定期推出了專欄討論。張中良先生進一步提出了中國現代文學研究的「民國史視角」問題，我本人也在宣導「文學的民國機制」研究。在我看來，「民國文學」研究的興起十分正常，它們都顯示了中國現代文學研究在經歷了半個多世紀的探索之後一次重要的學術自覺和學術深化，並且與

---

1 陳福康：《應該「退休」的學科名稱》，原載 1997 年 11 月 20 日《文學報》，後收入《民國文壇探隱》，上海書店出版社 1999 年。
2 張福貴：《從意義概念返回到時間概念 —— 關於中國現代文學的命名問題》，香港《文學世紀》2003 年 4 期。

在此之前的幾次發展不同，這一次的理論開拓和質疑並不是外來學術思潮衝擊和感應的結果，從總體上看屬於中國學術在自我反思中的一種成熟。

當前學界的民國文學論述正沿著三個方向展開：一是試圖重新確立學科的名稱，進而完成一部全新的現代文學史；二是為舊體文學、通俗文學等「新文學」之外的文學現象回歸統一的文學史框架尋找新的命名；三是努力返回到歷史的現場，對民國社會歷史中影響文學的因素展開詳盡的梳理和分析，結合民國文學歷史的一些基本環節對當時的文學現象進行新的闡述和研究。在我看來，前兩個方向的問題還需要一定時間的學術積累，並非當即可以完成的工作，否則，倉促上陣的文學史寫作，很可能就是各種舊說的彙集或者簡單拼貼，而第三個方面的工作恰恰是文學史認識的最堅實的基礎，需要我們付出扎實的努力。

從民國歷史文化的角度研究中國現代文學，可以為我們拓展一系列新的學術空間。

例如民國經濟形態所造就的文學機制，民國法制形態影響下的文學發展，民國教育制度的存在為文學新生力量的成長創造怎樣的文化條件、為廣大知識分子的生存提供怎樣的物質與精神的基礎等等。還有，仔細梳理中國現代作家的「民國體驗」，就能夠更加有效地進入他們固有的精神世界與情感世界，為我們的中國現代文學提出更實事求是的解釋。

當然，討論中國現代文學的「民國」意義，挖掘其中的創造「機制」絕不是為了美化那一段歷史。在現代中國文化建設的漫長里程中，在我們的現代文化建設目標遠遠沒有完成的時候，沒有任何一段歷史值得我們如此「理想化處理」，嚴肅的學

術研究絕不能混同於大眾流行的「民國熱」。今天我們對歷史的梳理和總結是為了呈現 20 世紀上半葉中國文學發展的一些可資借鑒的機制，以為未來中國文學的生長探尋可能 —— 在過去相當長的歷史中，我們習慣於在外國文學發展的歷史中尋找我們模仿的對象，通過介紹和引入西方文學的各種模式展開自己。殊不知，其中的文化與民族的間隔也可能造成我們難以逾越的障礙。如今，重新返回我們自己的歷史，在現代中國人自己有過的歷史經驗和智慧成果中反思和批判，也許就不失為一條新路。

　　呈現在讀者諸君面前的這一套「民國文學與文化系列論叢」，試圖從不同的方向挖掘「以歷史透視文學」的可能。這裡既有新的方法論的宣導 —— 諸如「民國」作為「方法」或者作為「空間」的含義，也有不同歷史階段的文學新論，有「民國」下能夠容納的特殊的文學現象梳理 —— 如民國時期的佛教文學，也有民國文學品種的嶄新闡述。它們都能夠帶給我們對於歷史和文學的一系列新的感受，雖然尚不能說架構起了民國歷史文化現象的完整的知識結構，卻可以說是開闢了文學研究的新的可能。但願我們業已成熟的中國現代文學研究，能夠因此而思想激蕩、生機勃發。

2014 年 6 月，北京

林　序

大陸百年文學的繁花盛景

林黛嫚主編

　　2019 年是五四運動一百年，論者認為中國現代文學是以「五四」反對文言文、提倡白話文的語言變革為起點的，這個發生在 1919 年前後的新文化運動及文學革命，在中國文學史上樹起一個鮮明的界碑，標示著古典文學的結束，現代文學的起始，也見證著文學、文化與當時中國逐漸步入現代社會的歷史背景密不可分的。這個文學發展的重要時刻，剛剛過去，出版這本《台灣學者眼中的大陸百年文學》，毋寧是具有相當重要的意義。

　　現在回看五四新文化時期的作家們，魯迅、老舍、巴金、曹禺、胡適、徐志摩朱志清等對小說、戲劇、雜文、新詩等各種體裁都進行嘗試，而且許多作品達到了極高的水準，迄今都是現代文學的經典，並且在創作風格、觀點及形式各方面影響著其後從事文學創作的作家們，譬如張愛玲不只一次表示她喜愛張恨水的小說並深受影響。只是兩岸在一段時間的隔絕，以及政治意識型態操縱著文學家作品的傳播與接受，台灣讀者對有些大陸現代文學作家與作品並不熟悉。本書不僅希望從專業

研究角度回顧了大陸百年文學史的發展，同時也期待藉著台灣學者對這些現代作家的重新評介、賞析，讓海峽兩岸讀者瞭解中國現代文學的發展脈絡，並從審美角度體會這些作品的文學價值。

　　本書所選三十九位作家，都是大陸現代文學的重要作家，但對臺灣讀者來說，卻有不同程度的熟悉，原因十分複雜，有政治因素，也有歷史緣由，因為陌生有些作家的文學價值也沒有得到充份理解。但在本書中，透過台灣作家的研究觀點，應該可以幫助海峽兩岸的讀者，尤其是青年一代，在打破禁忌後，重新看待這一時期的文學作品，深入理解這一時期中國的社會變遷和文化發展，也能更加理解現代文學的藝術性。

　　1920、30 年代，台灣受到中國文學革命的影響，也展開新文學運動，當時台灣人唯一的言論媒體《台灣民報》，文藝欄主編賴和大量轉載中國新文學作品。戰後國民政府接收台灣，台灣的中國化是當時國民政府的文化政策，中國新文學第二次大量被介紹到台灣，台灣作家在摸索現代文學的方向，魯迅、郭沫、巴金等人都被視為典範來學習、模仿的。張我軍、葉榮鐘、賴和等台灣作家都對這些祖國的作家非常關注並且推崇備至，他們的影響力跨越時間、世代、地域的限制。在戰後初期，兩岸作家作品也曾短暫地交流傳播，直到國共內戰兩岸隔絕，文學閱讀也受到限制，許多大陸作家的作品被列為禁書，如魯迅、老舍、巴金、冰心等人在台灣完全喪失發言權，因而不可能建立影響力與文學地位。

　　當然台灣也有作家支持、推介這些被消失的作家，譬如1967 年，林海音在《純文學》月刊設計「中國近代作家與作品」專欄，試圖衝撞政治禁忌，為台灣讀者介紹多位五四作家與作

品。她以「菱子」為筆名，發表〈老舍及其文體〉，在文中技巧性地大段引用〈月牙兒〉，等於讓讀者在行文之間能夠讀得到老舍的整篇小說。本書中蔡孟文所寫〈人民作家—巴金〉指出，「對台灣讀者而言，巴金曾是個神祕又充滿禁忌的名字，不論『李費甘』或『巴克』，都是這個匿名機制下的保護傘。而台灣讀者則在這些隱微、曲折的路徑上，透過被遮蔽的譯者姓名，理解、想像做為無政府主義者的巴金。」

　　1953 年，紀弦在創辦《現代詩》，號稱將「現代詩火種」由大陸帶到台灣。紀弦的青年時期，深受戴望舒、李金髮等現代派的影響，而 1950、60 年代台灣現代主義的再起，也得以穿透政治、時間、空間的阻隔，接續 1930 年代上海現代派的新詩美學，這也顯示台灣文學發展和大陸的關聯。如蔡孟文所寫：「在文學批評方面，紀弦採取貶抑徐志摩、聞一多等新月派詩人，推崇戴望舒等現代派詩人的論點。這樣的觀點，深深影響台灣人對於中國新文學史的詮釋與評價。」而像艾青〈礁石〉：「一個浪，一個浪／無休止地撲過來／每一個浪都在它腳下／被打成碎沫，散開……／它的臉上和身上／像刀砍過的一樣／但它依然站在那裡／含著微笑，看著海洋」，還有卞之琳〈斷章〉：「你站在橋上看風景／人在樓上看你／明月裝飾了你的窗子／你裝飾了別人的夢」對於台灣讀者而言，中學時期大多或深或淺地讀過這些詩，但也只限於少數膾炙人口的短詩。

　　也有在台灣享有盛名，大陸學界的評價卻非常慘澹的現象，胡適就是一例。台灣與海外的評論對胡適較為公允，例如：余英時、周策縱、唐德剛等著名胡學專家皆提出具有學界共識力的論述。周策縱在〈論胡適的詩〉指出：胡適因沒有虔誠的宗教信仰與理性太強等兩大稟賦不足，因此他的詩「清新者有

之，朦朧耐人尋味者則無；輕巧者有之，深沉厚重者則無；智慧可喜者有之，切膚動人摯情者則無。」直到新時期以後，大陸的學術界才開始重新評論《嘗試集》，胡適詩歌評論上，也才出現新的主張，於是胡適被推舉詩界革命領袖，他的作品呈現出既脫胎於傳統文化的影子，又折射出中國新詩在誕生乃至發展的歷程中，所出現的過渡色彩。

即使是兩岸學者都熟悉、不存在因意識型態而有不同評價的作家，仍然會因為兩岸生活差異而有不同詮釋，譬如曹禺，在蔡孟文所寫的〈雅俗共賞的戲劇天才—曹禺〉中提到，「如果說《雷雨》是台灣人認識曹禺、接受曹禺，甚至重新演繹、理解曹禺的起點。那麼《原野》或許是非常特別的一個「個案」，其特別之處在於它的被理解與不被理解，它的主題所引起的爭議。……《原野》最初被搬演的年代，是中國新劇從實驗走向市場，從同人跨入商業的「大劇場」時期。台灣所接受的、理解的曹禺，也是在這樣具有高度市場性、都會生活品味，在上海、南京等大都會中扎根、確立下的現代戲劇大師身影。」又如林語堂，在近代文壇上，林語堂可說是一特殊文化現象所孕育的特殊人物，這位具有國際知名度的重要作家，卻因為他堅定的反共思想，導致有段時期，中國大陸的現代文學史視他為反動作家。再如見證了一個時代的繁華喧囂，最終都落實於文學筆端，記錄了她眼中的華麗與蒼涼的張愛玲，在台灣出版全部重要作品，知名評論家夏志清撰寫《中國現代小說史》給予她和魯迅、巴金、沈從文同等的評價，奠定她偉大華文作家的地位，卻幾乎在她身後，大陸學界與評論界才開始張愛玲研究。

還有青年早逝的梁遇春，雖然有人覺得不論在翻譯還是寫

作上的成就他都不能和他的福建同鄉比他年長十歲的林語堂相提並論，因此他的文學成績也被忽略了，實則他的早逝應該是這遺憾的最大原因，誠如楊明所說，假如上天多給他一些時間，我們將可以讀到更多佳作。

餘如台灣讀者相對陌生的作家，如夏衍、穆旦、鄭敏、張天翼等，張天翼早在夏志清《中國現代小說史》中即有專節介紹；鄭敏著作甚豐，她的詩歌有著濃鬱的哲學底蘊；作為曾赴日留學的電機科學生，夏衍雖是半路投身文藝，但在戲劇方面的成就，卻絕不下於同時代的郭沫若；穆旦在詩歌的抒情方式和語言藝術「現代化」的問題上，做得比誰都徹底……在台灣學者的梳理之下，這些作家的生平、作品藝術價值以及代表作品都展現了一個獨特、新穎的閱讀視角。

文學正是文化的具體表徵，不僅真實反映時代推移之過程，更充實了閱聽者的精神內涵。作家們的創作，正是以文學作品來體現他們的人生觀點與社會實踐。

1996 年，筆者當時服務的《中央日報》和台灣大學、台灣師範大學等幾所知名大學合辦了一場學術研討會「百年來中國文學學術研討會」，大會宣言中揭示了辦理意義，「百年來，在文學與歷史交互推演作用下，中國文學呈現了諸如文學革命、三十年代文學、抗戰文學、歷史文學、鄉土文學等不同風貌，為每一階段歷程留下生動的紀錄，具體彰顯了中華文化的與時俱進，此研討會旨在探討百年來中國文學與時代的互動關係，藉以了解二十世紀中國人思維與生活方式，經由會學者深入的討論與研究，對百年來中國文學變遷歷程做有系統的回顧，並為未來文學發展提供可資依循的方向。」中國文學近百年來受到白話文及五四運動影響，產生了相當大的變革，但台灣現代

文學的研究卻是從 1980 年代才開始推展，《中央日報》辦理此研討會，正是希望能為以古典文學為中心的中國文學研究注入新血。出席此會的兩岸學者、作家包括吳祖光、賈植芳、高行健、北島、古華、柯慶明、陳昭瑛、何寄澎、張健、楊昌年等，可說是台灣現代文學界的一次盛會。

　　筆者 2017 年十月應承主編本書，如今思來，民國文學、大陸文學對我來說並不專擅，其實是個大膽的舉措，一年半後收穫成果，卻彷彿呼應廿年前 1996 年我曾參與的盛會。筆者雖忝為本書主編，實則只承擔了邀稿、集稿的工作，重要的內容，有賴各篇的作者為大陸百年文學、為 39 位作家發揚文學成就以及展現獨特詮釋視角。特別要感謝本書的共同作者，東華大學朱嘉雯副教授、香港珠海學院楊明副教授、成功大學李京珮助理教授、中國科技大學王秀雲助理教授、世新大學蔡孟文助理教授、及世新大學朱濬、陳冠勳助理教授。本書從發想到居間聯繫、蒐集資料、撰寫，有賴上述各位無私的努力，最終能將成果完整呈現，期盼能使兩岸的讀者更加認識大陸百年文學。

2019 年 2 月，台北

1　時代的巨人，巨人的時代

── 郭沫若

蔡孟文

一、生平與作品風格

　　台灣接受現代化的文學傳播媒介，始自日據時代。而現代這個新派、時尚、潮流的詞彙，魅惑當時的青年，影響他們觀看、接觸世界的思維方式。除了來自西方、日本那些新穎字眼外，祖國的文學脈流亦為時人所重視。例如《台灣民報》就是當時非常重要的刊物。魯迅、冰心、郭沫若、張資平的作品，就在這個渴求新知，接軌世界的時代之風下，為台灣人所悉。除此，立場鮮明，標舉左翼思想的刊物亦在所多有，如《洪水報》、《赤道》、《伍人報》。環顧 1920、30 年代，台灣轉載的中國大陸作家作品，郭沫若算是相當豐富的一位。而台灣作家在摸索現代文學的方向與進路，郭沫若是被視為典範來學習、模仿的。[1] 許乃昌、張我軍、葉榮鐘都對他推崇備至，賴和也對這位祖國文壇巨擘非常關注，影響力跨越時間、世代、地域的

1　參見許俊雅，〈《洪水報》、《赤道》對中國文學作品的轉載：兼論創造社在日治台灣文壇〉，《台灣文學研究學報》，第 14 期（2012 年 4 月），頁 208。文中對於楊華〈晨光集〉是否模仿郭沫若一事，有詳實的考察。

限制。而在戰後初期，兩岸作家作品曾短暫地交流傳播，郭沫若也是這股祖國浪潮下被重點介紹的作家。三省堂的《教科書式華語自修書》就收錄有〈北伐途次〉（中日對照）。二二八事件隔年，郭沫若曾撰文〈還要警惕著不流血的二二八〉，批判蔣介石屠殺台灣人，也認為美國懷有侵略台灣，建立另一個菲律賓的企圖。就和所有左翼作家一樣，郭沫若其人其文無法見容於戒嚴時期，一直要到 1988 年，金達凱的《郭沫若總論：三十至八十年代中共文化活動的縮影》，戰後唯一一本專論才面世。唯此時對於郭氏的觀點深受政治影響，全然翻轉為負面批評。顯見時代變異之速。1989 年楊牧、鄭樹森編的《現代中國詩選》，收錄 1917 年至 1987 年間近百位代表性詩人，郭沫若入選。是解嚴後台灣較為持平地重估郭沫若文學的開始。

郭沫若（1892-1978），原名開貞，字鼎堂，號尚武，四川省樂山縣客家人，是中國現代知名的人物。郭氏的身分是多重的，他是文學家、劇作家、詩人。他也是歷史學家、古文字學家、書法家。甚而他還是個社會運動家、政治人物。郭沫若著述非常豐富，《郭沫若全集》有 38 卷之多。1949 年新中國建立以後，曾仕中國科學院首任院長、中央人民政府政務院副總理兼文化教育委員會主任、全國人大常委會副委員長、中國文聯首任主席、中國科學技術大學首任校長。

郭沫若的第一本詩集《女神》被認為是為中國現代詩奠定基礎的代表作。受到五四時期民族之魂的召喚，《女神》對於時代發出的訊息，是莊嚴而悲壯的，而同時又飽含自我的個性和抒情形象。為中國現代詩開創了藝術表現的大格局、大視野。到了《前茅》、《恢復》，我們則看到鼓動的時代波流，強烈沖激著詩人的思想、情感、文字，或許出對於革命路線的信仰，卻

難以避免窄化文學表現的弊病。中日戰爭期，郭沫若創造了具高度當代意義的歷史劇，《虎符》、《屈原》、《棠棣之花》。郭沫若賦予這些歷史人物鮮明的性格，大刀闊斧地打破既有的形象，不受史料束縛，進行充滿創造力的再生，在盡可能不違背歷史的大前提下。就是這樣的表現力，我們似乎又看到了《女神》時期那種寫詩其實是表現自我的強烈藝術性格，郭沫若筆下的歷史人物，在某些情境下，是他自己思想、情感、觀點的表現。在文字表現上，郭沫若的劇本大膽地融入詩化語言，有別於現代新劇大量的白話口語，抒情性特強。在戲劇需求的強烈衝突中，達到語言與情節的平衡。

二、作品選讀與賞析

《屈原》（節選）

〔屈原手足已戴刑具，頸上並繫有長鏈，仍著其白日所著之玄衣，披髮，在殿中徘徊。因有腳鐐行步甚有限制，時而佇立睥睨，目中含有怒火。手有舉動時，必兩手同時舉出。如無舉動時，則拳曲於胸前。〕

屈原：（向風及雷電）風！你咆哮吧！咆哮吧！盡力地咆哮吧！在這暗無天日的時候，一切都睡著了，都沉在夢裡，都死了的時候，正是應該你咆哮的時候，應該你盡力咆哮的時候！

盡管你是怎樣咆哮，你也不能把他們從夢中叫醒，不能把死了的吹活轉來，不能吹掉這比鐵還沉重的眼前的黑暗，但你至少可以吹走一些灰塵，吹走一些沙石，至少可以吹動一些花草樹木。你可以使那洞庭湖，使那長江，使那東海，為你翻波

湧浪，和你一同地大聲咆哮呵！

　　啊，我思念那洞庭湖，我思念那長江，我思念那東海，那浩浩蕩蕩的無邊無際的波瀾呀！那浩浩蕩蕩的無邊無際的偉大的力呀！那是自由，是跳舞，是音樂，是詩！

　　啊，這宇宙中的偉大的詩！你們風，你們雷，你們電，你們在這黑暗中咆哮著的，閃耀著的一切的一切，你們都是詩，都是音樂，都是跳舞。你們宇宙中偉大的藝人們呀，盡量發揮你們的力量吧。發洩出無邊無際的怒火，把這黑暗的宇宙，陰慘的宇宙，爆炸了吧！爆炸了吧！

　　雷！你那轟隆隆的，是你車輪子滾動的聲音？你把我載著拖到洞庭湖的邊上去，拖到長江的邊上去，拖到東海的邊上去呀！我要看那滾滾的波濤，我要聽那鞳鞳韃韃的咆哮，我要漂流到那沒有陰謀、沒有汙穢、沒有自私自利的沒有人的小島上去呀！我要和著你，和你的聲音，和著那茫茫的大海，一同跳進那沒有邊際的沒有限制的自由裡去！

　　啊，電！你這宇宙中最犀利的劍呀！我的長劍是被人拔去了，但是你，你能拔去我有形的長劍，你不能拔去我無形的長劍呀。電，你這宇宙中的劍，也正是，我心中的劍。你劈吧，劈吧，劈吧！把這比鐵還堅固的黑暗，劈開，劈開，劈開！雖然你劈它如同劈水一樣，你抽掉了，它又合攏了來，但至少你能使那光明得到暫時間的一瞬的顯現，哦，那多麼燦爛的、多麼炫目的光明呀！

　　光明呀，我景仰你，我景仰你，我要向你拜手，我要向你稽首。我知道，你的本身就是火，你，你這宇宙中的最偉大者呀，火！你在天邊，你在眼前，你在我的四面，我知道你就是宇宙的生命，你就是我的生命，你就是我呀！我這熊熊地燃燒

著的生命，我這快要使我全身炸裂的怒火，難道就不能迸射出光明了嗎？

炸裂呀，我的身體！炸裂呀，宇宙！讓那赤條條的火滾動起來，像這風一樣，像那海一樣，滾動起來，把一切的有形，一切的汙穢，燒毀了吧！燒毀了吧！把這包含著一切罪惡的黑暗燒毀了吧！

把你這東皇太一廟燒毀了吧！把你這雲中君燒毀了吧！你們這些土偶木梗，你們高坐在神位上有什麼德能？你們只是產生黑暗的父親和母親！

你，你東君，你是什麼個東君？別人說你是太陽神，你，你坐在那馬上絲毫也不能馳騁。你，你紅著一個面孔，你也害羞嗎？啊，你，你完全是一片假！你，你這土偶木梗，你這沒心肝的，沒靈魂的，我要把你燒毀，燒毀，燒毀你的一切，特別要燒毀你那匹馬！你假如是有本領，就下來走走吧！

什麼個大司命，什麼個少司命，你們的天大的本領就只有曉得播弄人！什麼個湘君，什麼個湘夫人，你們的天大的本領也就只曉得痛哭幾聲！哭，哭有什麼用？眼淚，眼淚有什麼用？頂多讓你們哭出幾籠湘妃竹吧！但那湘妃竹不是主人們用來打奴隸的刑具麼？你們滾下船來，你們滾下雲頭來，我都要把你們燒毀！燒毀！燒毀！

哼，還有你這河伯……哦，你河伯！你，你是我最初的一個安慰者！我是看得很清楚的呀！當我被人們押著，押上一個高坡，衛士們要息腳，我也就站立在高坡上，回頭望著龍門。我是看得很清楚，很清楚的呀！我看見嬋娟被人虐待，我看見你挺身而出，指天畫地有所爭論。結果，你是被人押進了龍門，嬋娟她也被人押進了龍門。

　　但是我，我沒有眼淚。宇宙，宇宙也沒有眼淚呀！眼淚有什麼用呵？我們只有雷霆，只有閃電，只有風暴，我們沒有拖泥帶水的雨！這是我的意志，宇宙的意志。鼓動吧，風！咆哮吧，雷！閃耀吧，電！把一切沉睡在黑暗懷裡的東西，毀滅，毀滅，毀滅呀！

　　〔鄭詹尹左手提燈，右手執爵，由湘夫人神像左側之門入場。〕

　　鄭詹尹：三閭大夫，你又在做詩了嗎？你的聲音比風還要宏大，比雷霆還要有威勢啦。啊，像這樣雷電交加的深夜，實在可怕。我連廟門都不敢去關了。你怎麼老是不去睡呢？是的，我看你好像朗誦了好長的一首詩啦。你怕口渴吧。我給你備了一杯甜酒來，雖然沒有下酒的東西，請你潤潤喉，也好啦。

　　屈原：多謝你，請你放在那神案上，手足不方便，對你不住。

　　鄭詹尹：唉，真是不知道要鬧成個什麼世界了。本來是「刑不上大夫，禮不下庶人」的，這個體統也弄得來掃地無存了。連我們的三閭大夫，也要讓他戴腳鐐手銬。……
　　……

　　〔此時衛士甲與嬋娟由右首出場。屈原瞥見人影，頓吃一驚。〕

　　屈原：是誰？

　　嬋娟：啊，先生在這兒啦，我嬋娟啦！（用盡全力，跟蹌奔上神殿，跪於屈原前，擁抱其膝仰頭望之，似笑，又似乾哭）

　　屈原：（呈極淒絕之態）啊，嬋娟，你怎麼來的？你臉上怎麼有傷呀？你怎麼這樣的裝束？

　　嬋娟：（斷續地）先生，我高興得很。……你，請……不要

問我。……我……我是什麼話都不想說。我只想……就這樣……就這樣抱著先生的腳，……抱著先生的腳，……就這樣……死了去吧。

〔屈原不禁潸然，兩手撫摩著嬋娟的頭，昂頭望著天，如此有間，嬋娟始終仰望屈原，喘息甚烈。〕

屈原：（俯首安慰）嬋娟，我沒有想到還能夠看見你，你一定是逃走出來的，你是超過了死線了。你知道宋玉是怎樣嗎？

嬋娟：（仍喘息）他……他跟著公子子蘭……搬進宮裡去了。

屈原：那也由他去吧。誰能夠不怕艱險，誰才可以登上高山。正義的路是崎嶇的路，它只歡迎勇敢的人。……那位釣魚的人呢？

嬋娟：聽說丟進監裡去了。

屈原：（沉默一忽之後）嬋娟，你口渴吧？

〔嬋娟點頭。〕

屈原：（兩手移去，將案上酒爵取來）這兒有杯甜酒，你喝了它吧。

〔嬋娟就爵，一飲而盡，飲之甚甘，自己仍跪於地，緊緊擁抱著屈原的兩膝，昂首望之。〕

〔屈原以兩手置爵於神案上之後，仍撫摩其頭。俄而，嬋娟臉色漸變，全身痙攣。〕

屈原：（屈膝俯身，以兩手套其頸，擁之於懷）啊，嬋娟，你怎樣？你怎樣？

嬋娟：（凝目搖頭）先生，……那酒……那酒……有毒。……可我……我真高興……我……真高興！（振作起來）我能夠代替先生，保全了你的生命，我是多麼地幸運呵！……先生，我

是一個普通人家的女兒，我受了你的感化，知道了做人的責任。我始終誠心誠意地服侍著你，因為你就是我們楚國的柱石。……我愛楚國，我就不能不愛先生。……先生，我經常想照著你的指示，把我的生命獻給祖國。可我沒有想到，我今天是果然做到了。（漸漸衰弱）我把我這微弱的生命，代替了你這樣可寶貴的存在。先生，我真是多麼地幸運呵！……啊，我……我真高興！……真高興！……

屈原：（緊緊擁抱著嬋娟）嬋娟！你要活下去呵！活下去呵！嬋娟！嬋娟！

嬋娟：（更衰弱）……啊，我……真高興！……（喘息與痙攣愈烈。終竟作最大痙攣一次，死於屈原懷中，殿上燈火全體熄滅，只餘月光）

賞　析

如果說我們在《屈原》那裡，看到的是郭沫若根植於現實的敘述動力，與近代中國多重的壓迫、鬥爭的歷史無法分離。那麼，在這一層思維底下，在很多歷史的關口，郭所作的選擇，應該也來自於這樣的國族主義、意識型態。某種程度上來說，郭沫若的戲劇作品，尤其是中日戰爭期的創作，更傾向政治文學的路數發展。當時的中國不只傾全國之力和日本作戰，內部還有非常激烈的左右路線之爭、政黨和政黨之間的鬥爭。內部對於政治見解的差異，仍以「傳統」的成王敗寇那一套來解決。也就因為如此，郭的論點、創作也更趨近於本質主義。這是否益於懷抱不同見解的人民，對於不同立場、見解有更進一步的認識，或有疑問。郭沫若激進的政治、文學見解，免不了引起戰後台灣的差異評價。1949 年至今兩岸政治上的差異，影響各

自對於郭沫若、對於《屈原》的觀點，自不足為怪。

　　我們深知《屈原》無法只看文本，因為此劇可以說是郭沫若以自己和中國社會、歷史的對話，所寫就的作品。蘊含著濃厚的時代感、尖銳的問題意識、豐富的角色寄語。《屈原》透過歷史人物、虛構情節，托陳出近代中國滄桑的時代闇影，以及這闇影下，中國知識分子的思考與處境。

　　該劇描繪戰國時代楚國三閭大夫屈原，主張對內要改革政治，對外則聯齊抗秦。屈原曾為楚懷王委以重任，但南后被秦國張儀說服，助其促成秦楚結盟，並設計陷害抗秦派的屈原。懷王遂將屈原囚禁，廢齊楚之約，轉和秦國結盟。其學生宋玉投靠南后，而侍女嬋娟間接遭南后害死。哀痛之餘，屈原選擇遠離政治核心。

　　郭沫若建構了一個更符合時代需求的屈原。劇中的屈原愛恨分明、性格剛烈，與《楚辭》中抑鬱、自憐、敏感的詩人形象大異其趣。我們試看一段此劇最具代表性的〈雷電頌〉：「雷！你那轟隆隆的，是你車輪子滾動的聲音？你把我載著拖到洞庭湖的邊上去，拖到長江的邊上去，拖到東海的邊上去呀！我要看那滾滾的波濤，我要聽那轟轟轟轟的咆哮，我要漂流到那沒有陰謀、沒有污穢、沒有自私自利的沒有人的小島上去呀！我要和著你，和你的聲音，和著那茫茫的大海，一同跳進那沒有邊際的沒有限制的自由裡去！」[2] 直言之，屈原的獨白，無一不是郭沫若經由屈原之口，透露其在動盪時代裡的自處之道與政治意圖。1940 年代的中國，更迫切需要這樣的屈原，為國獻身的激情詠嘆、外放的真實情感。那是一個需要精神上、行動

---

2 郭沫若，〈屈原〉，收錄於徐其超、鄧時忠選析，《現代戲劇電影文學選》（西安：太白文藝出版社，2004 年），頁 394。

上的巨人，去創造新中國的時代。也許時代的闇影終將吞噬前
仆後繼的年輕生命，然而，《屈原》所銘刻的印記，卻能為這一
段激情慷慨的謳歌，展現最強烈的生命力。

2　京味的語言大師──老　舍

李京珮

一、生平介紹

　　老舍，原名舒慶春，滿族正紅旗人。清光緒 25 年（1899）生於北京，1966 年卒於北京，享年 67 歲。他誕生於滿族低級軍官的家庭，一歲半的時候，父親死於和八國聯軍的戰鬥中。母親替人縫洗幫傭賺取微薄收入，家境十分艱困。兒時生活在窮人雜居的小胡同裡，這樣的經驗養成了他頑強堅韌的性格，以及勤勞務實的精神。

　　老舍兒時曾於私塾就讀，三年後接受新式教育，15 歲進入北京師範學校。民國 7 年（1918）畢業後，被派為京師公立第十七高等小學校兼國民學校校長。民國 12 年（1923）在燕京大學旁聽英文課程，由於該校英籍教授艾溫士的推薦，次年前往英國，擔任倫敦大學東方學院華語講師，為期五年。任教之餘，大量閱讀康拉德、迭更司、威爾斯等作家的英文作品。其後，受到許地山的鼓勵，民國 15 年（1926）加入文學研究會，在《小說月報》陸續連載發表長篇小說〈老張的哲學〉、〈趙子曰〉、〈二馬〉，成為知名作家。民國 18 年（1929）離開英國，赴新加坡華僑中學任教半年，開始創作具有南洋色彩的小說〈小坡的生

日〉。民國 19 年（1930）起，於濟南齊魯大學任教，次年與畫家胡絜青結婚。在濟南時，出版長篇小說《貓城記》、《離婚》、短篇小說《趕集》，編印《文學概論講義》等。民國 23 年（1934）改任青島大學教授，出版長篇小說《駱駝祥子》、短篇小說《蛤藻集》等。

民國 26 年（1937）七七事變爆發，10 月他趕赴武漢，次年擔任「文協」的主要負責人，暫時放棄小說創作，創作宣揚抗戰的通俗作品，包括鼓詞、相聲、數來寶等，供藝人演出。民國 28 年（1939）起開始寫作話劇、長篇小說《四世同堂》等。抗戰勝利後，與劇作家曹禺應美國國務院邀請，赴美講學。這些經歷，使他在民族傳統文化與近代世界文明的交匯點上，實踐「藝術為人生」的觀點。

1949 年，老舍返回北京，1950 年代先後擔任全國人民代表大會代表、北京市文聯主席、中國作協副主席及書記處書記、中國民間文藝研究會副理事長等職，積極參與文藝領導工作及國際文化活動，出訪日本、印度等國。1950、60 年代致力於話劇創作，出版《龍鬚溝》、《茶館》、《荷珠配》等，文集《過新年》、《和工人同志們談寫作》等。1966 年在文化大革命中受到迫害而死。文革結束後，1978 年由中共中央批准，於北京八寶山革命公墓舉行骨灰安放儀式，中國作協主席茅盾致追悼詞，肯定了他一生對文學的貢獻。他的夫人和子女從 1980 年代起，編輯印行《老舍生活與創作自述》、《老舍文藝評論集》，4 卷本《老舍劇作選集》、5 卷本《老舍選集》等多種文集。16 卷本《老舍文集》於 1980 年到 1991 年由北京人民文學出版社出版。[1]

---

1 關於老舍生平資料，參考〈我的母親〉、〈自述〉、〈生活，學習，工作〉等相關自傳性質文字，以及：

二、作品風格與藝術特質

　　老舍的著作，在戒嚴時期的台灣被列為禁書。民國 56 年（1967），林海音在《純文學》月刊設計「中國近代作家與作品」專欄，試圖衝撞政治禁忌，為台灣讀者介紹多位五四作家與作品。她以「菱子」為筆名，發表〈老舍及其文體〉[2]，在文中技巧性地大段引用〈月牙兒〉，等於讓讀者在行文之間能夠讀得到老舍的整篇小說。她對老舍的文學成就抱持高度肯定，讚譽他創造了自己的文體，作品中的人物，大多是粗俗的，才能寫來滑稽突梯。例如《駱駝祥子》塑造人物非常成功，刻畫北方勞苦大眾的典型形象，祥子的悲劇不只是人力車夫的悲劇或民眾的悲劇，而是中國社會民族的悲劇。老舍真切瞭解所寫人物的生活和思想感情，透過平凡的人物、平凡的故事，描寫新舊交替、充滿血淚和矛盾的時代，有濃厚的地方色彩，樸素之中帶有純真。梁實秋〈憶老舍〉[3] 提到自己與他相識之前，讀過《趙

曾廣燦、吳懷斌，〈老舍傳略〉，收錄於曾廣燦、吳懷斌編，《老舍研究資料》（北京：北京十月文藝出版社，1985 年），頁 3-10。

秦賢次，〈多才多藝的文學語言大師〉，收錄於周玉山主編，《老舍》（台北：光復書局，1988 年），頁 39-50。

2 李京珮，〈曲折的縫綴：《純文學》對五四作家的接受〉，收錄於封德屏編，《2007 青年文學會議論文集：台灣現當代文學媒介研究》（台北：文訊雜誌社，2008 年），頁 77-97。〈老舍及其文體〉一文於《純文學》第 9 期（1967 年 9 月）發表時署名菱子，應是在檢查制度下採取的策略，迴避敏感的政治議題，同時也邀請梁實秋撰寫〈憶老舍〉。林海音所編的《中國近代作家與作品》（台北：純文學出版社，1980 年）收錄此文，便可確認作者。

3 梁實秋，〈憶老舍〉，收錄於林海音編，《中國近代作家與作品》（台北：純文學出版社，1980 年），頁 294-297。

子曰》、《老張的哲學》、《二馬》，首先注意到的是以土話入小說的技巧，對話格外活潑，使得人物格外真實凸出。他的才華是多方面的，長短篇小說、散文、戲劇、白話詩，無一不能。

　　老舍與同時期作家最大的差異，在於作品中表現的愛國主義意識，以及對傳統文化的喜愛與護衛之情。這些特質貫穿他的創作，也影響了世界觀和文學關懷。[4] 他的重要文學主張，是以為熱烈的追憶往往能寫出絕妙的傳世之作。老舍曾經呼籲：對文學，怎麼寫比寫什麼更重要，最熟悉的題材，不管多平凡，總是最親切的，親切就可能產生出最好的作品來。他用方言寫作，帶有地方色彩，具體而生動，在文學體裁上不斷進行試驗，每一個作品都在認真思考問題，例如《貓城記》提出為什麼中國人不會自己走路而要跟著外國學的問題，《四世同堂》則提出中國沉重的文化包袱問題……。老舍作品有兩個特點：悲劇傾向、幽默風格。北京是他的寫作泉源，具有真實感和親切感。[5] 朱西甯曾經依照老舍畢生處境和作品的顯著質別，以十年一計的來數算，認為他在思想觀念上，化外於五四和 1930 年代的時尚角逐，得以忠實於他自己。1940 年代投入話劇、相聲、地方戲曲的編寫，是狂熱的民族文藝家，1950 年代至 1960 年代則積極寫劇本，冰心尊稱他是「文藝界的勞動模範」，足可道出他四十二年文學生命所作的貢獻。[6]

4　蘇敏逸，〈論老舍在現代小說家中的特異性〉，《淡江中文學報》，第 11 期（2004 年 12 月），頁 171-194。
5　舒乙，〈語言藝術家老舍〉，收錄於舒乙編，《青少年老舍讀本》（台北：業強出版社，1992 年），頁 6-15。
6　朱西甯，〈粗識老舍先生〉，收錄於周玉山編，《老舍》（台北：光復書局，1988 年），頁 13-37。

三、作品選讀與賞析

〈老字號〉（節選）

　　多少年了，三合祥是永遠那麼官樣大氣：金匾黑字，綠裝修，黑櫃藍布圍子，大机凳包著藍呢子套，茶几上永遠放著鮮花。多少年了，三合祥除了在燈節才掛上四隻宮燈，垂著大紅穗子沒有任何不合規矩的胡鬧八光。多少年了，三合祥沒打過價錢，抹過零兒，或是貼張廣告，或者減價半月；三合祥賣的是字號。多少年了，櫃上沒有吸煙卷的，沒有大聲說話的；有點響聲只是老掌櫃的咕嚕水煙與咳嗽。

　　這些，還有許許多多可寶貴的老氣度，老規矩，由周掌櫃一進門，辛德治看出來，全要完！周掌櫃的眼睛就不規矩，他不低著眼皮，而是滿世界掃，好像找賊呢。人家錢掌櫃，老坐在大机凳上合著眼，可是哪個夥計出錯了口氣，他也曉得。

　　果然，周掌櫃——來了還沒有兩天——要把三合祥改成蹦蹦戲的棚子：門前紮起血絲胡拉的一座彩牌，「大減價」每個字有五尺見方，兩盞煤氣燈，把人們照得臉上發綠。這還不夠，門口一檔子洋鼓洋號，從天亮吹到三更；四個徒弟，都戴上紅帽子，在門口，在馬路上，見人就給傳單。這還不夠，他派定兩個徒弟專管給客人送煙遞茶，哪怕是買半尺白布，也往後櫃讓，也遞香煙：大兵，清道夫，女招待，都燒著煙卷，把屋裡燒得像個佛堂。這還不夠，買一尺還饒上一尺，還贈送洋娃娃，夥計們還要和客人隨便說笑；客人要買的，假如櫃上沒有，不告訴人家沒有，而拿出別種東西硬叫人家看；買過十元錢的東

西，還打發徒弟送了去，櫃上買了兩輛一走三歪的自行車！

　　辛德治要找個地方哭一大場去！在櫃上十五六年了，沒想到過——更不用說見過了——三合祥會落到這步天地！怎麼見人呢？合街上有誰不敬重三合祥的？夥計們晚上出來，提著三合祥的大燈籠，連巡警們都另眼看待。那年兵變，三合祥雖然也被搶一空，可是沒像左右的鋪戶那樣連門板和「言無二價」的牌子都被摘了走——三合祥的金匾有種尊嚴！他到城裡已經二十來年了，其中的十五六年是在三合祥，三合祥是他第二家庭，他的說話、咳嗽與藍布大衫的樣式，全是三合祥給他的。他因三合祥、也為三合祥而驕傲。他給鋪子去索債，都被人請進去喝碗茶；三合祥雖是個買賣，可是和照顧主兒們似乎是朋友。錢掌櫃是常給照顧主兒行紅白人情的。三合祥是「君子之風」的買賣：門凳上常坐著附近最體面的人；遇到街上有熱鬧的時候，照顧主兒的女眷們到這裡向老掌櫃借個座兒。這個光榮的歷史，是長在辛德治的心裡的。可是現在？

　　辛德治也並不是不曉得，年頭是變了。拿三合祥的左右鋪戶說，多少家已經把老規矩捨棄，而那些新開的更是提不得的，因為根本就沒有過規矩。他知道這個。可是因此他更愛三合祥，更替它驕傲。假如三合祥也下了橋，世界就沒了！

　　哼，現在三合祥和別人家一樣了，假如不是更壞！

　　他最恨的是對門那家正香村：掌櫃的踏拉著鞋，叼著煙卷，鑲著金門牙。老闆娘背著抱著，好像兜兒裡還帶著，幾個男女小孩，成天出來進去，進去出來，唧唧喳喳，不知喊些什麼。老闆和老闆娘吵架也在櫃上，打孩子，給孩子吃奶，也在櫃上。摸不清他們是作買賣呢，還是幹什麼玩呢，只有老闆娘的胸口老在櫃前陳列著是件無可疑的事兒。那群夥計，不知是從哪兒

找來的，全穿著破鞋，可是衣服多半是綢緞的。有的貼著太陽膏，有的頭髮梳得像漆杓，有的戴著金絲眼鏡。再說那份兒厭氣：一年到頭老是大減價，老懸著煤氣燈，老轉動著留聲機。買過兩元錢的東西，老闆便親自讓客人吃塊酥糖；不吃，他能往人家嘴裡送！什麼東西也沒有一定的價錢，洋錢也沒有一定的行市。辛德治永遠不正眼看「正香村」那三個字，也永不到那邊買點東西。他想不到世上會有這樣的買賣，而且和三合祥正對門！

賞　析

〈老字號〉是老舍民國 24 年（1935）4 月 10 日發表於《新文學》第 1 卷第 1 期的短篇小說。本書節選作品的第三段起的部分。本篇的結構完整而突出，起承轉合十分清楚，開頭敘述「錢掌櫃」的離開和「周掌櫃」的上任，小說的結尾則是「周掌櫃」的離開而「錢掌櫃」回來。透過錢、周的回來與離開，彰顯三合祥的興盛與衰敗。事件與人物心理巧妙結合，例如小說一開始寫新上任的周掌櫃，將原本「君子之風」的老字號變得浮誇，種種經營方式都使老夥計辛德治起反感，處處不滿。隨著店鋪收入增加，辛德治不得不稍微改變態度：覺得新掌櫃並非全無本事，也能做點生意，雖然略微改變了態度，仍然懷念著店鋪過往的氣氛和舊掌櫃的經營方式。

由於錢掌櫃的離開，辛德治無法填補心中的失落感，眼見三合祥逐漸失去了過往的莊重和大器，想盡辦法去把錢掌櫃找回來，找到未來的希望。辛德治自願承擔更多的工作，三合祥卻被其他的店打垮了，留下絕望的結局。小說透過「事件」，由錢掌櫃和周掌櫃的一出一進，結合辛德治的心理變化過程，情

節順暢，結構穩定。

　　關於人物的描寫，小說主要人物有三位：辛德治、周掌櫃、錢掌櫃。小說中具體描述的人物不多，首先從辛德治的眼光看待另兩人的行為態度，透露他的價值觀。他認為「生意本來該怎麼做」的自尊心，敘述三合祥從外觀到營運的整體變化，帶出如何銷售布料的各種發展。若以佛斯特（Edward Morgan Forster）的《小說面面觀》關於「圓形人物、扁平人物」的觀點，辛德治是圓形人物，他的心態從一開始的排斥改變，見不得對門正香村老闆和店員的邋邋隨便，也排斥周掌櫃誇大的銷售策略，甚至捏造貨品來源欺騙顧客的各種說詞。他不得不屈服於現實：老字號必須改變。他始終沒有放棄傳統價值，想重振三合祥，老字號是值得保存的。三合祥誠懇務實的經營，尊重顧客並且和顧客交朋友，除了交易，還有人與人之間的情誼。他的內心有點動搖，試圖混合新和舊，折衷方法是接納部分的新觀念，半新半舊的變革，最後仍然不敵現實，無法挽救老字號。

　　周掌櫃是扁平人物，他的姿態沒有重大改變，以賺錢為主要目標。周掌櫃一上任，先從外在開始改變三合祥，花俏布置、打折促銷，懂得資本主義競爭心理。內在方面則是想盡辦法教員工變著法兒推銷，能掌握商業心理，又能配合政治社會的變化。他的本事在「老字號」的傳統包袱之下難以施展，於是離開了，到三合祥的對手店鋪發揮長才。錢掌櫃同樣是扁平人物，代表著過往的、已經不合時宜的人物。

　　小說描寫錢掌櫃的篇幅不多，只出現在辛德治的敘述中，「我們賣的是字號」是錢掌櫃的話。錢掌櫃很自負，不放棄對「舊」的堅持、不模仿競爭店鋪對「新」的追求，不覺得有必

要改變，還說「我們不怕」，不怕的結果就是老字號倒閉。

　　老舍〈怎樣寫小說〉提及「創造人物是小說家的第一項任務」、「小說中人物的話語要一方面附著故事發展的責任，另一方面也是人格的表現，某個人遇到某種事必說某種話。」成功的小說人物，老舍喜歡用「立得住」來解釋它的永恆的生命力，他的人物能從紙上走出來。[7] 兩位掌櫃造成對比的效果，周掌櫃對三合祥的經營有真實的幫助，願意改變、跟隨時代潮流才能生存。

　　老舍重視人物的描寫，三個人物都各有優缺點。辛德治覺得不該欺騙顧客，這是他的優點，顯現「舊」的、傳統的美好的一面，可惜改變不夠徹底，不敢完全接受「新」事物。關於錢掌櫃的敘述或對話都很少，對周掌櫃則花了許多筆墨，細細形容如何布置店鋪、和日本人周旋、趨吉避凶。此人的優點是懂得商業手法，缺點是不夠誠實。對錢的輕描淡寫、對周的工筆刻畫，形象鮮明，令讀者對他們印象深刻。小說對兩位掌櫃和不同店家的批判審視，透顯傳統與現代的拉鋸；辛德治對時代背後的文化意蘊的認同，更彰顯歷史與道德的辯證。

　　「老字號」在老舍的眼中，代表古老的文化、優秀的傳統。他在〈論創作〉說過：「創作，推開舊勢力的重負，抱有批評的態度，有了自己的思想，用著活的文字，看待一切問題。」透過〈老字號〉，他進行文化價值判斷：中國必須徹底的改變，守舊必定失敗，隱喻當時的中華民族面臨的困境。小說透顯的文化寓意，是新與舊之間的文化選擇。資本主義、帝國主義的衝擊，都讓中國不斷的被侵略、被傷害。舒乙在〈語言藝術家老

---

7 王潤華，〈老舍對現代小說的思考〉，《老舍小說新論》（台北：東大圖書公司，1995 年），頁 226-231。

舍〉便曾提及，他生活的年代處於新舊交替之際，所以能將舊
文明舊文化描繪得頭頭是道，〈老字號〉這類的小說，可說是傳
統文化最感人的再現者。

3　你不能做我的詩，正如我不能做你的夢──胡　適

朱嘉雯

　　胡適，原名嗣穈，後改名適，字適之。安徽績溪上莊村人，新文化運動領袖，提倡文學革命，曾任北京大學校長、中央研究院院長、中華民國駐美大使，其著述甚豐，舉凡文學、哲學、史學、考據、教育、紅學研究等，各領域皆有所探究。他尤其主張以科學佐證從事文史考據。

一、生平介紹

　　胡適祖上乃徽州明經胡，傳至其父親胡傳，家業始經營茶商，因而家境富裕。

　　胡傳曾五度參與鄉試皆未中舉，後經邊務欽差大臣吳大澂引薦而步入仕途，先赴海南，後協助治理黃河，並經辦江蘇稅務。胡適生母馮順弟為胡傳第三任妻子，胡適出生時，胡傳已年過半百。1893 年胡傳任台灣台南鹽務總局提調兼辦安嘉總館，2 歲的胡適曾隨母前往台灣，其後胡傳代理台東直隸州知州，胡適亦隨父母親居住於台東。甲午戰爭後，台灣割讓予日

本，胡適隨母親回到祖籍安徽績溪上莊，並進家塾。不久之後胡傳病逝於廈門。

　　胡適 13 歲那年與江冬秀訂婚。江冬秀亦出身於書香門第，念過幾年私塾，識得幾個字。胡適訂婚後隨兄長到上海梅溪學堂讀書。1905 年轉入澄衷學堂。1906 年考進中國公學。1908 年入中國新公學並兼任英文教師。1910 年留學美國康乃爾大學，起初選讀農科，1915 年轉入哥倫比亞大學哲學系，師從於約翰・杜威（John Dewey）。1917 年於《新青年》發表〈文學改良芻議〉，同時在這一年通過哲學博士學位考試，然未獲博士學位即返國任北京大學教授。1919 年接辦《每週評論》，因發表〈多研究些問題，少談些主義〉，引發問題與主義的論戰。

　　1922 年，胡適任國立北京大學教務長兼代理文科學長，並創辦《努力周報》，與蔡元培、李大釗、陶行知、梁漱溟聯合發表〈我們的政治主張〉。1924 年與陳西瀅、王世傑創辦《現代評論》週刊，1925 年參與北京善後會議，隔年與郭秉文發起華美協進社，並展開為期將八個月遊歷英國、法國、美國、日本諸國的旅程。1927 年胡適正式取得哥倫比亞大學哲學博士學位，並與徐志摩合作成立新月書店。隔年創辦《新月》月刊，於《新月》發表〈人權與約法〉，推動人權，並撰寫〈我們什麼時候才可有憲法：對於建國大綱的疑問〉、〈知難，行亦不易：孫中山先生的「行易知難」說述評〉、〈新文化運動與國民黨〉等文。1930 年將人權問題諸文結集成《人權論集》，卻遭到國民黨政府查禁。胡適繼而提出〈我們走那條路〉強調：「要剷除打倒的是貧窮、疾病、愚昧、貪汙、擾亂五大仇敵」。

　　1932 年胡適出任北京大學文學院院長兼中國文學系主任，同時邀請蔣廷黻、丁文江、傅斯年、翁文灝共同創辦《獨

立評論》，他個人先後為此刊物撰寫了 1309 篇文章。1935 年胡適接受香港大學名譽法學博士學位。1937 年盧溝橋事變發生，蔣介石請胡適協助爭取美國的支持，胡適並於 1938 年出任中華民國駐美國大使。直至 1942 年他辭去此職，開始旅居紐約以從事學術研究。1944 年他在哈佛大學講學，到 1945 年便出任中華民國政府代表團赴舊金山出席聯合國制憲會議，並到倫敦出席聯合國教科文組織會議，參與制訂該組織的憲章。1946 年回到北平出任北京大學校長。同年蔣介石向國民大會提出《中華民國憲法草案》，本草案由大會主席團主席胡適接受，且在 12 月 25 日正式三讀通過。

　　1948 年 11 月中共解放軍兵臨北平城下，以電台廣播呼籲胡適留任北京大學校長。12 月蔣介石派專機接運胡適、陳寅恪、錢思亮、李濟、勞榦等飛往南京。1949 年 3 月蔣經國赴上海探訪胡適，請他前往美國遊說和平解決國共內戰問題，希望藉此尋求美國政府協助，然而 4 月 19 日解放軍渡江，局勢已定，胡適在美國無力回天，因此發表〈共產黨統治下決沒有自由：跋所謂《陳垣給胡適的一封公開信》〉，同時《自由中國》創刊，胡適擔任發行人。4 月 22 日，胡適於美國舊金山發表：「現在重要之事實，則為中國政府已拒絕投降，此非僅四萬萬人民之命運所繫，即全世界之命運，恐亦隨之決定。……不管局勢如何艱難，我始終是堅定的用道義支持蔣總統的。」

　　1950 年胡適應聘至普林斯敦大學擔任葛思德東亞圖書館館長。1950 年代初期他時而回台灣參與政治及學術活動。1955 年大陸展開批判胡適運動，三聯書店出版《胡適思想批判論文彙編》，胡適在美國將此 8 冊彙編──一作了批註。1957 年 11 月，胡適當選中華民國中央研究院院長，隔年 4 月他回台定居。

二、作品風格與藝術特質

胡適的《嘗試集》是中國現代文學史上第一部新詩集，此後有《嘗試後集》出版。《嘗試集》出版時，胡先驌撰〈評《嘗試集》〉表達對詩體解放及白話自由詩的不認同：「至考其新詩之精神，則見胡君所顧影自許者，不過枯燥無味之教訓主義。以此觀之，胡君之詩，即捨棄形式不論，其精神亦僅爾爾。」此後，章士釗、胡懷琛皆強烈批判胡適的白話新詩。

此外，新文學陣營中也出現了批判的聲浪。錢玄同表示：胡適詩歌猶未能脫盡文言窠臼。朱湘認為：「內容粗淺，藝術幼稚。」鄭振鐸亦指出：「朱自清的《蹤跡》遠遠超過《嘗試集》裡任何最好的一首。」連朱自清也在《中國新文學大系‧詩集導言》中述及：胡適雖極力擺脫舊詩束縛，以發掘新詩的語言，然而好容易造成自己的調子，卻變化太少。至於胡適本人於〈談新詩〉一文中所指出的具體做法，便僅是比喻和說理，因此日後他回顧自己的新詩時也並不諱言：「我現在回頭看我這五年來的詩，很像一個纏過腳後來放大了的婦人，回頭看他一年一年放腳的鞋樣，雖然一年放大一年，年年的鞋樣上總還帶著纏腳時代的血腥氣。」

然而無論如何，胡適開一代詩風之先，在文學史上仍有其地位。康白情著《新詩年選》云：「適之首揭文學革命的旗，登高一呼，四方響應，其在中國文學上的地位是已定的了。」陳子展《最近三十年中國文學史》亦指出：「其實《嘗試集》的真價值，不在建立新詩的規範，不在與人以陶醉於欣賞裡的快感，而在與人以放膽創造的勇氣。儘管你說他是微末之生存，而微

末之生存不啻已死,但他對於文學革命、詩體解放的提倡和他那種前空千古、下開百世的先驅者的精神,是不會在一時反對者的舌鋒筆鋒之下而死滅的。」

中國千年詩歌傳統在現代文壇轉型與改變的時機上,胡適恰當地扮演引路人的角色。也許胡適當時對於新詩應該有的前景也不十分明確,然而有些大方向仍是在他的規畫中確立下來的,例如:不用典、不講陳腐套話等。胡適運用晚清以來西學中用的路數發展新詩,並讓它在中國文學的沃土上日漸茁壯。因此我們可以說,他為中國新詩的發展路徑提供了願景。胡適在新詩史上篳路藍縷之功,是不容忽視的,而當時文人對他的批判其實包含許多了新舊文化之爭,甚至於還有些是出於階級意識的相左,這些非文學的批判因子,導致其評論往往因人廢詩。其影響所及,在上世紀 30、40 年代,甚至因階級意識之強化,使得胡適的新詩在歷史的曲折與起伏中幾乎湮沒無聞。

1950 年代以後,大陸對於胡適新詩的評價呈現非常的慘澹景象。台灣與海外的評論則較為公允,例如:余英時、周策縱、唐德剛等著名胡學專家皆提出具有學界共識力的論述。周策縱在〈論胡適的詩〉指出:胡適因沒有虔誠的宗教信仰與理性太強等兩大稟賦不足,因此他的詩「清新者有之,朦朧耐人尋味者則無;輕巧者有之,深沉厚重者則無;智慧可喜者有之,切膚動人摯情者則無。」

新時期以後,大陸的學術界開始重新評論《嘗試集》,在胡適詩歌評論上,出現了新的主張,包括:從實際與歷史的角度出發,循思想內容及藝術形式兩條路線提出具體而深入的分析。是故胡適被推舉詩界革命領袖,他的作品呈現出既脫胎於傳統文化的影子,又折射出中國新詩在誕生乃至發展的歷程中,所

出現的過渡色彩。而胡適除倡導白話詩，更曾經積極探索新詩體式的多元變化。例如《嘗試集》第一編有五言、七言、雜言等體制，行數不限而長短齊整，顯見保留了古典詩歌的形式。此外，詩集中亦有詞，包括：〈沁園春〉、〈百字令〉等等。到了第二至三編，詩歌形式更為多元自由，其詩往往分為數節，每節行數不一，句式長短亦各不同，有時在同一首詩中有舊詩的齊整形式與新詩錯落現象並呈，雖然有時顯得實驗性強與雕琢太過，卻仍使我們感受到其勇於嘗試的用心。而詩集中純粹的自由散行則更真摯地表達了詩人內心的感情。

　　事實上，胡適詩歌最主要大特色在說理，尤其是以詩來表達其社會關懷或對現實的主張，他也經常透過詩歌來闡述某些觀點，這樣的詩歌理念，甚至在當時開啟了一定的流行風潮。然而胡適畢竟是從舊傳統中走出來的詩人，因此他其實很難擺脫文人作風，時而以詩紀事，或與友朋相互酬唱贈答，便輕易而出，亦勢不可免。然而其詩歌語言有時也能呈現出新奇的設計，顯示他在新詩形式初建時亦對傳統有所認知與認同，因為他必須在傳統中尋找歷史的脈絡，所謂：「白話入詩，古人用之多矣……縱觀古今文學變遷之趨勢，以為白話文學種子已伏於唐人小詩短詞。及宋而語錄體大盛，詩詞亦多有用白話者。」他也特別重視新詩的音節與韻律，我們仍然可以將之視為胡適對古典詩歌的借鏡。正是因為如此，他的過渡性語言亦可說是表現在新詩與古典詩詞界限的曖昧性上，使得他的新詩一方面接近自然流暢的口語，但我們仍感受到有其格律之限制，尤其是在韻腳與平仄等方面，可說是不允許隨意變更的。

三、作品選讀與賞析

（一）〈秘魔崖月夜〉

依舊是月圓時，
依舊是空山，靜夜；
我獨自月下歸來，
這淒涼如何能解！
翠微山上的一陣松濤，
驚破了空山的寂靜。
山風吹亂了窗紙上的松痕，
吹不散我心頭的人影。

（二）〈多謝〉

多謝你能來，
慰我山中寂寞，
伴我看山看月，
過神仙生活。

匆匆離別又經年，
夢裡總相憶。
人道應該忘了，
我如何忘得了？

（三）〈也是微雲〉

也是微雲，也是微雲過後月光明，
只不見去年的遊伴，只沒有當日的心情。
不願勾起相思，不敢出門看月；
偏偏月進窗來，害我相思一夜。

（四）〈夢與詩〉

醉過方知酒濃
愛過才知情重
你不能做我的詩
正如我不能做你的夢

（五）〈舊夢〉

山下綠叢中，露出飛簷一角，
驚起當年舊夢，淚向心頭落，
對他高唱舊時歌，聲苦無人懂。
我不是高歌，只是重溫舊夢。

（六）〈三溪路上大雪裡一個紅葉〉

雪色滿空山，抬頭忽見你！
我不知何故，心裡很歡喜；
踏雪摘下來，夾在小書裡；
還想做首詩，寫我歡喜的道理。
不料此理狠難寫，抽出筆來還擱起。

（七）〈十一月二十四夜〉

老槐樹的影子

在月光的地上微晃；
棗樹上還有幾個乾葉，
時時做出一種沒氣力的聲響。

西山的秋色幾回招我，
不幸我被我的病拖住了。
現在他們說我快要好了，
那幽豔的秋天早已過去了。

（八）〈希望〉

我從山中來，
帶著蘭花草，
種在小園中，
希望開花好。

一日望三回，
望到花時過；
急壞看花人，
苞也無一個。

眼見秋天到，
移花供在家；
明年春風回，
祝汝滿盆花！

賞　析

　　胡適是中國新詩的鼻祖，自 1915 年開始寫作白話詩，1920 年出版了中國第一本新詩集。《嘗試集》書名道出「嘗試」的初衷。事實上，胡適曾引用陸游詩云：「嘗試成功自古無」。然而詩人本身其實很希望能反其意而援引，亦即「自古成功在嘗試」。他在上述第四首〈夢與詩〉中，首先道出人們對夢的感覺，它是神奇而富於變幻的，因此它能夠將許多平常經驗中的事情曲意變化，因此使我們感受到種種神奇的意境。詩人從而得到了詩的聯想，亦即做夢和寫詩竟有如此類比性的感受，而事實上，詩人都是將生活中的平凡經驗與感覺，轉化為特殊的表達形式，進而形成詩歌的。胡適說：「醉過才知酒濃，愛過才知情重」，這便是將人生經驗轉為詩的慨嘆，他在樸素的修辭裡，表達出人生永恆的事理，因此〈詩與夢〉傳誦久遠，因為全詩藝術永恆的規律上，他已作出了最恰如其分的收攝。

　　至於第八首〈希望〉，這是 1921 年的作品，胡適即興地將順間當下的感受呈現出來，詩的名稱曾引發諸多揣測，或曰 1919 年胡適曾翻譯一首〈希望〉小詩，當時妻子江冬秀即將臨盆，因此詩名「希望」，表達詩人對新生命的期待。然而亦有人認為胡適於 1917 年回北京大學任教時，曾致力將民主和科學兩大觀念引進中國，可是到了 1921 年，他所有的期待仍是落空的，因此他寫蘭花草「苞也無一個」。另外也有評論指出：胡適主張文學革命，希望以白話取代文言，他雖作出了不斷的實驗與努力，可惜支持者寥寥，因此在 1921 年，他寫下這首詩表達失望。無論胡適寫這首詩用意何在，此詩文字質樸而意境清遠，很適度地展現詩人精神內涵的心憂與失落情懷，因此成為其著名的代表詩作。

4　現代文學的瑰寶——梁實秋

林黛嫚

一、生平與作品風格

　　中國新文學的主要提倡者是胡適，文學創作的先行者有魯迅、郭沫若、郁達夫、徐志摩、聞一多等人，但將新文學運動的發展導向正途的人卻是梁實秋，他學成回國前發表重要論文《現代中國文學浪漫的新趨向》，對五四新文學運動提出不合時宜的看法，認為這個運動極端地接受外來影響，推崇感情，貶斥理性，標舉自由與獨創，這些都只是「一場浪漫的混亂」。梁實秋認為，五四新文學運動總體上並不成功，原因在於其「反乎人性，反乎理性」，而主張在理性指引下從普遍的人性出發進行文學創作。寫此論文時，梁實秋才 23 歲，他的立論難免片面主觀，但他確實又前瞻地看出了新文學運動的某些歷史特徵與問題，某些深刻的論述，確實引發時人對五四新文學的某些得失開始反思。這就是梁實秋，馳騁文壇五十多年，集散文家、翻譯家、評論家、學者與教育家於一身，有「文壇的至聖先師」、「中國新文學的瑰寶」、「國之寶」等美譽。

　　梁實秋（1903-1987）是一位中外聞名的文學大師，浙江省錢塘縣人，本名梁治華，號均默，字實秋，以字行。1915 年京

師公立第三小學畢業，是秋考入清華學校，1923 年 8 月赴美留學，先後進入科羅拉多大學、哈佛大學深造。曾任教於東南大學、青島大學、北京大學、北京師範大學、台灣師範大學。馳騁於文壇五十多年，集散文家、翻譯家、評論家、學者與教育家於一身，有「文壇的至聖先師」、「中國新文學的瑰寶」、「國之寶」的美譽。

提倡新文學，1927 年至 1928 年間在上海，與胡適、徐志摩、潘光旦、聞一多等人籌設新月書店並創辦《新月》雜誌。梁實秋主張文學應該正視普遍的人性，在當時因為一篇評論盧梭的文章，點燃了他與魯迅等左派作家的文學立場爭論，引發了後來梁實秋與魯迅數年的論戰。

對中國傳統文化的熱愛，影響梁實秋的人生觀和文學創作。他一生辛勤著述，八十多歲仍不輟筆，創作計四十餘種，包括《浪漫的與古典的》、《文學的紀律》、《罵人的藝術》、《偏見集》、《文藝批評論》、《雅舍小品》、《讀徐志摩》等。文風機智廣博，文白交用，亦莊亦諧，收放自如，寓意深遠。代表作《雅舍小品》，被公認為現代文學的典範，為當代知性小品散文的開山祖師。在文學批評方面，21 歲起即發表評論文章，作品為數不少，目的在提倡理性的文學批評和健康的文學創作，以維護社會理性和倫理。

翻譯工作也是梁實秋重要的事業，中譯《莎士比亞全集》為空前的盛舉。自 1930 年至 1967 年持續進行，獨力完成劇 37 種、詩 3 卷，共 40 本。他還選譯近三十種西方文學名著，文體遍及散文、小說、戲劇等，影響相當深遠。對於學術研究，他仍不遺餘力奉獻心力。特別的是自 70 歲開始，以中文撰寫百萬言的《英國文學史》和一百二十萬餘言的《英國文學選》兩大

巨著，重史實而不作批評，提供純粹的研究典籍。他編的各類英漢辭典有三十多種，以及各式各樣的英語教材，嘉惠華文圈無數的學子。[1]

　　梁實秋一生著作等身，尤以散文創作《雅舍小品》至今仍風靡不減，美學大師朱光潛寫給梁實秋的書信中曾提到：「大作《雅舍小品》對於文學的貢獻在翻譯莎士比亞的工作之上。」[2]

　　抗戰期間，梁實秋疏散到四川北碚，與吳景超、龔業雅伉儷合資購屋，有天吳景超提議給房子題名，梁實秋說：「不妨利用業雅的名字名之為『雅舍』。」雅舍命名緣來如此。1940 年開始，梁實秋應《星期評論》之邀開闢專欄，每期兩千字，之後也在《世紀評論》上發表，到 1947 年已經有三、四十篇了，龔業雅勸他整理出書，梁實秋便將散見於各報刊的文字蒐集起來輯成一冊，命名為《雅舍小品》，原要將書稿交商務印書館出版，後因時局動蕩而作罷。1949 年後梁實秋南遷台灣，正中書局的編輯前來約稿，梁實秋便隨手將這份現成的給了正中書局。《雅舍小品》出版之後大受歡迎，暢銷數十載，可說全世界凡是有華人的地方，就有《雅舍小品》，梁實秋自己的散文觀是「簡單」，「一切的散文都是一種翻譯，把我們腦筋裡的思想情緒想像譯為語言文字……散文的美妙多端，然而最高的理想也不過簡單二字而已。簡單就是經過刪芟以後的完美狀態。」[3]他這種「文章要深，要遠，要高，就是不要長。描寫要深刻，意思要遠大，格調要高雅，就是篇幅不一定要長」形成了所謂

1 梁實秋生平參考余光中編《秋之頌：梁實秋先生紀念文集》（台北：九歌，1988 年）。

2 梁實秋，〈《雅舍小品》合訂本後記〉，收錄於《雅舍小品》（台北：正中書局，1982 年），頁 4。

3 梁實秋，《論散文》，《新月》，第 1 卷第 8 號（1928 年 10 月 10 日）。

的「梁實秋文體」，就是，「一種以白話文為基礎，有意識地巧
用文言俚語，雅濃俗淡，言約意豐，頗具書卷氣，有較高文化
含量的語體風格」[4]，大陸學者范培松說梁實秋的作品「有一種
『老天真』式的潔淨和學者的儒雅風範」[5]，鄭明娳認為梁實秋
的散文屬於中性語言，「宜冷凝不宜熱烈」[6]，陳室如則強調《雅
舍小品》的暢銷風行與其閒適主題及幽默詼諧固然有關，「然而，
在不到兩千字的短小篇幅中，梁氏也發揮了其文學素養與文字
勁力，營造了作品豐富多姿的語言藝術。」[7]

二、作品選讀與賞析

〈狗〉

　　我初到重慶，住在一間湫溢的小室裡，窗外還有三兩棵肥
碩的芭蕉，屋裡益發顯得陰森森的，每逢夜雨，悽慘欲絕。但
淒涼中畢竟有些詩意，旅中得此，尚復何求？我所最感苦惱的
乃是房門外的那一隻狗。

　　我的房門外是一間穿堂，亦即房東一家老小用膳之地，餐
桌底下永遠臥著一條腦滿腸肥的大狗。主人從來沒有掃過地，
每餐的殘羹剩飯，骨屑稀粥，以及小兒便溺，全都在地上星羅

4 劉遠，〈我讀梁公文，以其文筆好：也談梁實秋〉，《中國現代文學研究》，
　1942 年 2 月。
5 范培松，《中國現代散文》（江蘇：江蘇教育出版社，1993 年），頁 590。
6 鄭明娳，《現代散文構成》（台北：大安出版社，2000 年），頁 34-35。
7 陳室如，〈簡單的豐富美〉，收錄於李瑞騰、蔡宗陽主編，《雅舍的春華
　秋實：梁實秋學術研討會論文集》（台北：九歌，2002 年），頁 72。

棋布著，由那隻大狗來舔得一乾二淨。如果有生人走進，狗便不免有所誤會，以為是要和他爭食，於是聲色俱屬的猛撲過去。在這一家裡，狗完全擔負了「灑掃應對」的責任。「君子有三畏」，狺犬其一也。我知道性命並無危險，但是每次出來進去總要經過他的防次，言語不通，思想亦異，每次都要引起摩擦，釀成衝突，日久之後真覺厭煩之至。其間曾經謀求種種對策，一度投以餌餅，期收綏靖之效，不料餌餅尚未啖完，乘我返身開鎖之際，無警告的向我的腿部偷襲過來，又一度改取「進攻乃最好之防禦」的方法，轉取主動，見頭打頭，見尾打尾，雖無挫扭，然積小勝終不能成大勝，且轉戰之餘，血脈僨張，亦大失體統。因此外出即怵回家，回到房裡又不敢多飲茶。不過使我最難堪的還不是狗，而是他的主人的態度。

　　狗從桌底下向我撲過來的時候，如果主人在場，我心裡是存著一種奢望的：我覺得狗雖然也是高等動物，脊椎動物哺乳類，然而，究竟，至少在外形上，主人和我是屬於較近似的一類，我希望他給我一些援助或同情。但是我錯了，主客異勢，親疏有別，主人和狗站在同一立場。我並不是說主人也幫著狗狺狺然來對付我，他們尚不至於這樣的合群。我是說主人對我並不解救，看著我的狼狽而哄然噱笑，泛起一種得意之色，面帶著笑容對狗嗔罵幾聲：「小花！你昏了？連某先生你都不認識了！」罵的是狗，用的是讓我所能聽懂的語言。那弦外之音是：「我已盡了管束之責了，你如果被狗吃掉莫要怪我。」然後他就像是在羅馬劇場裡看基督徒被猛獸撲食似的作壁上觀。俗語說：「打狗看主人」，我覺得不看主人還好，看了主人我倒要狠狠的再打狗幾棍。

　　後來我疏散下鄉，遂脫離了這惡犬之家，聽說繼續住那間

房的是一位軍人，他也遭遇了狗的同樣的待遇，也遭遇了狗的主人的同樣的待遇，但是他比我有辦法，他拔出槍來把狗當場格斃了，我於稱快之餘，想起那位主人的悲愴，又不能不付予同情了。特別是，殘茶剩飯丟在地下無人舔，主人勢必躬親灑掃，其淒涼是可想而知的。

　　在鄉下不是沒有犬危。沒有背景的野犬是容易應付的，除了菜花黃時的瘋犬不計外，普通的野犬都是些不修邊幅的夾尾巴的可憐的東西，就是汪汪的叫起來也是有氣無力的，不像人家豢養的狗那樣振振有詞自成系統。有些人家在門口掛著牌示「內有惡犬」，我覺得這比門裡埋伏惡犬的人家要忠厚得多。我遇見過埋伏，往往猝不及防，驚惶大呼，主人聞聲搴簾而出，嫣然而笑，肅客入座。從容相告狗最近咬傷了多少人。這是一種有效的安慰，因為我之未及於難是比較可慶幸的事了。但是我終不明白，他為什麼不索興養一隻虎？來一個吃一個，來兩個吃一雙，豈不是更為體面麼？

　　這道理我終於明白了。雅舍無圍牆，而盜風熾，於是添置了一隻狗。一日郵差貿貿然來，狗大咆哮，郵差且戰且走，蹣跚而逸，主人拊掌大笑。我頓有所悟。別人的狼狽永遠是一件可笑的事，被狗所困的人是和踏在香蕉皮上面跌交的人同樣的可笑。養狗的目的就要他咬人，至少作吃人狀。這就是等於養雞是為要他生蛋一樣，假如一隻狗像一隻貓一樣，整天曬太陽睡覺，客人來便咪咪叫兩聲，然後逡巡而去，我想不但主人慚愧，客人也要驚訝。所以狗咬客人，在主人方面認為狗是克盡厥職，表面上儘管對客抱歉，內心裡是有一種愉快，覺得我的這隻狗並非是掛名差事，他守在崗位上發揮了作用。所以對狗一面苛責，一面也還要嘉勉。因此臉上才泛出那一層得意之色。

還有衣裳楚楚的人，狗是不大咬的，這在主人也不能不有「先獲我心」之感。所可遺憾者，有些主人並不以衣裳取人，亦並不以衣裳廢人，而這種道理無法通知門上，有時不免要慢待佳賓。不過就大體論，狗的眼力總是和他的主人差不了多少。所以，有這樣多的人家都養狗。

賞　析

《雅舍小品》允為梁實秋的代表作，也是最膾炙人口，流傳最廣的作品，論者都說他文風機智廣博、文白交用、亦莊亦諧，收放自如、寓意深遠，並且把《雅舍小品》公認為現代文學的典範、當代知性小品散文的開山祖師。

他在〈文學講話〉中提出「文學是人性的描寫」，應「沉靜的觀察人生並觀察人生的整體，掘發人性，了悟人性，予以適當的寫照。」[8] 而這樣的理念自然也反映在《雅舍小品》之中。這本書寫作題材「均為身邊瑣事」，刻意跳脫當時的「抗戰八股」。當時梁氏正遭左翼陣營的圍剿，責其倡導「抗戰無關論」。梁氏遭批判後，以這一系列文章作為「無言的抵抗」，證實文學創作的自由與獨立價值。

然而即使《雅舍小品》涵蓋的議題只是生活瑣事，由於對人性共相的細膩

觀察與描摹，透過針砭人性普遍的劣根性，同時蘊含人生哲理和隱藏教化意涵，使得不同世代的閱讀者仍能理解而詮釋出新義。

這篇〈狗〉正是一篇體現梁氏風格「幽默、沖淡、機智、

---

8 梁實秋，〈文學講話〉，《梁實秋論文學》（台北：時報文化，1978 年），頁 543。

專寫人性」的哲理散文。

　　文章從他客居的一間小室說起。這間小室淒涼中有詩意，但讓他苦惱的是房東養的那隻狗。這隻狗，守在餐桌下，完全擔負「灑掃應對」的責任，也守護著作者每日要出入的穿堂，作者描述和狗的「作戰」經驗，讀之令人莞爾。先是投以餌餅，期收綏靖之效，後又採取主動，見頭打頭，見尾打尾，卻又打得狠狠，大失紳士體統，這種和狗鬥智鬥氣的日子直到離開此居處才脫離，而那隻狗的下場卻是斃命於軍人房客的槍下。

　　狗和人的關係親近，關於狗的成語也不少，如狗眼看人低、狗仗人勢、狗尾續貂、狗急跳牆、兔死狗烹、雞鳴狗盜、打落水狗等，雖偶有寓意正面的辭語如效犬馬之勞，但大多是負面意涵，且多有借此諷彼的作用，梁實秋這篇文章也是，文章從自己和狗的接觸出發，表面上寫的是他所觀察到的養狗人家種種現象，文字沒有說的卻是藉由人狗之間，透顯出許多人性與人生哲理。如同這些以狗為名的成語，看似說狗，實則說人，說人間事。

　　「被狗所困的人是和踏在香蕉皮上面跌跤的人同樣可笑」，主人養狗，為的就是看別人的狼狽，所謂「狗眼看人低」，看低人的不是狗眼，是人眼，因而「衣裳楚楚的人，狗是不大咬的」。梁氏此文對當時的社會氛圍含蓄地諷刺，包括一般人只重視外表、現實功利的嘴臉，而那房東從來不清掃食餘的不衛生及懶惰行徑，作者在文中也不直接點明，而以狗死了之後「殘茶剩飯丟在地下無人舐，主人勢必躬親灑掃，其淒涼可想而知」，指出狗主人既可悲又復可憐之處。

　　作者對那些掛牌「內有惡犬」的人，認為他們並無惡意，只是透過這個提示將客人拒於門外，但那些在門裡埋伏惡犬的

狗主人則是蓄意攻擊或捉弄他人，其本心不甚良善，這樣的思維也透露出作者釋然、講理的人生態度。

　　梁實秋曾自言，應沉靜的觀察人生並觀察人生的整體，掘發人性，了悟人性，《雅舍小品》中的文章，談的不外乎食衣住行、休閒娛樂、生老病死、人倫道德等的常民生活與人性的共相，平凡中流露真誠，小節處蘊藏哲理，是人生智慧的參悟。學者陳漱渝指出，「這正符合梁實秋的文藝觀，一為反對以功利的眼光看待文學，二是認為文學應該表達亙古不變的人性。[9]

　　《雅舍小品》固然是梁實秋的代表作，梁氏遷台後，仍寫作翻譯不輟，中譯《莎士比亞全集》、以中文撰寫《英國文學史》和《英國文學選》兩大巨著，嘉惠許多學子，而《看雲集》、《雅舍談吃》、《槐園夢憶》等散文、雜文、小品持續在散文創作上發揮影響力，展現他作品超越時空的藝術價值，說他是現代文學的瑰寶應為確的。

---

9 陳漱渝，〈《雅舍小品》現象：我觀梁實秋的散文〉，《齊齊哈爾師範學院學報（哲學社會科學版）》，1989 年第 5 期，頁 58。

5　都市新感覺的火種——戴望舒

蔡孟文

一、生平與作品風格

　　戴望舒（1905-1950），浙江省杭州市人。被認為是中國現代派詩壇首領。中學時期與施蟄存、杜衡、張天翼組織「蘭社」、創辦《蘭友》半月刊。1923 年考入上海大學文學系。1925 年入震旦大學特別班讀法文，施蟄存、杜衡在隔年轉入，並合辦《瓔珞》。1928 年發表詩作〈雨巷〉傳頌一時，當時已是成名作家的葉聖陶對此詩大為讚賞，開始受到文壇注目。

　　1929 年 4 月第一本詩集《我的記憶》出版，是中國現代詩重要的里程碑。1932 年赴法國留學。1933 年出版了代表作，詩集《望舒草》。1935 年未能完成法國學業，返回中國。1937 年出版詩作合集《望舒詩稿》。中日戰爭爆發後，於 1938 年赴香港，主編《星島日報》副刊《星座》和英文刊物《中國作家》等。1941 年從事反日帝宣傳，被日本憲兵逮捕，在獄中寫下的作品，後來收入《災難的歲月》。所錄之作，詩風和前此頗有不同，是戴望舒晚期創作的新趨向。1949 年在北京參加中華全國文學藝術工作者代表大會，後在新聞總署國際新聞局工作，1950年因氣喘去世。他的詩集有《我的記憶》、《望舒草》、《望舒詩

稿》、《災難的歲月》、《戴望舒詩集》等，另有譯著等數十種。

　　戴望舒和台灣的因緣，始自震旦大學法文特別班。在那裡他結識了來自台灣台南的劉吶鷗，開啟了文藝出版事業。1928年劉吶鷗在上海創立第一線書店。戴望舒和施蟄存負責編輯、發行。第一線書店翻譯、出版許多日本文學作品，將時興的文學思潮，如新感覺派、普羅文學作家、作品介紹到中國來。另有半月刊《無軌列車》，共發行 8 期。《無軌列車》的同人色彩很濃厚，還沒有形成較為統一、明確的整體風格。在第一線書店遭國民黨查禁後，1929 年同樣的班底又開設了水沫書店，戴望舒的詩集《我的記憶》就是在這個階段出版的。文藝刊物方面則有《新文藝》，是現代派刊物的濫觴。在這個脈絡下接替《新文藝》並繼之發揚光大的，則是 1932 年現代書局發行，施蟄存主編的《現代》雜誌，現代派並因此得名。《現代》也是現代派詩人最重要的發表園地。

　　1953 年，紀弦在台灣台北創辦《現代詩》，號稱將「現代詩火種」由大陸帶到台灣。紀弦的青年時期，深受戴望舒、李金髮等現代派的影響，而 1950、60 年代台灣現代主義的再起，也得以穿透政治、時間、空間的阻隔，接續 1930 年代上海現代派的新詩美學。在文學批評方面，紀弦採取貶抑徐志摩、聞一多等新月派詩人，推崇戴望舒等現代派詩人的論點。[1] 這樣的觀點，深深影響台灣人對於中國新文學史的詮釋與評價。

　　戴望舒的詩風，可以約略分為兩個階段：表現內向探求的現代派時期、燃燒民族之魂的外向開展時期。戴望舒現代派時期的詩風明顯具有「純詩」與「現代」的特質，體現一種現代

---

1 陳芳明，《台灣新文學史》（台北：聯經出版事業公司，2011 年），頁328。

都市的感傷情調。一般認為，他的風格深受法國象徵主義影響，透過詩作之象徵反應精神之象徵，[2] 是戴氏詩學的主要特徵。我們從《我的記憶》、《望舒草》、《望舒詩稿》所輯之作品可以得見。《望舒草》是他現代派階段走向成熟的代表作，創作主題圍繞苦情戀歌、愛情和死亡、夢和記憶。而《災難的歲月》則體現詩人睹見山河淪陷後的現實關照，熾烈的愛國心驅使詩人提筆為槍，是文學反應時代刻痕的鐵證。

　　從詩語言的角度觀察，《望舒草》以前的作品，受到傳統文學的影響甚深，文言文的應用與融入，是戴望舒這個階段的文字特色。《望舒草》以後，有明顯的西化現象，用語則朝更為簡潔的白話文開拓。

二、作品選讀與賞析

（一）〈雨巷〉

撐著油紙傘，獨自
徬徨在悠長，悠長
又寂寥的雨巷，
我希望逢著
一個丁香一樣的
結著愁怨的姑娘。

她是有

2　趙衛民編著，《戴望舒》（台北：三民書局，2006 年），頁 4。

丁香一樣的顏色，
丁香一樣的芬芳，
丁香一樣的憂愁，
在雨中哀怨，
哀怨又徬徨。

她徬徨在寂寥的雨巷，
撐著油紙傘
像我一樣，
像我一樣地，
默默彳亍著，
冷漠，淒清，又惆悵。

她靜默地走近
走近，又投出
太息一般的眼光，
她飄過
像夢一般的
像夢一般的淒婉迷茫。

像夢中飄過
一支丁香地，
我身旁飄過這女郎；
她靜靜地遠了，遠了，
到了頹圮的籬牆，
走盡這雨巷。

在雨的哀曲裡，
消了她的顏色，
散了她的芬芳，
消散了，甚至她的
太息般的眼光，
丁香般的惆悵。

撐著油紙傘，獨自
彷徨在悠長，悠長
又寂寥的雨巷，
我希望飄過
一個丁香一樣的
結著愁怨的姑娘。

賞　析

　　〈雨巷〉是戴望舒早期的代表作，具有濃厚的法國象徵主義風格。此詩以第一人稱「我」的獨白、自剖為主。「我」在雨中追尋著一個謎樣的、帶著丁香、愁怨的姑娘，而終不可得。閱讀此詩，如同面對、窺看敘事者的叨叨絮語。

　　這首詩以「撐著油紙傘，獨自」展開一連串敘事者思想的鋪陳，「我」流連在寂寥的雨巷，錯綜夾雜著對於所憧憬的女性的想望。雖然描寫場景是單一的，但是人物的心思感受、心理起伏，有極為細膩的刻畫。而作者亦描繪想像中的、夢中的情景，並與外在環境交互呈現，讓讀者能跟隨敘事者意識的高低起伏，時而嘆息，時而驚喜，轉折非常靈活。此詩呈現了戴望

舒某種程度的愛情觀和人生態度，對追求所愛的強烈渴望、對命定的「百分百女孩」的熾熱思念，在作品中皆表露分明。戴望舒自己對於愛情的追求，亦與他的詩篇雷同。大約在寫下〈雨巷〉之後，寄居施蟄存家中這段期間，戴望舒對施絳年（施蟄存的妹妹）展開苦苦追求，以性命相脅、勉強訂婚。甚至為了贏得美人芳心負笈法國，最終還是難逃解除婚約的結局。而在第二任妻子穆麗娟（穆時英的妹妹）攜女遠行上海後，戴望舒曾寫下〈絕命書〉，並仰藥自殺，未果。

　　追尋〈雨巷〉丁香姑娘的幻影，是戴望舒一生未竟之夢，也或許那種尋愛不獲，「在雨中哀怨，哀怨又徬徨」的意象，正是作者感情、婚姻生活一再受挫的預告。某種程度上，戴望舒如文本中「我」耽溺於自我閉鎖的虛幻對象裡：「像我一樣，像我一樣地默默彳亍著，冷漠，淒清，又惆悵」。又或許，「我」所遍尋不得的，竟是世上再無一人相似的，唯一的自己罷。

（二）〈白蝴蝶〉

給什麼智慧給我，
小小的白蝴蝶，
翻開了空白之頁，
合上了空白之頁？

翻開的書頁：
寂寞；
合上的書頁：
寂寞。

賞　析

　　這是一個愛書人稀少又艱難的時代。在這個時代閱讀戴望舒的這首小詩，是非常特別的。「給什麼智慧給我」，為整首詩提供了從想像到現實的基礎。「翻開了空白之頁」、「合上了空白之頁」，呼應詩題的蝴蝶意象，予讀者動態的畫面，繼而拓寬讀者想像的視界。書和智慧連結，空白又使人聯想寂寞，在蝴蝶翩然飛舞之際，在翅膀開合之間，引領讀者的思緒輾轉往復，收束在寂寞的孤獨感。戴望舒用極其簡練的文字，創造了層次豐富的意象。

（三）〈夜行者〉

這裡他來了：夜行者！
冷清清的街道有沉著的跫音，
從黑茫茫的霧，
到黑茫茫的霧。

夜的最熟稔的朋友，
他知道它的一切瑣碎，
那麼熟稔，在它的薰陶中，
他染了它一切最古怪的脾氣。

夜行者是最古怪的人。
你看他在黑夜裡：
戴著黑色的氈帽，
邁著夜一樣靜的步子。

賞　析

　　在批評現代派的許多文字裡，個人主義總是論述之矛所向，被冠以避世、無社會責任、逃避主義、無病呻吟的字眼，在過往文學論戰中可謂屢見不鮮。〈夜行者〉就是非常自我、個人的一種文學表演。在這裡我們看不到任何現實社會的印記，它可以完全超越時空的限制，「取悅」或者說和任何時代的讀者達成某種共識。換言之，它也難以承載任何一個特定的社會環境下的當代意義。在抽離語言文字以外的因素之後，〈夜行者〉帶給讀者的，就只有純粹的詩，純粹的語言文字。

　　〈夜行者〉孤獨的意象，是現代都市一個一個疏離個體的心靈寫照，他以「夜」為伴，有著「最古怪的脾氣」，描繪被異化的歪曲心靈。從黑走進黑，成為「夜最熟稔的朋友」，帶出綿長的時間感。〈夜行者〉創造了現代派、現代詩具有標誌性的意象。

（四）〈獄中題壁〉

如果我死在這裡，
朋友啊，不要悲傷，
我會永遠地生存
在你們的心上。

你們之中的一個死了，
在日本占領地的牢裡，
他懷著的深深仇恨，
你們應該永遠地記憶。

當你們回來，
從泥土掘起他傷損的肢體，
用你們勝利的歡呼
把他的靈魂高高揚起。

然後把他的白骨放在山峰，
曝著太陽，沐著飄風：
在那暗黑潮濕的土牢，
這曾是他唯一的美夢。

賞　析

我們在〈獄中題壁〉這裡，讀到一個曾經浪漫的、追求純粹詩語言的詩人，如何翻轉為被復仇的念頭填滿腦海，試圖在殘酷的暴政下，以文字作控訴工具的怒漢。這樣的翻轉當然來自戴望舒自己的反抗意識，他在〈獄中題壁〉所描繪的，恐怕是許多中國人在經歷、回顧這一段中日戰爭的歷史，所懷抱的苦惱，並深切思索的課題。「我們之中的一個死了，在日本占領地的牢裡」，戴望舒沒有直陳其名，而是以集體作為指涉，在絕對正確的抗日意識需求下，將個人的苦難擴大為整個國族的苦難。這固然是以文學抵抗日帝侵略的重要顯示，他同時意識到自己身心所經歷的痛苦，或許有一個根源，日帝當然是最直接的作用力，而最深層的恐怖或許在於，抵抗者的不被記得：「我會永遠地生存」、「你們應該永遠地記憶」、「把他的靈魂高高揚起」、「然後把他的白骨放在山峰」。也許沒有人比作家更明白地知道，人的記憶的不可靠。所以他們把靈光乍現的文思記錄下

來，用我們所不能想像的方式。苦難中的戴望舒，除了感受到身體的激烈疼痛，應該也有所體認，並且用力地呼喊，勇於抵抗日本的受難者，要被國民記得的罷。

6 天然去雕飾——豐子愷

王秀雲

一、生平介紹

豐子愷（1898-1975）是我國漫畫藝術的先驅，同時也是近代有名的隨筆散文家、西洋美術音樂家兼教育家，更是多國語文的翻譯家，一生著作多達一百五十多種，堪稱著作等身。其以寥寥數筆，刻畫出的漫畫，韻味無窮，號稱「中國漫畫之父」。

豐子愷，浙江省崇德縣石門灣（今江蘇省桐鄉縣石門鎮）人，生於清德宗光緒 24 年（1898）11 月 9 日，在家排行第七，上有六個姊姊，下有一妹二弟，二弟皆早夭。父親豐鐄，長於詩文，是中國史上最後一年及第的舉人（光緒 8 年，1902），科舉廢除後，仕途隨之斷絕，只得在家設立私塾，豐子愷 5 歲起，即由父親啟蒙教授。8 歲時，父親因肺疾病故，享年只有四十多歲，只得由母親茹苦含辛地和姊姊們相依為命。

12 歲進石門灣溪西小學（縣立第三高等小學），畢業時成績為全校第一，母親為減輕家中生計，鼓勵豐子愷投考公費的浙江第一師範。豐子愷怕考不上，多報了省立一中和甲種商業兩所學校。結果，連中三元。

豐子愷在讀師範時期，因為兩位恩師的帶領，培育了他的

藝術心靈和認真苦學的精神，也啟發他的文學才華和悲天憫人的胸襟，奠定一生事業、理想的基礎。這兩位恩師，一位是藝術家李叔同先生，一位是教育家夏丏尊先生。李叔同先生精通圖畫、音樂，也擅長文學、書法與金石；對學生不僅是言傳，更是身教，並期勉他要做好一個文藝家，要先做一個好人。在老師的指點與鼓勵下，豐子愷一方面寫生實踐，另一方面觀摩西洋名畫，並學習繪畫理論。同時也向老師請益音樂課程，苦練鋼琴。在一代宗師的薰陶下，豐子愷不但奠定深厚的繪畫基礎和音樂素養、人格修養等，李叔同日後的出家也對豐子愷起了很大的思想變化。

夏丏尊先生當時擔任第一師範舍監，後改任國文老師。「五四運動」前夕，夏先生以教授新文藝寫作聞名，對學生教導甚嚴，要求寫作「不准講空話，要老實寫」。在這種嚴師出高徒的情況下，使得一向踏實、誠懇、坦率的豐子愷得到莫大的鼓勵，加深了寫作興趣。夏先生除了嚴格指導寫作之外，還常指導課外閱讀，短短幾年間，豐子愷的閱讀、寫作都有了長足的進步，對日後寫作和翻譯奠定了札實的基礎。

1919 年，豐子愷自浙江第一師範畢業，出國深造學習美術是他的理想。於是他賣祖產，並向姐夫借了四百元錢，到東京展開他的留學生涯。豐子愷的日語是向兩位曾留日的老師——李叔同、夏丏尊學習的。他在東京做了短期進修，四個月後，他拉完了三冊提琴練習本和幾個輕歌劇曲子。美術方面，則專攻炭筆畫。某一次機緣下，他在舊書攤上看到《夢二畫集·春之卷》。作者竹久夢二是日本一位自學成功的畫家，專攻簡筆漫畫，其構圖技巧來自西方，但畫趣卻是東洋味。豐子愷認為，這些畫作簡直就是「無聲的詩」。從竹久夢二的作品中，豐子愷

找到了日後美術的途徑。

1922 年，豐子愷回國執教，並致力於創作漫畫，逐漸為人熟知。1924 年，朱自清第一個向豐子愷約稿，把他的畫作《人散後，一鉤新月天如水》發表於自己創辦的刊物《我們的七月》上，成功引起同行鄭振鐸的注意。1925 年，《文學周報》開始連續刊載豐子愷的畫作，鄭振鐸給這些畫定了「子愷漫畫」的標題。1945 年抗戰勝利以後，豐子愷回到杭州定居。1949 年曾在香港舉行畫展。1954 年，首屈一指的上海市中國日語學院成立，他擔任首任院長和唯一一位教師。1960 年，上海市中國畫院成立，他擔任首任院長。1961 年到 1965 年，他翻譯日本古典名著長篇小說《源氏物語》（世界上最早的長篇小說），幼女豐一吟協助。1966 年文化大革命爆發，將院長豐子愷劃為「反動學術權威」，扣上「反革命畫家」、「反共老手」、「漏網大右派」等一系列罪名，更列為上海市「十大重點批鬥對象」之一。他被勒令天天到單位「交代罪行」、接受批判；同時，關牛棚、遊街、批鬥、剋扣工資等迫害接踵而至。

1969 年秋，豐子愷以 72 歲高齡，被下放到農村參加勞動改造。惡劣的環境、高強度的勞動及長期的高壓生活，迅速壓垮他的身體。不久，他感染風寒，高燒不退，被送回上海。面對無休止的欺辱，起初豐子愷有過短暫的不解與痛苦，但很快便用樂觀灑脫的心態應對。他把關「牛棚」視如參禪，被批鬥看作演戲；半夜被遊鬥，他說是「浦江夜遊」；被下放勞動期間，他更笑稱自己「地當床，天當被，還有一河浜洗臉水，取之不盡，用之不竭，是造物者之無盡藏也」。在十年浩劫中飽受苦難，豐子愷終於在第九個年頭被無情打倒。1975 年 8 月，他因患肺病住院，於 9 月 15 日撒手人寰，終年 78 歲。這個文化大師，

因為說了幾句為藝術負責的真話，便被扣上一頂頂帽子加以批判，最終被折磨致死。作品有：散文集《緣緣堂隨筆》、《緣緣堂續筆》、《車廂社會》、《緣緣堂集外遺集》；彩色畫冊《子愷漫畫選》、藝術理論著作《豐子愷美術講堂》、《豐子愷音樂講堂》及漫畫集《子愷漫畫》、《護生畫集》等。翻譯作品則有日本廚川白村《苦悶的象徵》、夏目漱石選集；俄國屠格涅夫《獵人筆記》、柯羅連科《我的同時代人》；日本古典小說《源氏物語》、《落窪物語》、《竹取物語》、《伊勢物語》。

二、作品風格與藝術特質

　　一般而言，漫畫是含有諷刺、幽默、教育的遊戲畫，但豐子愷對漫畫則另有一番解釋，他說：「漫畫二字，望文生義：漫，隨意也。凡隨意寫出的話，都不妨稱為漫畫，因此我做漫畫感覺同寫隨筆一樣。不過或用線條，或用文字，表現工具不同而已。」對豐子愷而言，隨筆和漫畫是兩位一體的：「在得到一個主體以後，宜用文字表達的就寫隨筆，宜用形象表達的就作漫畫」。在《中國新文學大系》散文二集的〈導言〉中，郁達夫曾批評豐子愷的散文是：「清幽玄妙，靈達處反遠出在他的畫筆之上。」這是說豐子愷的散文寓深邃道理於眼前事物，細膩貼切，有時意在言外，靈巧高妙，有時連他最擅長的繪畫也有不及之處。他的散文往往偏重描寫生活平凡中的點點滴滴，讀者可在字裡行間察覺出生活的情趣，與生命的源頭，體會到生活的美與哲學。這種寓情於景的手法，正是豐子愷將俯拾即得的生活場景，賦予一種新奇的美感，喚起世人對於平日視而不見的事

物，給予無窮的關注。

三、作品選讀與賞析

〈山中避雨〉

前天同了兩女孩到西湖山中遊玩，天忽下雨。我們倉皇奔走，看見前方有一小廟，廟門口有三家村，其中一家是開小茶店而帶賣香燭的。我們趨之如歸，茶店雖小，茶也要一角錢一壺。但在這時候，即使兩角錢一壺我們也不嫌貴了。

茶越沖越淡，雨越落越大。最初因遊山遇雨，覺得掃興；這時候山中阻雨的一種寂寥而深沉的趣味牽引了我的感興，反覺得比晴天遊山趣味更好。所謂「山色空濛雨亦奇」，我於此體會了這種境界的好處。然而兩個女孩子不解這種趣味，她們坐在這小茶店裡躲雨，只是怨天尤人，苦悶萬狀。我無法把我所體驗的境界為她們說明，也不願使她們「大人化」而體驗我所感的趣味。

茶博士坐在門口拉胡琴。除雨聲外，這是我們當時所聞的唯一的聲音。拉的是梅花三弄，雖然音階摸得不大正確，拍子還拉得不錯。這好像是因為顧客稀少，他坐在門口拉這曲胡琴來代替收音機作廣告的。可惜他拉了一會就罷，使我們所聞的只是嘈雜而冗長的雨聲。為了安慰兩個女孩子，我就去向茶博士借胡琴。「你的胡琴借我弄弄好不好？」他很客氣地把胡琴遞給我。

我借了胡琴回茶店，兩個女孩很歡喜。「你會拉的？你會拉

的？」我就拉給她們看。手法雖生，音階還摸得正。因為我小時候曾經請我家鄰近的柴主人阿慶教過梅花三弄，又請對面衖裡一個裁縫司務大漢教過胡琴上的工尺。阿慶的教法很特別，他只是拉梅花三弄給你聽，卻不教你工尺的曲譜。他拉得很熟，但他不知工尺。我對他的拉奏望洋興嘆，始終學他不來。後來知道大漢識字，就請教他。他把小工調，正工調的音階位置寫了一張給我，我的胡琴拉奏由此入門。現在所以能夠摸出正確的音階者，一半由於以前略有摸 violin 的經驗，一半仍是根基於大漢的教授的。在山中小茶店裡的雨窗下，我用胡琴從容地〈因為快了要拉錯〉拉了種種西洋小曲。兩女孩和著歌唱，好像是西湖上賣唱的。引得三家村裡的人都來看。一個女孩唱著漁光曲，要我用胡琴去和她。我和著她拉，三家村裡的青年們也齊唱起來，一時把這苦雨荒山鬧得十分溫暖。我曾經吃過七、八年音樂教師飯，曾經用 piano 伴奏過混聲四部合唱，曾經彈過 Beethoven 的 Sonata。但是，有生以來，沒有嘗過今日般的音樂的趣味。

　　兩部空黃包車拉過，被我們雇定了。我付了茶錢，還了胡琴，辭別三家村的青年們，坐上車子。油布遮蓋我面前，看不見雨景。我回味剛才的經驗，覺得胡琴這種樂器很有意思。piano 笨重如棺材，violin 要數十百元一具。製造雖精，世間有幾人能夠享用呢？胡琴只要兩三角錢一把，雖然音域沒有 violin 之廣，也儘夠演奏尋常小曲。堆然音色不比 violin 優美，裝配得法，其發音也還可聽。這種樂器在我國民間很流行，剃頭店裡有之，裁縫店裡有之，江北船上有之，三家村裡有之。倘能多造幾個簡易而高尚的胡琴曲，使像漁光曲一般地流行於民間，其藝術陶冶的效果恐比學校的音樂課廣大得多呢。

　　我離去三家村時，村裡的青年們都送我上車，表示惜別。我也覺得有些兒依依。（曾經搪塞他們說：「下星期再來！」其實恐怕我此生不會再到這三家村裡去吃茶且拉胡琴了。）若沒有胡琴的因緣，三家村裡的青年對於我這路人有何惜別之情，而我又有何依依於這些萍水相逢的人呢？古語云：「樂以教和。」我做了七、八年音樂教師沒有實證過這句話，不料這天在這荒村中實證了。

賞　析

　　〈山中避雨〉選自《豐子愷隨筆精編》，是豐子愷先生的一篇意趣幽遠的散文。文章寫作者和兩個女孩在西湖游山，忽然遇雨。在避雨過程中作者體會到「山中阻雨的一種寂寥而深沉的趣味」，「反覺得比晴天游山趣味更好」，而兩個女孩卻「苦悶萬狀」。後來作者借來了胡琴拉了起來，不僅女孩唱起了歌，連三家村的青年們也唱了起來。作者感到「有生以來沒有嘗過今日般的音樂的趣味」，直至後來與眾人惜別，還依依不捨，作者藉著在山中避雨的一段經驗，體悟到音樂的無形凝聚力，和強大的感染力。

　　首段寫山中出遊遇雨的倉皇，只好在三家村的小茶店躲雨。次段以「層遞法」傳達作者遊山避雨的心境轉變，起初覺得掃興，但他隨即體會到山中因雨受阻的一種寂寥而深沉的趣味，而以蘇軾的千古名句「山色空濛雨亦奇」，作為印證。然而同行的兩位小女孩，卻不能瞭解這種「大人」的情境，反倒覺得苦悶難耐而怨天尤人，與作者苦中作樂的感興，行成強烈的對比。第三段以茶博士的胡琴引起下文，是貫穿全文的一個重要道具。相對於山中避雨的寂寥，胡琴的樂音，反而能吸引遊

客的注意,可惜演奏時間太短,未能完全排遣等待雨停的煩悶。為了安慰兩個女孩子,作者臨時起意向茶博士商借了胡琴,這是引領下文的一個橋段。人類的情感本來就因環境、成長背景、教育程度、年齡、瞭解與觀察等不同因素所影響,所以作者也不想以「大人化」的看法,來勉強小女孩接受相同的觀點,但他萬萬沒想到,以下的胡琴表演,卻可以達成同樣的意境。

第四段可以說是全文的高潮之處;由於作者精湛的琴聲,帶動整個三家村裡的溫暖、熱鬧氣氛,使得原先悶得令人受不了的雨天,在此時忽然顯得活潑,且令人留戀起來,而散文的意境也從寧靜的古畫山水,跳躍成生動活躍的歡樂景象。末段書寫三家村青年的惜別,以及自己的依依不捨之情,同時回味前所未有的音樂藝術與人生的一番感受:只要有心多創作幾個「曲易合眾」的胡琴曲子,深入民間,藝術陶冶的功效自然比學校刻板的音樂課來得廣大。最後以古人所云「樂以教和」作結,說明在此次山中避雨時,終於印證此說。

就表現手法而言,文中很多句子都沒有華麗的形容詞和優美的修飾語,作者只是通過促膝閒談般的情致慢慢敘述山中遇雨、避雨、借琴、唱歌、惜別等情節,但因感情真摯而引起了讀者的共鳴。如「有生以來,沒有嘗過今日般音樂的滋味」作為藝術家這次拉琴的環境與往日不同,是在山中小茶店的雨窗下,於是先有了一種天然之美;人物除兩個小女孩,其餘都是素不相識的山村青年,是琴聲和歌聲把大家結合在了一起,有一種和諧之美;大家的歌唱都是發自內心,有一種真摯之美;一起歌唱,無拘無束,自由自在,氣氛熱烈,把苦雨荒山鬧得十分溫暖,有一種氛圍之美。種種之美讓人回味無窮,呈現出「天然去雕飾」、「濃情出淡語」的藝術魅力。

　　其次是用詞精美，耐人品味，似如作者信手拈來，隨意而用，但仔細品讀，卻發現平中見奇，耐人尋味。如「三家村裡的青年們也齊唱起來，一時把這苦雨荒山鬧得十分溫暖」此句只是簡要的介紹當時的場面，看似平常，但用詞卻恰到好處，「溫暖」兩字極為傳神；雨是「苦雨」，山是「荒山」更顯出了「溫暖」的可喜與可貴。再進一步言，「溫暖」二字，不止寫環境的溫暖，更是寫作者自己內心的感受，表達了他的欣喜之情。

　　三則是句式靈活；句子是表達完整意思的基本語言單位，不同的語意可以用不同的句式來表達，同一個語意也可以用幾個句式來表達。句式不同，所表現出來的修辭效果也不同。如「這種樂器在我國民間很流行，剃頭店裡有之，裁縫店裡有之，江北船上有之，三家村裡有之」，以排比的句式，使讀者的視線跟著它不斷轉移，讓我們具體地感受到了胡琴的確是處處可見。另外，連說四個「有之」又有了強調的作用，語氣顯得更加肯定。又如「若沒有胡琴的因緣，三家村裡的青年對於我這路人有何惜別之情，而我又有何依依於這些萍水相逢的人呢？」連用兩個反詰語句而不用敘述句，既引起讀者的深深思考，又顯得更有力量，更加肯定，更有情感，讓讀者對「樂以教和」的道理有了更深刻的體會。

　　日本學者谷崎潤一郎曾評論豐子愷散文的題材，並不是什麼有實用或深奧的東西，任何瑣屑輕微的事物，一到他的筆端，就有一種風韻，殊不可思議。閱讀豐子愷的作品，可以發現他的作品都離不開「情」字；人間因有情而美，人間因有情而有意義。藝術之情、天地間一切美好事物之情都可以在他作品中看到，實散發著一種與眾不同的「豐子愷味」。

7 衣帶漸寬終不悔 —— 王國維

朱嘉雯

王國維，中國近代著名國學大師，浙江海寧人，與梁啟超、陳寅恪、趙元任被尊為清華國學研究院的「四大導師」。在文學、美學、史學、哲學方面俱有鑽研，並會通中西學術，尤其在金石、甲骨文與考古學領域上，取得卓越成就。

一、生平介紹

王國維精通英、德、日等各國語言，因此在研究宋元戲曲史時，首開以西方文學理論進行中國傳統文學批評的先例，陳寅恪曾指其：「幾若無涯岸之可望、轍跡之可尋。」王國維生平著述，包括：《海寧王靜安先生遺書》、《紅樓夢評論》、《宋元戲曲考》、《人間詞話》、《觀堂集林》、《古史新證》、《曲錄》、《殷周制度論》、《流沙墜簡》等 62 種。

王國維的家庭背景乃清代鹽官，同時亦為書香家第，父親王乃譽精通書畫、篆刻，以及古文詩詞，因此家庭教育對王國維的影響很大，他 5 歲入私塾，15 歲參加歲試便考中秀才，隔年進上海《時務報》館，從事書記校對，並於羅振玉主持的「東文學社」習得外文及理化。王國維於此開始吸收西方文化，日

後更在羅振玉的資助下，赴東京物理學校留學。返國後在通州及江蘇師範學堂任教，主要教授哲學、心理學與倫理學。而事實上王國維一直對文學懷有濃厚的興趣，因此他以學術理念撰寫出哲學與美學專著《紅樓夢評論》，並出版《靜庵文集》。至於另一部著名的《人間詞話》，則是在他任清代學部總務司行走、圖書館編譯、名詞館協韻等時期，逐步完成的。

1911 年辛亥革命爆發，王國維再度前往日本，這一次是到京都研究經史，並與羅振玉一同整理大雲書庫，他於此間親見金石、彝器、拓本等古文物，因此銳意鑽研小學，同時完成了《宋元戲曲考》。他曾回憶道：在日本的五年，是一生中生活最簡單，成書最多的階段。此後回到上海，王國維擔任倉聖明智大學教授，繼而編修《浙江通志》，隔年出版《殷周制度論》，他說：「中國政治與文化之變革，莫劇於殷周之際。」

1922年王國維受聘於北京大學國學門。翌年，由蒙古貴族、大學士升允舉薦，任清遜帝溥儀五品南書房行走，王國維因此得以一窺大內祕籍，並檢理景陽宮藏書。1924 年馮玉祥發動政變，驅逐溥儀。王國維憤而投河殉清，因家人阻攔未果。1925年，王國維應聘為清華大學國學研究院教授，專門講授經史小學，並研究漢魏石經、古代西北地理及蒙古史料。1927 年 6 月2 日，他留下遺書：「五十之年，只欠一死。經此事變，義無再辱。我死後當草草棺殮，即行槁葬於清華塋地。汝等不能南歸，亦可暫移城內居住。汝兄亦不必奔喪，因道路不通，渠又不曾出門故也。書籍可托陳吳二先生處理。家人自有人料理，必不至於不能南歸。我雖無財產分文遺汝等，然苟謹慎勤儉，亦必不至餓死也。」當日自沉於頤和園昆明湖，死後葬於福田公墓。

　　王國維自溺的原因，史家爭論不休，有「殉北洋說」、「反共及痛恨北伐說」、「逼債說」、「性格悲劇說」、「文化衰落說」。陳寅恪《王觀堂先生挽詞》序云：「或問觀堂先生所以死之故。應之曰：近人有東西文化之說，其區域分劃之當否，固不必論，即所謂異同優劣，亦姑不具言；然而可得一假定之義焉。其義曰：凡一種文化值衰落之時，為此文化所化之人，必感苦痛，其表現此文化之程量愈宏，則其所受之苦痛亦愈甚；迨既達極深之度，殆非出於自殺無以求一己之心安而義盡也。」

　　另據溥儀《我的前半生》第四章〈天津的行在〉指出，王國維早年受羅振玉接濟並結為兒女親家，然而羅振玉卻經常向王氏苛索，甚至要脅將其女退婚！是故令王國維走投無路，因而自戕。

二、作品風格與藝術特質

　　在王國維所有重要著作中，《人間詞話》享有最崇高的地位，歷來也一直獲得很高的評價。美學家朱光潛曾說：「近二三十年來，就我個人所讀過的來說，似以王靜安先生的《人間詞話》為最精到。」（《詩的隱與顯：關於王靜安的〈人間詞話〉的幾點意見》）

　　《人間詞話》第一章上卷即云：「詞以境界為最上。有境界則自成高格，自有名句。五代北宋之詞所以獨絕者在此。」所謂境界者凡三：「古之成大事者、大學問者，必經過三種之境界：『昨夜西風凋碧樹。獨上高樓，望盡天涯路。』」第一境也。『衣

帶漸寬終不悔，為伊消得人憔悴。」此第二境也。『眾裡尋他千百度，驀然回首，那人卻在，燈火闌珊處。』此第三境也。」

　　循此三層，王國維指出，唐代一代天驕李白，不僅是詩仙，他的詞也獨步千古。所謂「太白純以氣象勝」。而「西風殘照，漢家陵闕」，一首〈憶秦娥〉小令，又足以烘托出古來所詩人的興亡之慨。至晚唐溫庭筠出，則又是一位天才級的詩人。「飛卿精豔絕人」，「梳洗罷，獨倚望江樓。過盡千帆皆不是，斜暉脈脈水悠悠。腸斷白蘋洲。」如此情韻細膩的造語，文脈綿密而情感隱約。王國維評價曰：「飛卿之詞，句秀也。」及至五代，又有馮延巳之詞，「不是五代風格而堂廡特大，開北宋一代風氣。」此處所說五代風格，特指婉媚言情、傷春離別的內容與洞房酒筵等場景。而馮延巳卻能獨造清語：「高樹鵲銜巢，斜月明寒草。」氣韻疏散閑約，「細雨濕流光」一句，僅僅五字能攝春草之魂！還有南唐中主李璟，也善詩歌，其詞：「菡萏香消翠葉殘，西風愁起綠波間」，已顯眾芳蕪穢、美人遲暮之姿。

　　王國維曾入宮廷行走，而後又以遺老自居，他對於後主李煜之「生於深宮之中，長於婦人之手」的身世，也許更有所體會，因此說「是後主為人君所短處，亦即為詞人所長處。」李後主以自身的經歷體驗著命運二字的涵義，一旦發為詩詞，竟是如此思想深厚而情感純絕！李煜堪稱「詞中之帝」。王國維說：「詞至李後主而眼界始大。」「自是人生長恨水長東」、「流水落花春去也，天上人間。」詞境至此得以無限地開拓，並以獨特的話語為宋詞演出萬古流芳的跫音。

　　事實上，詞至北宋而大，北宋詞人范仲淹：「四面邊聲連角起，千帳裡，長煙落日孤城閉。」道盡蒼涼的心境與抑鬱之情。而晏殊作為「北宋倚聲家初祖」，其造語雍容和緩，修辭溫潤有

情。雖然多抒發相思離別，然而句句情致淒婉，憂愁中體現許多生命的感悟。「昨夜西風凋碧樹。獨上高樓，望盡天涯路。」便是明證。其子晏幾道有與父親不同處，乃在相思愛戀是他傾注生命歌詠的主題，一生追求至死不渝的戀情也是他最大的寄託，而受到晏殊影響者，還有歐陽修，其詞云：「綠楊樓外出秋千」，著一「出」字便高於眾家之上！他在〈醉翁亭記〉中云：「醉翁之意不在酒，在乎山水之間也。」可見其性情中人的自在灑脫。王國維說：「永叔『人生自是有情癡，此恨不關風與月』、『直須看盡洛城花，始共春風容易別』，於豪放之中有沉著之致，所以尤高。」

　　事實上王國維論詞已超出前人的立論：「昔人論詩詞，有景語、情語之別，不知一切景語皆情語也。」在他的眼中，文學始終關乎人，因此即便寫景，也不可能純粹客觀寫景而不帶有任何情感。王國維所謂「三種境界」是古今之成大事業、大學問者，都會經歷的階段。其第一境界是「昨夜西風凋碧樹，獨上高樓，望盡天涯路」，我們做任何一件事，在初入門時總是茫然無所措，心中充滿了未知的疑惑與找不到出路的苦悶。及至第二境界：「衣帶漸寬終不悔，為伊消得人憔悴。」是指熱切的執著和經歷長期的耐苦，只為將來有修成正果的可能。當所有的努力終於幫助我們攀登上第三境界時，那感覺是：「眾裡尋他千百度，驀然回首，那人卻在，燈火闌珊處。」功夫和修為到了爐火純青的地步，生命自然產生參透的大喜悅。王國維精闢的見解為世人開啟了人生的視野，具有才情和智慧的人可循此探索人生高樓的路徑，一旦確定目標後，便戮力以赴、奮鬥不懈。在達成目標之後，便接續展開新的追尋，繼續邁向下一階

段的里程碑。因此王國維的說法無疑是給予我們足以支持信念的力量，使我們在上下求索之間，不至於輕言放棄。

三、作品賞析

《紅樓夢評論》

王國維著《紅樓夢評論》以西方哲學與美學為立論基石，終極目的在於探討人生，因而成就了近代中國小說批評史上的重要地位。《紅樓夢評論》於 1904 年陸續發表於《教育世界》雜誌 6 月至 8 月號。它是紅學研究史上首篇系統性的專論。其論著特點在於突破傳統文以載道之思維，重新以探索人生真諦為問題核心，在理路上結合了西方哲學與美學思想，同時以現代批評求取論證，是故在古典小說批評史上展現了劃時代的意義。

在王國維的《紅樓夢評論》之前，文學評論的標準在「道」，所謂「文以載道」、「文以明道」。然而「道」卻並非文學本身唯一的最高要求，它甚至也不是人的自我覺醒與獨立意識。「道」其實是封建倫常體系中積極的道德性。若以此為評論文學的標準，則限縮了哲學思維與審美空間的展開。這是我們歷來面對及討論文學作品時，最大的束縛。王國維的《紅樓夢評論》可謂衝破了這層僵化的思維模式，並援引西方的哲學、美學、倫理學來探討生命本質的問題。這是一位學貫中西，具有文學才情與文化抱負的學者，方能完成的新使命。尤其是他選擇鑽研叔本華（Arthur Schopenhauer）的悲觀主義，這與當

時中國處在 19、20 世紀交替之際，內憂外患的壓迫局面下，知識分子亟欲挽救危亡，因而促使王國維思考當務之急，他認為首先應改變民眾的麻木心態，於是他要喚醒百姓自我生命的本質與價值。

叔本華對生命的悲觀源於他意識到人生的荒誕與不幸，於是他視「意志」為世界的主宰。而欲望乃是意志的外現，它是本能，是衝動，我們生活在世上所有的追求、占有、愛與嫉妒，最終都以「痛苦」歸結了意志的結果。因為意志沒有滿足的一天，於是無盡的痛苦隨之而來。人類便是在欲望與痛苦之間擺盪的狀態中存在著。王國維以叔本華思想融入《紅樓夢》的詮釋。其評論的第一章即為〈人生及美術之概觀〉，他希望引導讀者思索：生活的本質為何？答案至簡：「欲」而已。王國維甚至指出：「生活之欲先人生而存在。」而且欲是無窮無厭的，它起因於人有不足的心態，於是注定了與苦痛相始終。王國維認為：人生來有欲望，而欲望又不能夠滿足，因為總有新的欲望接連產生，於是痛苦也就不斷地生發，因此人生的歷程可以說就是一個痛苦不停歇的過程。

王國維於是再從悲劇理論的角度闡釋人生。他指出：悲劇最早源於古希臘，當時人們對生命、靈魂、藝術和世界展開了追尋與探索。然而當時並無真正意義上的悲劇作品。他在《紅樓夢評論》第三章〈《紅樓夢》之美學上之價值〉中，指稱我國民族性有樂天的精神傾向，「故代表其精神之戲曲、小說，無往而不著此樂天之色彩。」因此即使故事起點是悲哀的，最終也會以歡樂收場。「始於離者終於合，始於困者終於亨；非是而欲饜閱者之心，難矣。」王國維分析閱聽眾的趣味趨向之後，他進一步將《紅樓夢》與其他中國古典文學進行比對，於此他發

現以往的作品幾乎都有著圓滿的結局，因為缺少悲劇，反而沒有強大的力量來激發民眾自省。自《紅樓夢》一出，便徹底打破了傳統的敘事模式，因為它乃是一部徹頭徹尾的悲劇。王國維就悲劇的意義，引用叔本華的思想，將悲劇分為三類：「第一種之悲劇，由極惡之人，極其所有之能力以交構之者。第二種，由於盲目的運命者。第三種之悲劇，由於劇中之人物之位置及關係而不得不然者；非必有蛇蠍之性質與意外之變故也，但由普通之人物、普通之境遇，逼之不得不如是；彼等明知其害，交施之而交受之，各加以力而各不任其咎。」

第三種悲劇的感人程度勝於前二者，因為這才是人生最大的不幸，也是人生之所固有的情況。而前二種悲劇，作者相信每個人都會對蛇蠍之人物與盲目之命運，心生悚然之情，但是畢竟過於戲劇化，也是在一般生活中罕見的例子，很多人終其一生是可以避免這樣的憂患，但是第三種悲劇卻是隨時可能出現在我們面前，而足以摧毀了人生的福祉。同時這樣的慘酷情形，不但自己得經受，而且可能加諸於人，真是「天下之至慘也」！

《紅樓夢》眾人的悲劇實非來自外界因素，既無蛇蠍之人，也無特殊變故，一切都在常情之中，然而他們的悲劇卻是必然的。這是人物身分及其時代的自然結局，則《紅樓夢》的悲劇便是人生必然的悲劇，這也是真正的悲劇。如此才能喚醒麻木的人生，興起力量來改變自己的命運。王國維因此認為《紅樓夢》有極高的美學價值，它揭示人生的苦痛並引導讀者思索解脫之道。這解決之道在於拒絕生活之欲，以出世的道路來尋求解脫。

在《紅樓夢評論》第四章〈《紅樓夢》之倫理學上之價值〉

中，王國維以倫理學闡述他獨到的人生見解。因中國古來以孝本，傳統倫理深植人心，故而賈寶玉出家的行徑便讓他成為一個「絕父子，棄人倫不忠不孝之罪人」。然而王國維卻指出：「吾人從各方面觀之，則世界人生之所以存在，實由吾人類之祖先一時之誤謬。」「人之有生，既為鼻祖之誤謬矣，則夫吾人之同胞，凡為此鼻祖之子孫者，苟有一人焉，未入解脫之域，則鼻祖之罪，終無時而贖。」王國維反思傳統道德，他認為賈寶玉出家並不是為了拋棄父子親屬關係，因此不牽涉忠孝等問題，相反地，唯有如此，才算盡孝。我們不能一味因循先祖的誤謬，倘若子孫能夠求得出世的解脫，也算是為我們的先祖贖罪。

　　王國維以叔本華思想來探討出世為人生解脫的唯一途徑。賈寶玉最終取得超越生活之欲的解脫，堪稱大解脫，因為唯有他擺脫了來自生活之欲的痛苦。因此《紅樓夢》的結局指明擺脫人生痛苦的出路，它不僅具有很高度美學意義，同時呈現了嶄新的倫理學價值。

8 自然的謳歌——沈從文

王秀雲

一、生平介紹

沈從文（1902-1988），原名沈岳煥，筆名小兵、懋琳、休芸芸等，湖南鳳凰縣（今屬湘西土家族苗族自治州）人。沈從文生於軍人世家，祖父沈宏富為清末湘軍將領之一，曾官雲南昭通鎮守使、貴州提督。父親沈宗嗣亦為職業軍人，曾任上校軍醫、中醫院長等職。母親黃英則是當地唯一讀書人黃河清之女。

1918 年小學畢業後，隨本鄉土著部隊到沅水流域各地，隨軍在川、湘、鄂、黔四省邊區生活。1923 年春，在湘西保靖由陳渠珍設立的民治報館任校對，開始感受到五四新文學運動的餘波盪漾。之後，陸續接觸到《新潮》、《改造》、《創造週報》等新文化刊物，乃激起到北京求學的慾望。1924 年開始發表作品，並與胡也頻合編《京報副刊》、《民眾文藝週刊》。1927 年 6 月，胡適之、徐志摩、梁實秋、聞一多等新月派人士在上海創辦新月書店，由胡適之擔任董事長，余上沅首任書店經理與編輯主任，沈從文則是以創作量最多，成為「新月」作家的核心人物。1928 年沈從文與胡也頻、丁玲編輯《紅黑》、《人間》月

刊。所謂「紅黑」，是湘西土話，意即「橫豎」、「反正」，但引申開來，可以「象徵光明與黑暗，或激烈與悲哀，或血與鐵。」1929 年 9 月，紅黑出版處破產停辦，沈從文得胡適之提拔力薦擔任中國公學大學部中文系講師一年，講授「小說習作」、「新聞學研究」等課程。1930 年 8 月轉任武漢大學、青島大學講師。1934 年起編輯北平和天津的《大公報》副刊《文藝》。抗日戰爭爆發後，到昆明任西南聯合大學教授。抗戰勝利後，任北京大學教授，編輯《大公報》、《益世報》等文學副刊。

1948 年沈從文受到了左翼文化界猛烈批判，郭沫若斥責他是：「一直是有意識的作為反動派而活動著」。1951 年，沈從文放棄了文學創作，被安排到中國歷史博物館，擔任一名歷史博物館的講解員。此後，後半生從事文物、工藝美術圖案及物質文化史的研究工作。1978 年調至中國社會科學院歷史研究所任研究員，致力於中國古代服飾及其他史學領域的研究，先後發表了《唐宋銅鏡》、《龍鳳藝術》、《中國古代服飾研究》等學術著作。

與沈從文先生在國內的默默無聞相反，沈先生在國外名聲鵲起，1980 年應邀赴美國講學，1981 年國外某些團體紛紛提名沈從文為諾貝爾文學獎候選人，瑞典漢學家、諾貝爾獎終審評委馬悅然評價沈從文說：「要是說中國作家得獎，沈從文頭一個就是，五四運動以來的中國作家就是他，頭一個可以獲獎的。你不同意我的看法嗎？雖然沈從文到 1950 年代就不寫作了，他1949 年放棄寫作之後，埋頭於文物研究，1949 年到 1978 年在歷史博物館當講解員，1978 年到 1987 年在研究所做研究工作。他即使不寫小說，寫服飾研究也很出色，你可能沒讀過他的《中國歷代服飾研究》，非常漂亮，很多專門做服飾考古的學者沒有

人能寫出他那樣出色的書。」1988 年以《邊城》長篇小說內定為諾貝爾文學獎得主，可惜當年 5 月即棄世，按諾貝爾文學獎規定，只頒給在世的作家，有運無命，舉世同悲。

二、作品風格與藝術特質

沈從文一生創作的結集約有八十多部，是現代作家中成書最多的一個。早期的小說集有《蜜柑》、《雨後及其他》、《神巫之愛》等，基本主題已見端倪，但城、鄉兩條線索尚不清晰，兩性關系的描寫較淺，文學的純淨度也差些。1930 年代後，他的創作顯著成熟，主要成集的小說有《龍朱》、《旅店及其他》、《石子船》、《虎雛》、《阿黑小史》、《月下小景》、《八駿圖》、《如蕤集》、《從文小說習作選》、《新與舊》、《主婦集》、《春燈集》、《黑鳳集》等，中長篇《阿麗思中國遊記》、《邊城》、《長河》，散文《從文自傳》、《記丁玲》、《湘行散記》、《湘西》，論文集《廢郵存底》及續集、《燭虛》、《雲南看雲集》等。他的創作表現手法不拘一格，文體亦不拘常例，嘗試各種體式和結構進行創作，成為現代文學史上不可多得的「文體作家」。

沈從文創作的小說主要有兩類，一種是以湘西生活為題材，一種是以都市生活為題材，前者通過描寫湘西人原始、自然的生命形式，贊美人性美；後者通過都市生活的腐化墮落，揭示都市自然人性的喪失。其筆下的鄉村世界是在與都市社會對立互參的總體格局中獲得表現的，而都市題材下的上流社會「人性的扭曲」則是他在「人與自然契合」的人生理想的燭照下獲得顯現。這種二元化的道德觀在早期的短篇〈船上岸上〉(1927)

已可略窺一二,日後的〈邊城〉(1934)、〈湘行散記〉(1934-1935)、及〈長河〉,沈從文的鄉土風格日趨圓熟時,在在仍可看出鄉村原始美德與都市腐敗文明對立的模式。正是他這種獨特的價值尺度和內涵的哲學思辨,構起了沈從文筆下的都市人生與鄉村世界的橋梁,也正由於這種對以金錢為核心的「現代文學」的批判,以及對理想浪漫主義的追求,使得沈從文寫出了《邊城》這樣的理想生命之歌。

沈從文筆下的人性美,實則為一曲生命力的謳歌。生命是大自然賦予的,凡有生命的生物,在自然的雨露陽光下萌發、生長、跳躍、活動,都會使他心醉神往。在具有強悍民風的湘西地區,少數民族人民都具有一股原始粗曠的生命力,沈從文認為這是一種人性美的表現形式。在作者筆下,苗族青年敢愛敢恨,為愛犧牲性命在所不惜,如〈媚金‧豹子‧與那羊〉中的媚金與豹子,在讚美他們的愛情之餘,他仍不忘批評世風已今非昔比,對物質文明所帶來的精神墮落憂心不已。

沈從文作品的風格,簡要言之,即是自然、清靈、雋永。所謂「自然」,首先體現的是題材;他的作品大多寫平凡的人事,少有叱咤風雲的英雄,亦少有驚心動魄的場面或曲折的情節,大抵循序漸進,平實道來,給讀者一種從容舒緩的節奏。「自然」的風格表現在文字上,則是語彙樸素平淡,沒有雕章琢句,亦不刻意求工,平淡的筆墨反而更能顯示山水的麗質和人性的素樸。

「清靈」的風格,更多表現在寫景狀物上;湘西的山水向以奇險著稱,但亦有靈秀的一面,在沈從文的筆下,不僅可以看到高山急流,險灘行船,還有著如詩般四季的風緻;錯落有致的田野平舍,炊煙裊裊的水畔人家,擺渡船家的欸乃櫓聲,

或是暈黃溫暖的吊腳樓燈火，屬於湘西特有的自然風光和人事哀樂盡在其筆下，帶給讀者的是空靈、秀美、清麗的審美趣味。

「雋永」的風格體現在作品中，就是平淡的描寫文字裡能帶給讀者充分想像或聯想的空間，看似漫不經心，實則讓讀者由此及彼，由個別及一般，作品內蘊的思想情感反而更加顯豁。

以自然、清靈、雋永為基調，沈從文打造了一個情景交融的藝術意境，是山水小品，亦是人物活動的畫軸；有自然風光的摹寫，亦有對人生世事的思索，這是沈從文作品獨特魅力的精魂所在。

三、作品選讀與賞析

〈邊城〉（節選）

由四川過湖南去，靠東有一條官路。這官路將近湘西邊境到了一個地方名為「茶峒」的小山城時，有一小溪，溪邊有座白色小塔，塔下住了一戶單獨的人家。這人家只一個老人，一個女孩子，一只黃狗。……小溪既為川、湘來往孔道，水常有漲落，限於財力不能搭橋，就安排了一支方頭渡船。……管理這渡船的，就是住在塔下的那個老人。……唯一的親人便只那個女孩子。……

翠翠在風日裡長養著，把皮膚變得黑黑的，觸目為青山綠水，一對眸子清明如水晶。自然既長養她且教育她，為人天真活潑，處處儼然如一只小獸物。人又那麼乖，和山頭黃麂一樣，從不想到殘忍事情，從不發愁，從不動氣。平時在渡船上遇陌

生人對她有所注意時，便把光光的眼睛瞅著那陌生人，作成隨時皆可舉步逃入深山的神氣，但明白了面前的人無機心後，就又從從容容的來完成任務了。……

有時過渡的是從川東過茶峒的小牛，是羊群，是新娘子的花轎，翠翠必爭著作渡船夫，站在船頭，懶懶的攀引纜索，讓船緩緩的過去。牛羊花轎上岸後，翠翠必跟著走，送隊伍上山，站到小山頭，目送這些東西走去很遠了，方回轉船上，把船牽到靠近家的岸邊。且獨自低低的學小羊叫著，學母牛叫著，或採一把野花縛在頭上，獨自裝扮新娘子。……

茶峒地方憑水依山築城，近山的一面，城牆儼然如一條長蛇，緣山爬去。臨水一面則在城外河邊留出餘地設碼頭，灣泊小小篷船。……人家房子多一半著陸，一半在水，因為餘地有限，那些房子莫不設有吊腳樓。……某一年水若來得特別猛一些，沿河吊腳樓必有一處兩處為大水沖去，大家皆在城上頭呆望，受損失的也同樣呆望著，對於所受的損失彷彿無話可說，……於是在水勢較緩處，稅關蓬船前面，便常常有人駕了小舢板，一見河心浮沉而來的是一匹牲畜，一段小木，或一只空船，船上有一個婦人或一個小孩哭喊的聲音，便急急的把船槳去，在下游一些迎著了那個目的物，把它用長繩繫定，再向岸邊槳去。這些誠實勇敢的人，也愛利，也仗義，同一般當地人相似。不拘救人救物，卻同樣在一種愉快冒險行為中，做得十分敏捷勇敢，使人見及不能不為之喝彩。

那條河便是歷史上的知名的酉水，新名字叫做白河。白河下游到辰州與沅水匯流後，便略顯渾濁，有出山泉水的意思。若溯流而上，則三丈五丈的深潭可清澈見底。深潭中為白日所映照，河底小小白石子，有花紋的瑪瑙石子，全看得明明白白。

水中游魚來去，全如浮在空氣裡。兩岸多高山，山中多可以造紙的細竹，長年作深翠顏色，逼人眼目。近水人家多在桃杏花裡，春天時只需注意，凡有桃花處必有人家，凡有人家處必可沽酒。夏天則曬晾在日光下耀目的紫花布衣褲，可以作為人家所在的旗幟。……黃泥的墻，烏黑的瓦，位置則永遠那麼妥貼，且與四周環境極其調和，使人迎面得到的印象，實在非常愉快。一個對於詩歌、圖畫稍有興味的旅客，在這小河中，蜷伏於一隻小船上，作三十天的旅行，必不致于感到厭煩。……

　　祖父是一個在自然裡活了七十年的人，但在人事上的自然現象，就有了些不能安排處。……他為翠翠擔心，有時便躺到門外岩石上，對著星子想他的心事。他以為死是應當快到了的，正因為翠翠人已長大了，證明自己也真正老了。可是無論如何，得讓翠翠有個著落。翠翠既是她那可憐母親交把他的，翠翠大了，他也得把翠翠交給一個可靠的人，手續清楚，他的事才算完結！翠翠應交給誰？必需什麼樣的人方不委屈她？……

　　碧溪岨的白塔，人人都認為和茶峒風水大有關係，塔圮坍倒，不重新作一個自然不成。除了城中營管、稅局，以及各商號各平民捐了些錢以外，各大寨子也有人拿冊子去捐錢。因為這塔成就並不是給誰一個人的好處，應盡每個人來積德造福，盡每個人皆有捐錢的機會，因此在新作的渡船上也放了個兩頭有節的大竹筒，中部鋸了一口，盡過渡人自由把錢投進去，竹筒滿了，馬兵就捎進城中首事人處去，另外又帶了個竹筒回來。過渡人一看老船夫不見了，翠翠辮子上紮了白絨，就明白那老的已作完了自己份上的工作，安安靜靜躺到土坑裡給小蛆吃掉了，必一面用同情的眼色瞧著翠翠，一面就摸出錢來塞到竹筒中去。「天保佑你，死了的到西方去，活下的永保平安。」翠翠

明白那些捐錢人的憐憫與同情意思，心裡軟軟的，酸酸的，忙把身子背過去拉船。

到了冬天，那個圮坍了的白塔，又重新修好了。那個在月下唱歌，使翠翠在睡夢裡為歌聲把靈魂輕輕浮起的年青人，還不曾回到茶峒來。

賞　析

《邊城》是沈從文的代表作，1934 年 1 月開始在天津《國聞週報》連載，它以 20 世紀 30 年代川湘交界的邊城小鎮茶峒為背景，描述主人公翠翠和她爺爺老船夫相依為命的情感以及翠翠和碼頭掌管人的二兒子儺送的愛情。以兼具抒情詩和小品文的優美筆觸，描繪了湘西地區特有的風土人情，亦藉著翠翠的純愛故事，展現出了人性的善良美好。

全文的藝術手法可分從幾個方面來看：一是小說的散文化特徵；沈從文曾經表示「我認識美，學會思索，水對於我是有極大的關係的」水至善至柔、柔韌清麗，他的語言亦像溪水一樣緩緩流淌，像泉水一樣清新可人，像井水一樣沁人心脾。用一種畫家的筆法描摹出了如水柔、如雲潔的世外桃源——邊城：「溪水如弓背，山路如弓弦」、「靜靜的河水即或深到一篙不能落底，卻依然清澈透明，河中游魚來自都可以計數。」湘西清澈見底的河流、深翠逼人的竹子、碧玉簪似的連綿群山，透過抒情的語言自然躍然紙上，讓讀者賞心悅目。作者這種詩意的敘述不獨在描寫自然之物上，描寫人事也是詩意的：「近水人家多在桃杏花裡，春天時只需注意，凡有桃花處必有人家，凡有人家處必可沽酒」詩意的語言將桃花深處的人家表現出了一種猶抱琵琶半遮面的朦朧，透露出原始的自然氣息。

　　其次是「鄉土氣息的語言」；《邊城》描述的是鄉村的生活，他的意象與對象都是純樸自然的，從人物的談話中更可以輕易感覺出濃厚的鄉土氣息。如翠翠在小巷裡見到二老時自語道「人那麼多，有什麼三腳貓好看！」又如祖父讚美事物時總會說「好的，妙的，這是難得的」這又是很符合祖父善良隨和的個性的。鄉村裡也許多數人是一字不識的，用這樣粗俗原始的語言貼近鄉下人的真實生活狀態，亦更貼切的展示人物形象。

　　三則是擅用白描技巧，如在描述翠翠和祖父生活的渡口時，只是寫道小溪寬約廿丈，河床為大石頭作成、河水深到一篙不能落底。寫發洪水的場景也是極其簡單，對人們帶了包袱、舖蓋、米缸從梯子進城去描述了一句，再附上水中常可見房子、牛、空船、大樹等，並沒有仔細地描述水勢如何猛烈，河水如何湍急。再如描述翠翠的美：「翠翠在風日裡長養著，把皮膚變得黑黑的；觸目為青山綠水，一對眸子清明如水晶。自然既長養她且教育。為人天真活潑，處處儼然如同一只小獸物，人又那麼乖。」淡淡的描述，就將翠翠與山野融為一體的自然美展現的淋漓盡致。

　　沈從文的小說開啟了性靈小說的先河，在他的文本裡，滿蘊著東方的智慧，在人們糾纏於概念、理論的年代，他卻寫出了超於象外的純粹的美，不僅跨越了時代，且又展示了清潔之魂。對於那些過於物質化的世界而言，他是詩意的太陽，一切醜陋與鄙俗，都在那光澤裡消融了。

9　吶喊的寂寞之聲——魯　迅

李京珮

一、生平介紹

　　魯迅，原名周樹人，浙江紹興人。清光緒 7 年（1881）生於紹興，民國 25 年（1936）卒於上海，享年 55 歲。魯迅兒時曾接受私塾教育，少年時期，祖父周介孚因科場案入獄，父親周伯宜試圖營救，持續承受巨大壓力後病逝。家道中落後，他與母親魯瑞典當度日，深刻感受人情冷暖。

　　他曾就讀南京水師學堂，學習英文，因不滿學校的腐敗和守舊，改入江南礦路學堂，受康有為和梁啟超的維新思想啟發，開始接觸進化論與民主思想。畢業後，清光緒 28 年（1902）獲得公費派往日本留學，入東京弘文書院，課餘參與反清革命活動。就讀仙台醫學專門學校時期，學習德文，增進外語能力。當時對他影響最深的老師，是藤野嚴九郎先生。清光緒 32 年（1906），他在課堂上觀看幻燈片，畫面上是一名日俄戰爭中擔任間諜而即將被日軍處決的中國人，旁邊圍繞著一群體格強壯的同胞，神情麻木，等著觀賞行刑。他痛切感受到中國必須改變，決心棄醫從文，要用文學改造國民性。同年，魯迅奉母命與朱安女士結婚。朱安是性格溫順的傳統纏足女性，婚後數日

他立刻返回日本。留學期間，與周作人合譯許多外國小說，關注「被壓迫民族」的俄國與東歐文學，結集為《域外小說集》。

清宣統 1 年（1909），魯迅回國，於浙江的師範學校講授生理學、化學課程，數年後赴北京的教育部任職。民國 7 年（1918）以「魯迅」為筆名，於《新青年》發表〈狂人日記〉，獲得廣泛迴響。1920 年代，任教於北京大學、北京女子師範大學等校。〈阿 Q 正傳〉於《晨報副刊》連載後，陸續發表多篇小說。民國 15 年（1926）因支持北京學生的愛國運動、抗議三一八慘案，對北洋政府感到失望，離開北京，赴廈門大學、中山大學等校任教。次年與學生許廣平定居上海，民國 18 年（1929）育有一子周海嬰。

1920 年代，魯迅著有小說《吶喊》、《徬徨》、雜文《華蓋集》、散文《朝花夕拾》、散文詩《野草》、論著《中國小說史略》、譯作《苦悶的象徵》等。曾主編多種刊物如《莽原》週刊、《國民新報》副刊，提攜許多青年作家，也曾與郁達夫合編《奔流》月刊等。他對藝術深感興趣，兒時喜愛《山海經》木版畫刻本，中年時亦對木刻藝術十分關注。1930 年代，出版雜文《三閒集》、《二心集》、小說《故事新編》、書信《兩地書》等。他在創作、翻譯、編輯、學術研究方面均有很高的成就，以小說和雜文的特色及影響最為顯著。[1] 民國 25 年（1936），因肺病逝世。

二、作品風格與藝術特質

---

[1] 關於魯迅生平資料，參考魯迅〈父親的病〉、〈藤野先生〉、〈《吶喊》自序〉等相關自傳性質文字，以及：魯迅博物館魯迅研究室編，《魯迅年譜》，北京：人民文學出版社，2000 年。范銘如，〈導讀〉，收錄於范銘如編著，《魯迅》（台北：三民書局，2006 年），頁 1-7。

　　魯迅作品在台灣的傳播，共有兩次高潮期。第一次在戰前殖民地時期的 1920 年代，台灣受到中國文學革命的影響，也展開新文學運動，當時台灣人唯一的言論機關《台灣民報》，文藝欄主編賴和大量轉載中國新文學作品。其中以魯迅作品轉載最多，影響最大。戰後國民政府接收台灣，台灣的中國化是當時國民政府的文化政策，中國新文學第二次大量被介紹到台灣，但沒有一個新文學作家能像魯迅那樣盛大的被提起、被廣泛的介紹。[2]

　　魯迅在台灣的接受過程，陳芳明曾經說，日據時期的作家張我軍、張秀哲、張深切曾與魯迅接觸，正好可以說明他的影響力在台灣逐漸擴散。魯迅逝世後，身處殖民地社會的作家王詩琅、黃得時都曾撰文悼念，對於他畢生的反抗精神懷抱著尊崇，視他為世界性的大文豪。《台灣文化》主編蘇新是 1930 年代台灣共產黨領導人之一，民國 35 年（1946）推出「魯迅逝世十周年專號」，說明了魯迅思想對台灣知識分子的召喚始終未減。戰後初期，臺靜農、李霽野、李何林、黎烈文等作家來台工作，許壽裳擔任台灣省編譯館館長，出版《魯迅的思想與生活》。客觀的政治情勢變化，使得可能出現的魯迅傳統中斷：民國 36 年(1947)發生二二八事件，台灣知識分子從此保持沉默。次年，許壽裳遭到暗殺，介紹魯迅作品的最大力量從此斷絕。民國 38 年（1949）後國共對峙，左翼作家的文學作品在台灣都是禁書，台灣開始長期的反魯迅傳統。1960 年代，許多右翼作家甚至曾與魯迅筆戰的作家，如陳西瀅、梁實秋、蘇雪林的作品，都在魯迅缺席的情況下出版。梁實秋因《雅舍小品》的暢

---

2 黃英哲，〈黃榮燦與戰後台灣的魯迅傳播（1945-1952）〉，《台灣文學學報》，第 2 期（2001 年 2 月），頁 92-111。

銷而在戰後台灣文學發展史上具有巨大影響力，他對魯迅的批評，向讀者投射了魯迅的負面形象。擁護國民黨文藝政策的文人如鄭學稼、劉心皇，也撰寫扭曲式的傳記作品。高壓的禁書政策下，魯迅在台灣完全喪失發言權，也不可能建立其影響與地位。1970 年代以來，旅居美國的華人學者夏濟安、夏志清、林毓生，他們研究魯迅不必受到台灣文藝政策牽制或中國社會主義思想的指導，著作大多譯為中文，對台灣魯迅學頗能帶來廓清重整的效應。民國 76 年（1987），台灣解嚴後，唐山、谷風、風雲時代三家出版社先後印行《魯迅全集》，等於宣告魯迅之被視為政治上的禁忌，至此正式結束。[3]

關於魯迅的文學精神，夏濟安曾經評述，他力撐著「黑暗的閘門」[4]。閘門的重量有兩個來源：傳統的中國文學與文化、作者本身不安的心靈。魯迅主要利用光與暗、迷與悟，不願被吞噬者與食人者，人與鬼，孤獨的鬥士與其週遭的惡勢力等，代表革命者和一切欺壓他們的勢力之間強烈的對比。小說中的許多人物臉色蒼白舉動遲緩，葬禮、墳墓、行刑甚至疾病，是創作中一再出現的主題，死亡的陰影以不同的形式侵襲入作品之中。他的英雄姿態暗示著失敗，為自己選擇的位置幾乎是悲劇性的，發出希望的吶喊，自覺無力抗拒黑暗，終於接受犧牲。這種自覺賦予作品一種悲哀，透過閃爍的機智和用字的精練，

3　陳芳明，〈魯迅在台灣〉，收錄於中島利郎編，《台灣新文學與魯迅》（台北：前衛出版社，2000 年），頁 3-37。陳芳明，〈台灣與東亞文學中的魯迅〉，收錄於王德威、陳思和、許子東，《一九四九以後：當代文學六十年》（上海：上海文藝出版社，2011 年），頁 167-189。陳芳明，〈台灣作家與魯迅〉，收錄於李怡、張堂錡主編，《民國文學與文化研究‧第 2 輯》（台北：秀威資訊，2016 年），頁 10-16。

4　夏濟安，〈魯迅作品的黑暗面〉，《夏濟安選集》（台北：志文出版社，1971 年），頁 13-33。

具有光華奪目的效果，成為天才的特色。楊澤以「盜火者」、「恨世者」綜論魯迅的文學風格。魯迅是新文學最初的盜火者，最顯著的貢獻在於短篇小說的引介與創作。因大量閱讀與翻譯外國文學，創作中蘊含浪漫、寫實、印象、象徵等主義的技法，語多憂狂悲憤，兼有前衛的批判與實驗精神。《吶喊》、《徬徨》可視為一系列的「魯鎮小說」，居住在魯鎮中國的是充滿瘋狂與死亡的大家族，狂與死的情節以沉澱在歷史記憶裡的夢魘出現，化成瀰漫在空氣中、人物意識底層的基本氛圍。他的小說集，展現文體與形構的創獲與突破，內容則多半揭露、檢討個人及國族文化的僵局，在體制外進行邊緣戰鬥，正如魯迅自己所言：「他從域外盜得火來，正為了把自己的心肝煮給眾人吃。」[5]

三、作品選讀與賞析

〈孔乙己〉（節選）

　　孔乙己是站著喝酒而穿長衫的唯一的人。他身材很高大；青白臉色，皺紋間時常夾些傷痕；一部亂蓬蓬的花白的鬍子。穿的雖然是長衫，可是又髒又破，似乎十多年沒有補，也沒有洗。他對人說話，總是滿口之乎者也，教人半懂不懂的。因為他姓孔，別人便從描紅紙上的「上大人孔乙己」這半懂不懂的話裡，替他取下一個綽號，叫作孔乙己。孔乙己一到店，所有喝酒的人便都看著他笑，有的叫道：「孔乙己，你臉上又添上

5　楊澤，〈盜火者魯迅其人其文〉，收錄於楊澤編，《魯迅小說集》（台北：洪範書店，1994 年），頁 1-42。楊澤，〈恨世者魯迅〉，收錄於楊澤編，《魯迅散文選》（台北：洪範書店，1995 年），頁 1-30。

新傷疤了！」他不回答，對櫃裡說：「溫兩碗酒，要一碟茴香豆。」便排出九文大錢。他們又故意的高聲嚷道：「你一定又偷了人家的東西了！」孔乙己睜大眼睛說：「你怎麼這樣憑空汙人清白……」「什麼清白？我前天親眼見你偷了何家的書，吊著打。」孔乙己便漲紅了臉，額上的青筋條條綻出，爭辯道：「竊書不能算偷……竊書！……讀書人的事，能算偷麼？」接連便是難懂的話，什麼「君子固窮」，什麼「者乎」之類，引得眾人都哄笑起來：店內外充滿了快活的空氣。

聽人家背地裡談論，孔乙己原來也讀過書，但終於沒有進學，又不會營生，於是愈過愈窮，弄到將要討飯了。幸而寫得一筆好字，便替人家抄抄書，換一碗飯吃。可惜他又有一樣壞脾氣，便是好喝懶做。坐不到幾天，便連人和書籍紙張筆硯，一齊失蹤。如是幾次，叫他抄書的人也沒有了。孔乙己沒有法，便免不了偶然做些偷竊的事。但他在我們店裡，品行卻比別人都好，就是從不拖欠；雖然間或沒有現錢，暫時記在粉板上，但不出一月，定然還清，從粉板上拭去了孔乙己的名字。

孔乙己喝過半碗酒，漲紅的臉色漸漸復了原，旁人便又問道：「孔乙己，你當真認識字麼？」孔乙己看著問他的人，顯出不屑置辯的神氣。他們便接著說道：「你怎的連半個秀才也撈不到呢？」孔乙己立刻顯出頹唐不安模樣，臉上籠上了一層灰色，嘴裡說些話；這回可是全是之乎者也之類，一些不懂了。在這時候，眾人也都哄笑起來：店內外充滿了快活的空氣。

在這些時候，我可以附和著笑，掌櫃是絕不責備的。而且掌櫃見了孔乙己，也每每這樣問他，引人發笑。孔乙己自己知道不能和他們談天，便只好向孩子說話。有一回對我說道：「你讀過書麼？」我略略點一點頭。他說：「讀過書，……我便考你

一考。茴香豆的茴字，怎樣寫的？」我想，討飯一樣的人，也
配考我麼？便回過臉去，不再理會。孔乙己等了許久，很懇切
的說道：「不能寫罷？……我教給你，記著！這些字應該記著。
將來做掌櫃的時候，寫帳要用。」我暗想我和掌櫃的等級還很
遠呢，而且我們掌櫃也從不將茴香豆上帳；又好笑，又不耐煩，
懶懶地答他道：「誰要你教，不是草頭底下一個來回的回字
麼？」孔乙己顯出極高興的樣子，將兩個指頭的長指甲敲著櫃
檯，點頭說：「對呀對呀！……回字有四樣寫法，你知道麼？」
我愈不耐煩了，努著嘴走遠。孔乙己剛用指甲蘸了酒，想在櫃
上寫字，見我毫不熱心，便又嘆一口氣，顯出極惋惜的樣子。

賞　析

　　〈孔乙己〉是魯迅民國 7 年（1918）冬天所作的短篇小說，
民國 8 年（1919）4 月發表於《新青年》第 6 卷第 4 號。本書
節選作品前半的部分。他的小說中，對科舉制度與封建文化的
批判、對迷信思想與人性險惡的描寫，是持續出現的主題。他
在〈我怎樣做起小說來〉回顧創作經驗：「要極省儉的畫出一個
人的特點，最好是畫他的眼睛」。〈孔乙己〉實踐了「畫眼睛」
的技巧，概括主角的一生。故事發生在「魯鎮」，隱喻紹興，交
代了時間、地點，鋪排背景和線索。敘事者「我」是一名 12
歲的酒店小夥計，店內的顧客有穿長衫的讀書人和短衫的勞動
者。魯迅首先由外在相貌型塑人物：孔乙己身材高大，臉色青
白，永遠穿著又髒又破的「長衫」，說出令人半懂不懂的「之乎
者也」。從形體到精神的種種特點，都象徵著他念念不忘讀書人
的身分。魯迅進一步勾勒他的生活狀況：沒有進學所以無法謀
生，落魄潦倒。儘管如此，他的性格熱情善良，盡量不拖欠酒

錢、願意將茴香豆和孩子們分享，還想教小夥計寫字，證明自己的真才實學。小說數度出現「笑」，大家都輕視他，凝聚出「快活的空氣」，以他的痛苦做為代價來取樂。

孔乙己為自己辯護，說「竊書不能算偷」，彰顯他是酒店中唯一和窮人交往的讀書人，卻在生活的困境中咬文嚼字、文過飾非，用微弱的求生意志，維護尊嚴的邊界，構成滑稽的喜劇氣氛。在看客的眼中，這是個沒有前途的失敗者，誰都不會在乎，「沒有他，別人便也這麼過」。小說的高潮，透過「我」的描述，側寫他的遭遇：在丁舉人家偷東西被打斷了腿，還假裝腿是「跌斷」，受盡屈辱，孤獨地消失了。隨著情節推展，幽默的喜劇轉為悲劇。由「偷」、「竊」的說詞與事實，對比科舉中失敗者和勝利者的處境、雙方社會地位的懸殊，他的悲慘命運全由科舉制度造成。

最後，掌櫃和小夥計的對話，預告了孔乙己的死——即使死，也得不到同情，將悲劇形象推到最高點。丸尾常喜描述孔乙己的精神特徵，是強固的文字信仰支撐著他的迂腐。魯迅體認到大多數中國人因為不識字，無法用文字表現和傳達思想感情、互相瞭解，中國便如同無聲之國。孔乙己的悲劇在於無法忘懷讀書人的身分，不能承認自己因科舉失敗，在社會上的地位低微，招來現實的刺激和傷害。短衣幫的哄笑，展現一般社會對於身處苦境者的涼薄。涼薄相對於孔乙己的寂寞，魯迅在諷刺諧謔中，透顯深刻的思想。[6]

李歐梵在《鐵屋中的吶喊》曾經讚譽〈孔乙己〉的藝術價

---

6 丸尾常喜著，秦弓譯，〈第二章　隔絕與寂寞：孔乙己的後影〉，《「人」與「鬼」的糾纏：魯迅小說論析》（北京：人民文學出版社，2006 年），頁 41-90。

值。關於小說主角外表的描述，新舊傷痕在他臉上織成一面被社會排斥者的恥辱標記之網。當他最後用手爬著到酒店來時，屈辱和被排斥的過程也就完成了。他執著於當時已不再被珍視的過去的價值觀，「孔」是孔夫子的孔，「乙己」似乎含有儒家「克己復禮」之意，對傳統價值的依附和某些斯文人的行為，支撐著他的存在。他很像塞萬提斯（Miguel de Cervantes Saavedra）的唐吉訶德（Don Quixote）或岡察諾夫（Иван Александрович Гончаров）的奧勃洛莫夫（Oblomov）。這類人物體現了一種思想類型，其行為特徵恰是某一歷史轉折時期一代人精神問題的縮影。〈孔乙己〉的技巧之妙，是寫出了主角令人難忘的形象，還設計了不可信賴的敘述者小夥計，用平淡的成人口氣回憶往事。這樣的敘述方式為小說結構增加了反諷的廣度，提供了構成對立視界以及從主觀角度作說明的基礎。透過間接敘述的層次，進行三重諷刺：對主角、對看客、對毫無感受力的代表看客們聲音的敘述者，他們同樣缺乏真正衡量問題的意識。至於人物形體的殘缺，觸目、怪異的意象，可以視為內在病徵的外部標誌。魯迅的人物刻畫，能夠描繪現實並且體現關鍵性思想，表現人物及人物之間相互的行為；對形體細節的注意，則是為了揭示封閉在不正常社會中民族的精神弱點。[7] 他在人物寫作上參考了不同地區的人，說明了對「國民性」問題的強烈興趣，企圖揭露社會的病，引起療救的注意。魯迅小說的技巧既是現實主義的，也是超現實主義的，表達出徬徨和吶喊的寂寞之聲，亦表達了他內心痛苦的文學之聲。

---

7 李歐梵，〈第三章　短篇小說之一：現代化技巧〉，《鐵屋中的吶喊》（台北：風雲時代出版公司，1995 年），頁 63-90。

10　革命劇作家──夏　衍

朱　澐

一、生平介紹

　　夏衍，原名沈乃熙，字端軒，後改端先，浙江杭州人。清光緒 26 年（1900）庚子於杭州出生，是家中第八子，上有一兄四姊，另兩位早歿。夏衍家本為書香門第，祖父輩因太平天國戰爭而家道衰敗，祖母餘杭章氏，為國學大師章太炎的堂姊妹。其父沈學詩，字雅言，是一名不第秀才，退而學醫，亦教過私塾，在他 3 歲時中風去逝，此後母親一肩扛起家計。

　　夏衍幼年時家境貧困，6 歲入私塾，8 歲進正蒙小學，為一新式學堂，但僅讀一年半即退學在家。辛亥革命爆發，他隨母親避居湖州德清舅父家，就讀德清縣立高等小學。迫於生計，畢業後他曾於染坊店當學徒，幸得德清縣政府公費保送，進入浙江省立甲種工業學校，選擇染色科，民國 9 年（1920）畢業，考試成績為該科第一名。

　　就讀中學期間，受到俄國十月革命影響，夏衍開始閱讀報章雜誌，如《時事新報》、《民國日報》、《新青年》、《解放與改造》等。時值列強侵略、軍閥專橫，國家處內外交迫之窘況，夏衍因受新思潮啟發，在五四時期積極參與學生運動，加入杭

州學生聯合會，亦曾以筆名「宰白」於該會刊物《浙江新潮》（原名《雙十》）發表文章，獲得陳獨秀在《新青年》上的讚揚。

民國 9 年（1920）秋，夏衍獲得公費保送日本深造，翌年春考取日本九州明治專門學校電機科。雖念工科，他卻更熱心於閱讀哲學、文學性著作。[1] 民國 12 年（1923），他與友人在博多（福岡市）訪問時於九州帝國大學攻讀醫學的郭沫若，同年加入九大的「社會科學研究會」，讀到《社會主義從空想到科學的發展》、《共產黨宣言》等馬列著作，接觸共產思想，動搖原先「實業救國」的理念。隔年，孫中山由廣州乘船北上停泊門司，他以留學生身分前去迎接，在孫要求下加入了中國國民黨，為其人生參與實際政治活動的開始。民國 14 年（1925）畢業後，他擔任國民黨駐日總支部常委兼組織部長，並和日本共產黨、日本勞農黨領導人有所接觸。在日期間，夏衍曾翻譯過劇作家菊池寬的《戲曲研究》，亦在北京《語絲》周刊投稿過〈關於「狂言」及其他〉一文，介紹日本戲曲的三種形式。

民國 16 年（1927），國民革命失敗，寧漢分裂，夏衍因在日本參與共產黨工作而被逐，歸國不久便遭國民黨開除黨籍。是年 5、6 月間，他在上海正式加入中國共產黨。因所屬閘北區第三街道支部成員有一批文化工作者，透過他們，夏衍認識不少文藝人士。他先替夏丏尊翻譯本間久雄的《歐洲近代文藝思潮論》，接著又翻譯德國社會民主黨領袖倍倍爾的《婦女與社會主義》，開始以翻譯工作維持生計，所用「沈端先」一名漸為文壇所知。他陸續翻譯了二十種以上著作，多為蘇聯革命文學，其中又以高爾基的《母親》最受歡迎，多次遭到國民黨當局禁

---

1 見夏衍，〈走過來的道路〉，《夏衍雜文隨筆集》（北京：三聯書店，1980年），頁 565。

售。

　　革命文學勃興，話劇隨之活躍於上海。夏衍一邊與其他黨員籌備「中國左翼作家聯盟」，一邊組織「上海藝術劇社」，並舉行過兩次公演。在首次公演中，夏衍擔任德國劇本《炭坑夫》的導演，即便外行，仍是他初次參與的戲劇活動。藝術劇社很快遭上海工部局查封，夏衍乃與田漢等戲劇界人士聯合組成「中國左翼戲劇家聯盟」，理念是透過戲劇表演號召工人與學生運動。

　　民國 19 年（1930）左聯成立，夏衍當選為執行委員。民國21 年（1932），他進入明星電影公司擔任編劇顧問，共產黨「文委」直轄的「電影小組」成立，他亦任組長，從此涉足電影劇本寫作。他藉由撰寫大量影評，並翻譯蘇聯電影理論及劇本，苦心鑽研藝術規律，其第一部劇作《狂流》及隨後改編茅盾小說《春蠶》皆獲得迴響。

　　民國 24 年（1935），他試作短篇小說〈泡〉，始用「夏衍」之名發表。同年寫出第一部話劇《都會的一角》，接著又創作多幕劇《賽金花》，諷刺國民政府媚外求和的外交政策，並根據工運經驗寫成中國報告文學的開山之作《包身工》。民國 26 年（1937），他以現實生活為題材完成代表作《上海屋簷下》，為一齣三幕劇。

　　1937 年中日全面開戰，夏衍擔任上海文化界救亡協會機關報《救亡日報》總編輯，社長為郭沫若，開始十二年的新聞記者生涯。期間曾在香港參與創辦《華商報》，又在新加坡應邀任《南僑日報》主筆，重返香港後則在《群眾》雜誌開設專欄。他筆耕不輟，新聞工作外亦創作大量劇本，如《水鄉吟》、《離離草》、《芳草天涯》等，民國 31 年（1942）的《法西斯細菌》

描寫三個知識分子不同的人生道路，教育讀者關心政治、認清國民黨統治的黑暗腐敗和法西斯主義的反動，堪稱其思想、藝術的成熟之作。

國民政府撤守台灣後，夏衍於 1950 年被任命為上海市委常委、上海市文化局局長，上海人民藝術劇院成立，他亦兼任院長，可說是上海文化事業的領頭人物。1954 年，成為中華人民共和國文化部副部長。1950 年代他完成多幕話劇劇本《考驗》，並將《祝福》、《林家鋪子》、《紅岩》、《烈火中永生》等小說改編為電影劇本，皆成典範，且受到廣大觀眾的喜愛。

1964 年「文化部整風」，夏衍被列為「重點批判」對象，此前已撤除其副部長職務。自 1966 年起，他遭受文革的殘酷迫害，置身監獄長達八年七個月，右腿更留下殘疾。1976 年粉碎四人幫後，夏衍於隔年致信鄧小平，恢復與黨組織的關係。

1979 年，夏衍以 80 歲高齡當選中國電影家協會主席，仍為電影事業的繁榮發展作出貢獻，並於 1985 年獲文化部表彰，1994 年更受國務院授予「國家有傑出貢獻的電影藝術家」之稱號。

1995 年 2 月 6 日，夏衍於北京醫院病逝，享壽 95 歲，骨灰灑入了錢塘江。他一生雖在驚濤駭浪的政治鬥爭中度過，飽經憂患，但在革命及藝術道路的探索上始終努力不懈，未曾磨滅其熱情。

夏衍的著述甚豐，今已有《夏衍選集》、《夏衍劇作集》、《夏衍電影劇本集》、《夏衍電影論文集》、《夏衍雜文隨筆集》、《夏衍論創作》、《懶尋舊夢錄》等出版。

二、作品風格與藝術特質

　　從署名「沈端先」到「夏衍」，憑藉自身努力與過人天分，在深入生活、掌握寫作技巧，廣泛接觸吸收外來文藝思潮的基礎上，夏衍由無產階級文學與馬列主義文藝思想的轉介者，逐漸成為一位具有獨特藝術風格的劇作家。

　　夏衍的劇作遵循著現實主義的創作原則，總是從平凡的人物和事件中挖掘主題，捨棄情節的奇巧與偶合，反映「真實的人生」。[2] 唐弢在《夏衍劇作集》序文中，提到夏衍的劇本是「一首首沁人心脾的政治抒情詩」，並指出「人物」是他政治抒情詩的一部分，是構成夏衍藝術風格的重要因素之一。他嚴格遵循真實的原則，包括生活本身的規律、人物性格發展的規律、構成作家風格的藝術規律。[3] 他關注苦難時代裡知識分子和普通市民的喜怒悲歡，將強烈的政治意識寓託於人物的日常生活與內心矛盾中，在揭露眼前黑暗的同時，卻又不吝向讀者、觀眾展示未來的一線曙光，這使他的作品既有濃郁的時代氛圍，更有革命樂觀主義的蓬勃朝氣。對人物性格的細節描寫，則有簡潔、精煉的特點，人物語言樸素，平易親切，耐於咀嚼回味。

　　作為曾赴日留學的電機科學生，夏衍雖是半路投身文藝，但在戲劇方面的成就，卻決不下同時代的郭沫若。除話劇、電影劇本、改編劇本外，他尚留下大量政論、散文、雜文及隨筆

---

[2] 參考程光煒等著，《中國現代文學史·上編》（北京：中國人民大學出版社，2007 年），頁 226。

[3] 見唐弢，〈沁人心脾的政治抒情詩——序〉，會林、紹武編，《夏衍劇作集》（北京：中國戲劇出版社，1984 年），頁 9。

小品,其寫作形式多樣,內容所涉亦廣,顯現淵博的識見與卓越的才華。他一生為中共進行過許多幕後工作,故創作皆與文藝統戰息息相關。值得一提的是,夏衍在1949年後雖當上高官,卻仍對日益嚴峻的新聞控制表現質疑態度,一方面源於對黨政抱持的浪漫想像,二方面則出自知識分子的良知。雖是老共幹,卻未能真正了解中共,這預示他在文革的悲慘際遇。然而,晚年他對文藝自由化的問題仍提出過若干委婉的建言,到底保持了知識分子的風骨。

三、作品選讀與賞析

《上海屋檐下》(節選)

第一幕

　　〔這是一個鬱悶得使人不舒服的黃梅時節。從開幕到終場,細雨始終不曾停過。雨大的時候丁冬的可以聽到檐漏的聲音,但是說不定一分鐘之後,又會透出不爽朗的太陽。空氣很重,這種低氣壓也就影響了這些住戶們的心境。從他們的舉動談話裡面,都可以知道他們一樣地都很憂鬱,焦躁,性急,……所以有一點很小的機會,就會爆發出必要以上的積憤。〕

　　……

　　桂芬:可是……要是家楣有事情做,……(往亭子間望了一眼,低聲地)……這也叫一家不知道一家的事啊,在他老人家看來,像我們這樣的生活也許很失望吧。種田人家好容易地把一個兒子培植起來,讀到大學畢業,鄉下人的眼界都是很小

的，他們都在說，家楣在上海發了財，做了什麼大事情吶，可
是……（不禁有點兒黯然）到上海來一看，一家大小只住了一
個亭子間！……（洗好了菜，站起來）

　　……

　　趙妻：（只能勸慰她）可是，你們黃先生有志氣，將來總
會……

　　桂芬：（接上去）有志氣有什麼用，上海這個鬼地方，沒志
氣的反而過得去；他，偏是那副壞脾氣，什麼事情也不肯將
就……

　　趙振宇：（放下報紙，一手除眼鏡，用手背擦一擦眼睛）不，
不，隨便將就，才是壞脾氣，社會壞，就是人壞，好人，就應
該從自己做起的。大家都跟你們黃先生一樣的不隨便，不馬
虎……

　　桂芬：（要走了）不隨便，就只配住亭子間，對嗎？

　　……

　　〔這時候太陽一閃，黃父抱著咪咪從亭子間窗口探出頭來，
望一望天。一刻，黃家楣拿了一個包袱匆匆地下樓來，當他走
到水斗邊的時候，正值桂芬打了酒回來。〕

　　……

　　桂芬：（將露出在包裹外的一隻衣角一扯，望了他一眼，然
後）家楣，我只有這一件出客的衣服啦！……

　　〔黃父從樓窗口望著。〕

　　黃家楣：（解嘲地）反正你又沒有應酬，天氣熱了又用不著，
過幾天……（看見桂芬有不捨之意，硬一硬心腸不管她，往外
就走）

　　桂芬：家——

〔黃家楣頭也不回地走了，望著他的背影，桂芬突然以手掩面，爆發一般地啜泣。黃父在樓上看見了這種情景，面色陡變，很快地從樓梯上走下來。二人在樓梯邊相遇，桂芬看見他，狼狽地改換笑容。〕

桂芬：老爹……

黃父：（望著她）唔……

第二幕

……

楊彩玉：（沉默了片刻之後）唔，復生！你記得黛莎的事嗎？

匡復：（站住）黛莎？

楊彩玉：唔，我們在小沙渡路的時候，我害了傷寒，你坐在我床邊跟我講的一個故事，小說裡的那女人不是叫黛莎嗎？

……

楊彩玉：那時候你嫌我軟弱，講到黛莎的時候，你總說，彩玉，要學黛莎，黛莎多勇敢啊！那叫什麼書？我記不起啦！

匡復：唔，那是，……那書的名字是叫做《水門汀》吧。

……

楊彩玉：（進一步地）你說，我不能學黛莎嗎？像那小說裡面一樣，當她丈夫回來的時候，……

匡復：（慘然）可是，你可以做黛莎，而我早已經不是格萊普啦。黛莎再遇見她丈夫的時候，她丈夫是一個戰勝歸來的勇士，可是我（很低地）已經只是一個人生戰場的殘兵敗卒啦。

……

匡復：方纔你說，我也變啦，對，這連我自己也知道，我也變啦，當初我將世上的事情件件看得很簡單，什麼人都跟我

一樣，只要有決心，什麼事情都可以成就，可是，這幾年我看到太多，人事並不這樣簡單，卑鄙，奸詐，損人利己，像受傷了的野獸一樣的無目的地傷害他人，這全是人做的事！……（突然想起似的）喔，可是你別誤會，這，我絕不是說志成，他跟我一樣，他也是弱者裡面的一個！

……

匡復：所以，我坦白地承認我已經變啦，你瞧我的身體，這幾年的生活，毀壞了我的健康，沮喪了我的勇氣，對於生活，我已經失掉了自信。……你看，像我這樣的一個殘兵敗卒，還有使人幸福的資格嗎？

……

楊彩玉：（捏著他的手）打起勇氣來，……從前你跟我講的話，現在輪著我對你講啦。（笑，扶起他的頭）你還年青呐，（摸著他的下巴）好啦，把鬍子剃一剃！……（一邊說，一邊從抽斗裡找出林志成的安全剃刀等等）復生！別多想啦，今天是應該快活的，對嗎？

第三幕

〔雨聲。遠遠的無線電收音機的歌聲播送廣東小調之類。幕啟時可以聽到匡復和葆珍的笑聲。〕

匡復：唔！這倒很有趣。

葆珍：（有點兒得意）這樣的事情可多呐，「小先生」去教書，大人常常要搗亂，譬如我們問，有誰懂嗎？懂的舉起手來，於是他們便把腳舉起來跟我們開玩笑。我就對大家說，「不要睬他們，不懂道理的大人，不及我們小朋友」，小朋友不理他們，照舊上課，後來他們就不反對啦。

……

匡復：（很感興趣）唔，那麼，像這樣的下雨天，你們的學生不會逃學嗎？他們都是……

葆珍：（得意）哪兒的話，別說下雨，下雪天，他們也來，一分鐘也不差，來得比學校裡排班還要准。前幾天，一個賣水果的小孩兒……

……

葆珍：一個賣水果的為了要來識字，外面有人喊著「買香蕉，買香蕉！」她也不應，提著籃子跑到我們這裡來啦。

……

葆珍：我們教的學生裡面，要是為著懶惰不上課，下一次就在黑板上寫出來！某某人懶惰蟲，不用功！

匡復：（禁不住笑了，脫口而出）可是你，小時候也賴過學啊！

葆珍：我？你怎麼知道？

……

匡復：啊，我記錯啦，我說的是我的女孩，她跟你一樣大……

……

葆珍：（不使匡復聽見似的，低聲）方才趙師母跟我說（耳語）……對？（望了一望匡復）

楊彩玉：（有點窘）誰說？……唔，你別管，……大人的事，你別管。

……

葆珍：真的？你點點頭！

楊彩玉：多管事！（點了點頭）

……

匡復：（忘了一切，走近她）葆珍！你叫我！你叫我！

葆珍：（欲叫又止）爸——（害臊似的望後逃去）……阿牛！
阿牛！

匡復：（始終憂鬱和苦悶著的他，此時方從心底發出了爽朗
的笑聲）哈哈……

……

匡復：唔，外國有句成語，叫做 We live throughour issues！
（我們生存在下一代！）我十年前的精神，依舊留在葆珍的身
上。她給了我很多的教訓！

賞　析

《上海屋簷下》為一齣三幕劇，三幕都在同一個場景，故
事發生於 1937 年四月（亦夏衍寫作此劇的時間），黃梅時節的
某一日間，寫的是一所弄堂屋裡五戶人家的日常生活和不幸命
運，多方面勾畫畸形的上海社會黑暗腐敗的面貌。劇本採多線
交錯的敘述方式，既使五戶之間彼此牽繫，卻又保有各自的情
節與所面臨的困境，限於篇幅，本書僅節錄三幕中兩個重要段
落。

劇本第一幕開頭的背景介紹，先藉由「梅雨」的天氣意象，
勾勒戲中人慘淡陰暗的生活氛圍，亦影射當時的政治氣候。1930
年代國民黨的白色恐怖、日寇的侵略，這裡雖無隻字提及，卻
自然從人物間充滿酸澀的對話及故事中隱伏的細節呈現。如男
主角匡復曾是一充滿熱情的革命青年，入獄八年，身心飽受摧
殘後，已失去對生活的信心，此即暗示國民黨對革命人士的鎮
壓與迫害。

劇中的主要人物，如匡復、林志成、黃家楣、趙振宇等，

都是都市角落裡的窮苦知識分子，使他們懦弱、庸俗、屈服於現實的，是當時宛如一窪死水的中國社會。黃家楣靠父親賣田地、典房產讀到大學畢業，卻成了失業的洋行職員，其妻桂芬與趙振宇妻在第一幕中的對話，正道出當時的社會現狀。夏衍並未用一句話譴責國民政府，而只用桂芬的埋怨，用趙振宇「社會壞，就是人壞，好人，就應該從自己做起的」這樣軟弱的勸慰，來控訴執政者的腐敗。更使人悲傷的，是黃父以為兒子在上海已有出息，自鄉下前來探視，而引發第二幕中一段辛酸無比的衝突場面。當黃家楣欲將妻子僅有的「出客」衣服典當，被妻子桂芬撞見，其狠心離去與桂芬的哀求、哭泣，全都被老父看在眼中。黃父的「面色陡變」，桂芬「狠狠地改換笑容」，以及那難以言語的一呼一應，將人物最複雜的情緒以最真實的方式表現，細膩而不落痕跡。

作為劇中主線的則是匡復、林志成與楊彩玉三人的感情糾葛。楊彩玉本是匡復之妻，兩人育有一女，她曾是嚮往革命的女子，在丈夫被捕後生活陷入絕境，無奈之下與丈夫摯友林志成同居，漸漸安於婦職，亦消磨了昔日的熱情；林志成則為工廠的下級職員，生活飽受屈辱而滿腹牢騷。匡復的歸來，使包含他自己在內的三人都承受著不同的痛苦，林志成因與好友之妻同居，本已背負著強烈的罪惡感，故選擇出走；楊彩玉雖重新審視自己內心的渴求，喚起了過往記憶，企望重新振作，如同《水門汀》（通譯為《水泥》）中的黛莎般，但其後面對準備離去的林志成，終究陷入難捨的矛盾與痛苦中。匡復則已被長期的監禁生活擊垮了鬥志，發現妻子改適後，感到自己已如人生戰場的殘兵敗卒，更是萬念俱灰。

然而夏衍並非只是寫一齣悲劇，「我想，悲劇的格調太喜劇

化了不好，反過來只寫黃梅天氣的愁雲慘霧也不好，壞天氣總
有一天要過去的。」[4] 這是夏衍作品的一貫精神，劇中他甚至
透過趙振宇之口表示：將來好的天氣總會來的，一陣大雷大雨，
爽朗的天氣就要來了。因此第三幕中，匡復在教小販、工人及
其他孩子識字、唱歌，且自稱「小先生」的 12 歲女兒葆珍身上，
看到和他年輕時一樣的天真、自信、執著，看到了真正的希望。
他最終走出個人情感的迷津，走出屏蔽懦弱的屋簷，再次投身
於革命的風雨中。夏衍用梅雨季節的一日之間，將革命鬥士從
沮喪挫折到醒悟奮進的心境轉折，藉由他複雜難解的情感經
歷，作了巧妙卻又寫實的鋪設。

　　《上海屋簷下》是夏衍所寫的第五個劇本，卻是他開始摸
索現實主義創作方法的第一個劇本，在此之前，藝術對他而言
僅是宣傳的手段。然而，這個劇本在夏衍作品的重要性，絕非
是「寫作態度謹嚴了一些」[5] 而已，它的價值正如夏衍所自述：
「反映上海這個畸形的社會中的一群小人物，反映他們的喜怒
哀樂，從小人物的生活中反映了這個大的時代，讓當時的觀眾
聽到些將要到來的時代的腳步聲音。」[6] 其中對小人物的真實
刻畫、對人性的細心揣摩，是他自覺走上現實主義創作道路的
象徵，袁枚《隨園詩話》云：「得之雖苦，出之須甘；出人意外
者，仍須在人意中。」正是本劇所以動人心魄之處。

---

[4] 夏衍，〈談《上海屋簷下》的創作〉，《夏衍雜文隨筆集》（北京：三聯
　書店，1980 年），頁 603。
[5] 同上註，頁 601。
[6] 同上註，頁 604。

11　跋涉風雨人生——蕭　紅

楊　明

一、生平介紹

　　1911 年蕭紅出生於黑龍江省呼蘭府，她出生的那一天正好是端午節，家中原取名張秀環，後來外祖父為她改名為張廼瑩。高小畢業後，蕭紅一心想去哈爾濱上中學，卻遭到父親張廷舉和後母梁亞蘭（蕭紅的母親在她小時候就過世了）的反對，不得已她祇能輟學在家，不死心的她幾番抗爭，一年後終於如願到哈爾濱就讀東三省特別區立第一女子中學，但是還沒畢業，父親就讓蕭紅和汪恩甲訂婚。蕭紅在她的自傳裡透露出對於女性在家庭裡從屬地位的不滿，也顯示出對於社會中的貧富地位造成的階級不平。那時的她年紀還小，不了解外面的世界，她用自己的理解觀察著周遭，這樣的一種懵懂的認知，影響著她日後對待生活、愛情，甚至她腹中的孩子的態度，她渴望獨立自主，但是在爭取追求獨立自主的過程裡，又缺乏理智的支撐。

　　後來蕭紅得知汪恩甲吸食鴉片，於是興起退婚的念頭，等到初中畢業，為了逃婚她遠去北平，入讀北平大學女子師範學院附屬女子中學，與當時中國大學的學生陸哲舜一起住在二龍坑西巷的一座小院。蕭紅家中獲悉找到陸家解決，陸家以斷絕

陸哲舜的生活費要脅陸哲舜與蕭紅分手,而陸哲舜也就屈服了。蕭紅不願屈服於命運的安排,但是她追求的自主又不知不覺依附著另一個男人,而那個男人本身卻又不具備自主的條件。分手後蕭紅開始了一段顛沛流離的人生,汪恩甲找到蕭紅,訂過親的兩個人住在哈爾濱東興順旅館,此時她已無暇顧及自己當初萌生過的退婚念頭,汪恩甲的哥哥得知他們同居後,不贊成這段婚事,因為蕭紅和陸哲舜的那段過往在汪家眼中顯然是道德上的瑕疵,便代汪恩甲解除婚約,蕭紅於是提告,但是法庭上她沒得到汪恩甲的支持,蕭紅於是敗訴,那時她已懷孕。

經過陸、汪兩人的背棄,無論是情感上,還是經濟上,蕭紅的生活都陷入困境,她因積欠興順旅館食宿費遭扣留,旅館老闆打算將懷孕的蕭紅賣到低等妓院。蕭紅寫信給《國際協報》文藝副刊主編裴馨園求助,裴馨園委託蕭軍到東興順旅館探訪,如今這棟蕭紅住過的傷心小樓裡成立了蕭紅紀念陳列室。蕭紅很快愛上前來解救她的英雄,而蕭軍也同樣的愛上了這個需要他照顧的年輕女孩,而此時蕭紅的肚子裡還有汪恩甲的孩子。後來這個孩子出生,是名女嬰,出生後立刻送給了別人,生下孩子的蕭紅沒打算成為母親,她要開始自己的文學創作之路。

很快的,蕭紅陸陸續續發表了多篇散文和小說,成為文壇令人矚目的新秀,而她與蕭軍之間昔日快速迸出火花的戀情此時也出現了變化。對日抗戰開始後,他們離開上海去了武漢,端木蕻良應胡風、蕭軍的邀請也來到武漢,就住在蕭軍和蕭紅家。不久三人又一起離開武漢到山西臨汾民族革命大學任教,戰爭情勢嚴峻,當日軍逼近臨汾,蕭紅隨「西北戰地服務團」轉往山西運城,而蕭軍則決定留下打游擊。蕭紅到達西安發現

自己懷了蕭軍的孩子，但是這個孩子並沒能改善她和蕭軍的關係，蕭紅兩次懷孕都是在兩人關係生變的時刻，蕭紅向蕭軍提出分手，開始了和端木蕻良的戀愛關係，此時她的肚子裡還有著蕭軍的孩子。蕭紅的情感之路坎坷，蕭軍何嘗不是百般矛盾，昔時他愛上蕭紅時，蕭紅肚子裡懷著別人的孩子，等她懷著自己的孩子時，她又去到了別的男人身邊。

　　提起蕭紅的文學創作時，總不禁想起她與男人之間的關係，蕭紅和端木蕻良結婚時，已經看得出肚子隆起，婚後她赴重慶，在江津的一家小婦產醫院生下一名男嬰，蕭紅告訴朋友孩子生下來不久就死了。1939 年年底，日軍連續對重慶發起大轟炸，蕭紅同端木蕻良決定赴香港。到香港後他們住在九龍尖沙咀金巴厘道諾士佛台，後來她和端木蕻良從諾士佛台遷居九龍樂道 8 號 2 樓，史沫特萊[1]到這裡探訪蕭紅，見到蕭紅的居住環境不好，便邀請蕭紅到林蔭台別墅（何明華主教的別墅）和自己同住。這時蕭紅的健康狀況已經令人堪憂，一年中兩度入院，但因為在醫院裡受到醫生、護士的冷落，蕭紅病還沒好就難耐自尊受傷而急著出院。1941 年 12 月 8 日日軍進攻香港九龍，12 月 25 日香港淪陷，當時蕭紅在跑馬地養和醫院進行手術，後來發現養和醫院的醫生誤診。她寫下「我將與藍天碧水永處，留得半部『紅樓』給別人寫了……半生盡遭白眼、冷遇，身先死，不甘、不甘！」術後始終沒有痊癒的蕭紅轉入瑪麗醫院，1 月 22 日瑪麗醫院由日軍接管後病人被全部遭到逐

---

1 Agnes Smedley，美國左派記者，因對中國共產黨革命進行報導而聞名，1940 年 9 月由中國大陸來到香港，1941 年 5 月回美國，並在美國為中國募集救濟戰爭災難的捐款，曾經為朱德作傳《偉大的道路：朱德的生平和時代》。

出，她被轉到一家法國醫院，沒想到這家醫院也被日軍接管，再次遭逐，之前的誤診加上沒能獲得後續的治療，31 歲的蕭紅最終在臨時救護站離開了人世。

蕭紅火化之後，部分骨灰安葬在淺水灣麗都酒店前的花壇內（這部分後來遷葬廣州銀河公墓），其餘骨灰由端木蕻良葬在聖士提反女校後院土山坡下。[2]

蕭紅的一生從年少離家，到最後客死異鄉，充滿傳奇色彩，而她的文學創作在沉寂了一段時間後也重新得到研究者的重視。[3]

二、作品風格與藝術特質

1933 年蕭紅與蕭軍自費出版第一本作品合集《跋涉》，從此引起文壇關注。後來他們輾轉由青島去到上海，住在法租界拉都路（今襄陽南路）283 號的一個亭子間。開始與魯迅、茅盾、葉紫等許多藝文界人士的來往。在魯迅支持下他們創辦奴隸社，出版奴隸叢書，蕭紅的成名作《生死場》便是奴隸叢書之三，魯迅為這本書寫序，稱蕭紅有「女性作者的細緻的觀察和越軌的筆致」。得到魯迅的肯定，蕭紅由此在文壇得到一席之地。1936 年夏天，蕭紅曾經短暫赴日，在東亞補習學校學日語，這段期間，她寫下了散文《孤獨的生活》、長篇組詩《沙粒》、

---

2 1980 年代，端木蕻良委託盧瑋鑾幫助尋找這一部分骨灰，但山坡翻修過，骨灰至今下落不明。

3 關於蕭紅生平參考《蕭紅自傳》、葛浩文《蕭紅傳》、王小妮《人鳥低飛：蕭紅流離的一生》、葉君《從異鄉到異鄉：蕭紅傳》等。

短篇小說集《牛車上》等，可以看出年輕的蕭紅創作題材廣泛，異鄉生活的寂寞成為她寫作時的動力。

上個世紀40年代，蕭紅因戰火愈烈，開始客居香港的歲月，她的長篇小說《呼蘭河傳》也隨即在《星島日報》副刊《星座》連載，接著長篇小說《馬伯樂》第一部由大時代書局出版，《馬伯樂》第二部則在香港《時代批評》雜誌第64期開始連載，蕭紅在香港的創作力可說是相當旺盛。

奠定張愛玲在中國現代文學史的地位的文學評論家夏志清，晚年坦承未在《中國現代小說史》中評論蕭紅的作品，是「最不可寬恕的疏忽」。夏志清認為，《呼蘭河傳》的長處在於它具有高度的真實感。他給予《呼蘭河傳》很高的評價，並稱她為20世紀中國最優秀的作家之一。而上個世紀大陸也掀起蕭紅熱，投入研究其作品的學者數量不少，在香港導演許鞍華以蕭紅一生顛沛流離的故事拍攝成電影《黃金時代》之後，她的愛恨情愁更引起了新一代觀眾的注意。

蕭紅的文學寫作融合了具有女性特質的悲憫胸懷和超脫性別的開闊視角，關注人們的生存處境，以及艱困掙扎中蘊含的生命意義。蕭紅的成名作《生死場》，魯迅和胡風分別為其初版寫了序和後記，小說描寫九一八事變前後東北農村的生活，富有鄉土色彩，反映女性的悲慘命運。魯迅讚賞小說寫出「北方人民對於生的堅強，對於死的掙扎。」部分學者稱讚小說洋溢愛國主義，也有學者認為小說的主題是鄉村婦女的生活經驗，特別是生育與死亡。蕭紅在《生死場》中同情產婦所受的痛苦，也嘲諷傳宗接代成為近乎自我毀滅的災難，她同情女性任人擺布，命運無法自主，所付出和承受的種種換來的是男性獲得的利益，是否因為成長過程裡的觀察和體悟，以及幼年對於母愛

的缺乏，使得蕭紅對自己產下的兩個孩子並無太多眷戀，她認為父權社會中建立家族歸屬感，是男性而非女性的，女性逐漸淪為財產也是工具。

蕭紅的作品情感基調往往悲喜交雜，語言風格剛柔並濟，寫作視角既安靜沉鬱又童稚純真，看似形散的行文結構，卻凝聚出鮮活的人物形象，在中國現代文學史中可謂獨樹一幟。

三、作品選讀與賞析

《呼蘭河傳》（節選）

那是一個既僻遠又熱鬧的小城，在城中的交通要道上坐落著一個「大泥坑」，它常常淹死一些動物和小孩，可居民都在看熱鬧，沒有人出來加以整治。有的說應該拆牆，有的說應該種樹，但沒有一個人說要填平的，儘管填坑並不難，可卻沒一個願意。

又到了小城舉行盛舉的日子，人們有跳大神的、唱秧歌的、放河燈的、看野檯子戲的、看廟會的，異常熱鬧。

我的祖父已年近七十，他是一個慈祥、溫和的老人，家裡面只有祖父最關心我，所以，一天到晚，門裡門外，我寸步不離他，他常教我讀詩，帶我到後花園遊玩，我走不動的時候，祖父就抱著我，我走的動了，祖父就拉著我，祖孫倆相依相伴，有著無窮的快樂。

我們有幾家鄰居，西邊的一間破草房租給一家餵豬的；還有一間草房租給一家開粉坊的，他們常常一邊曬粉、一邊唱歌，

過著很快樂的生活；廂房裡還住著個拉磨的；粉坊旁的小偏房裡還住著個趕大車的胡家。胡家養了個小童養媳——小團圓媳婦。她是個十二歲的小姑娘，成天樂呵呵的，可胡家想給她個下馬威，總是無端打她，左鄰右舍也支持胡家的行為，都說應該打。胡家就越打越凶，時間也越打越長，小團圓媳婦被折磨得生了病。老胡家聽了跳大神的人的話，決定給小團圓媳婦用開水洗澡。洗澡時，很多人來看熱鬧，只見她被滾燙的水燙了三次，幾天後終於死去了。

人們都管拉磨的那個鄰居叫「馮歪嘴子」，他不但會拉磨，還會做年糕。有一次，我去磨坊買年糕，看到裡面炕上躺著一個女人和一個小孩，原來馮歪嘴子成家了，那女人就是同院老王家的大姑娘王大姐。然而，馮歪嘴子的幸福生活遭到了鄰人們的羨慕和嫉妒，大家都說王大姐壞，謠言層出不窮，馮歪嘴子受盡了人們的冷嘲熱諷。過了兩三年，王大姐在生下第二個孩子後因難產死去，馮歪嘴子常常含著眼淚，但他看到大兒子已會拉驢飲水，小兒子也會拍手笑了，他就不再絕望。在兒子身上，他看到了活著的希望。

東二道街除了大泥坑子這番盛舉之外，再就沒有什麼了。也不過是幾家碾磨房，幾家豆腐店，也有一兩家機房，也許有一兩家染布匹的染缸房，這個也不過是自己默默地在那裡做著自己的工作，沒有什麼可以使別人開心的，也不能招來什麼議論。那裡邊的人都是天黑了就睡覺，天亮了就起來工作。一年四季，春暖花開、秋雨、冬雪，也不過是隨著季節穿起棉衣來，脫下單衣去地過著。生老病死也都是一聲不響地默默地辦理。

比方就是東二道街南頭，那賣豆芽菜的王寡婦吧：她在房脊上插了一個很高的杆子，杆子頭上挑著一個破筐。因為那杆

子很高，差不多和龍王廟的鐵馬鈴子一般高了。來了風，廟上的鈴子格棱格棱地響。王寡婦的破筐子雖是它不會響，但是它也會東搖西擺地作著態。

就這樣一年一年地過去，王寡婦一年一年地賣著豆芽菜，平靜無事，過著安詳的日子，忽然有一年夏天，她的獨子到河邊去洗澡，掉河淹死了。

這事情似乎轟動了一時，家傳戶曉，可是不久也就平靜下去了。不但鄉人、街坊，就是她的親戚朋友也都把這回事情忘記了。

賞　析

多數作家筆下描寫的故鄉是美好的，童年是溫馨的，有著生生不息的植物芳香，明媚鮮豔的陽光和風，蕭紅寫她的故鄉和童年，雖然有慈祥的爺爺，組合出甜柔的畫面，但幼小的她已經意識到只有爺爺最關心她，由此可以發現家庭給予她的不全然是幸福，周遭環境更加不友善。淹死附近孩子的大泥坑，鄉人們抱持著看熱鬧的態度；別人家和自己無切身關係的媳婦，出於見不得別人好的莫名忌妒心，於是隨口編出了謠言，謠言一傳，寧可信其有，若是不信豈不是就沒熱鬧可看；這樣一種看熱鬧不怕事大的心態，在缺乏科學知識的鄉野迷信助長之下，硬是折磨死了一個還沒來得及長大的童養媳。

《呼蘭河傳》中，蕭紅透過回憶，以一個孩子的眼光寫下了她的故鄉，寫作此作品時，她客居香港，在南方的島嶼遙想北國童年歲月，看似平靜的敘述，字裡行間既有深刻的思念，又揉雜了令人驚詫不忍卒睹的冷酷，彷彿北國漫長的冬季，白雪壓著大地寸草不生，連陽光也曬不暖。家鄉的人過著簡單尋

常日出而作日落而息的生活，隨著四季更迭，春花冬雪，如蕭紅所言，生老病死也都是一聲不響地默默地辦理。

　　小城的眾人平靜的往下過，但不意味著沒有意外發生，賣豆芽的王寡婦死了獨子，蕭紅沒有直接敘述她強烈的悲痛與不絕的哀傷，只說不久就平靜了。讀至此不由得想起魯迅筆下的祥林嫂，同樣是寡婦喪子，中國俗話中沒有指望的人生，魯迅與蕭紅各以自己的方式，不約而同呈現出他人的冷漠。再怎麼難熬的悲傷也只能獨自承受，透露出一種天地無情的況味，在她筆下卻是一幅風景畫：跳大神的、唱秧歌的、放河燈的、看野檯子戲的、看廟會的人群，街南頭和龍王廟的鐵馬鈴子一般高的竿子，廟上的鈴子來了峰會格棱格棱地響，竿子上的破籬筐不會響，卻也作態的搖擺著。小城的街上不過是幾家碾磨房，幾家豆腐店，一兩家機房，一兩家染布匹的染缸房，散文的筆法描繪出小城的樣貌，在這看似寧靜的日子裡，透出了無奈，隨著呼蘭河水往下流淌。

　　在香港伏案寫下故鄉種種的蕭紅，文字世界成為她最終的藏身之處，藉以躲避陌生的話音簡陋的住所，思鄉的心緒，甚至不安穩的情感，蕭紅病時端木蕻良並未在她身邊照顧。呼蘭河水流進了維多利亞港，是蕭紅在這世界留下的痕跡，也是她安放孤寂的途徑。

12　愛、自由與美 —— 徐志摩

朱嘉雯

　　詩人徐志摩，原名章垿，字志摩，浙江海寧人。自幼生活在富裕的家庭，並曾留學英國。胡適說徐志摩的一生在追求「愛」、「自由」與「美」（《新月》第 4 卷第 1 期《志摩紀念號》），而他據此所倡導的新詩格律，對現代詩壇產生了深遠的影響。

一、生平介紹

　　徐志摩出生於浙江海寧富戶，父親徐申如是硤石商會會長，經營發電廠、梅醬廠、絲綢莊和錢莊等生意。徐志摩幼年時期先在家塾讀書，後來進開智學堂師從張樹森，因而奠定了深厚的古文基礎。中學時期入杭州府中學就讀，此即後來的杭州一中，現今已改為杭州高級中學。在此求學期間，徐志摩因愛好文學，於是在校刊《友聲》發表論文〈論小說與社會之關係〉，文中指出小說有裨益於社會，應竭力提倡。

　　徐志摩中學畢業後，考入上海滬江大學（現今該校址為上海理工大學）。1915 年在父母安排下，與張君勱的妹妹張幼儀結婚，之後轉入上海浸信會學院，隔年轉入北京北洋大學（今天津大學）法科預科。次年，北洋大學法科併入北京大學，徐

志摩便進入北京大學預科學習。兩年後,拜梁啟超為師,並赴美國克拉克大學歷史系留學,隔年入哥倫比亞大學經濟系,1920 年轉往英國倫敦大學倫敦政治經濟學院,並於此時認識了英國作家赫伯特·喬治·威爾斯,因而啟發他對文學的熱情。在這段期間裡,徐志摩邂逅了林長民的女兒林徽因,並展開追求,同時要求在英國陪讀並懷了次子的元配張幼儀墮胎離婚。張幼儀不同意,徐志摩竟不告而別。

1922 年徐、張離婚,徐志摩轉入劍橋大學國王學院,10 月回國。1923 年與胡適、聞一多、梁實秋、陳源等人發起「新月社」,並於北京大學英文系任教。1924 年,印度詩人泰戈爾訪華,徐志摩陪同他至各地訪問,並陪同赴日本、香港等地接受採訪。同年 8 月,徐志摩的第一本詩集《志摩的詩》出版。不久之後,他辭去北大教職,赴歐洲旅遊,一年後回國任光華大學教授兼東吳大學法學院英語教授,並主持《晨報副刊·詩》。這段時間徐志摩與友人王賡相聚,王賡的妻子陸小曼聰慧活潑,是當時賦稅司長陸子福的獨生愛女,陸子福畢業於日本早稻田大學,亦曾是日本首相伊藤博文的得意學生。在徐志摩與陸小曼論及婚嫁時,徐志摩的父親執意請梁啟超證婚,徐志摩求助於胡適,請來了梁任公,然而梁任公卻在婚禮上痛斥徐志摩:「你這個人性情浮躁,所以在學問方面沒有成就,你這個人用情不專,以致離婚再娶……以後務要痛改前非,重作新人……希望這是你們最後一次結婚。」婚禮結束後,徐志摩與陸小曼定居於上海。婚後他開始籌辦新月書店,並出版了第二本詩集《翡冷翠的一夜》,接著在 1927 年與聞一多、饒孟侃、葉公超等創辦《新月》月刊。隔年再赴日、美、歐、印等地旅遊,寫下最著名的〈再別康橋〉。1929 年徐志摩任中華書局編輯,並

應聘為國立中央大學文學院英語文學教授，又兼中華書局、大東書局編輯。1931 年與陳夢家、方瑋德等創辦《詩刊》季刊，任北京大學英文系教授，兼北平女子大學教授。此時新詩《猛虎集》出版。徐志摩因離棄妻兒再娶友人之妻，父親盛怒之下中斷了經濟援助，然而陸小曼卻仍舊揮霍，他們住著三層樓住所，每月租金一百銀洋，並有女傭、司機、廚師、男僕，以及貼身丫鬟，如此巨大開銷使徐志摩入不敷出，於是胡適邀請徐志摩兼任北京大學教職以貼補家用。為此，徐志摩常在上海、南京、北京等地間往返，同時又在光華大學、東吳大學、大夏大學等校講課，課餘繼續趕寫詩文，賺取稿費，而陸小曼則習慣了跳舞、打牌、票戲的夜生活。

　　1931 年 11 月 19 日，徐志摩為了林徽因將在北平協和禮堂為外國使節演講「中國建築藝術」，於早晨八點鐘搭中國航空公司「郵政號」自南京北上，卻不料在大霧中飛機誤觸山東濟南開山，而徐志摩在高空中已將飛機窗戶打開，造成冷空氣瞬間衝擊面部，徐志摩因失溫而造成腦死，得年 34。郁達夫在哀悼文中將徐志摩的死與大詩人拜倫和雪萊並列。

二、作品風格與藝術特質

　　徐志摩短暫的一生計有詩集：《志摩的詩》《猛虎集》（收錄《再別康橋》）《翡冷翠的一夜》《雲遊》《徐志摩全集》，散文集：《落葉》、《巴黎的鱗爪》、《自剖》、《秋》，小說散文集：《輪盤》，與陸小曼合著的戲劇：《卞昆岡》，日記：《愛眉小札》（寫給陸小曼的日記）、《志摩日記》，以及譯著《曼殊斐爾小說集》等。

　　徐志摩的新詩受到英美詩人雪萊的影響，重視格律亦充分展現了個人風格與濃烈的感情，此間充滿豐富的想像力，能運用生動的取譬，同時重視意境，亦講究語言的音樂性，讀來令人感受嫵媚風流多情又浪漫的情調，尤其具有溫柔深情的特質。此外，徐志摩受西方世紀末唯美主義與印象派思潮的影響，有些詩表現出隱晦神祕與黯然憂傷的情緒，語言的雕琢也是他很突出的特色之一。整體作呈現出多元的寫作風貌。

　　徐志摩的散文包含了靈奇詩意的想像空間，因擅長言情，表達坦率而任真，加上詞采絢爛，又愛好自然，表現在文學手法上便多運用了反覆疊唱與排比等修辭技巧。胡適曾指出：「他的人生觀真是一種「單純信仰」，這裡面只有三個大字，一個是愛，一個是自由，一個是美。他夢想這三個理想的條件能夠會合在一個人生裡，這就是他的單純信仰。他一生的歷史，只是他追求這個單純信仰實現的歷史。」

三、作品選讀與賞析

（一）〈雪花的快樂〉

假若我是一朵雪花，
翩翩的在半空裡瀟灑，
我一定認清我的方向
——飛揚，飛揚，飛揚，
這地面上有我的方向。

不去那冷寞的幽谷，
不去那淒清的山麓，
也不上荒街去惆悵
——飛揚，飛揚，飛揚，
——你看，我有我的方向！

在半空裡娟娟的飛舞，
認明瞭那清幽的住處，
等著她來花園裡探望
——飛揚，飛揚，飛揚，
——啊，她身上有硃砂梅的清香！

那時我憑藉我的身輕，
盈盈的，沾住了她的衣襟，
貼近她柔波似的心胸
——消溶，消溶，消溶
——溶入了她柔波似的心胸。

賞　析

　　這首詩寫於 1924 年 12 月 30 日，其後發表於 1925 年 1 月 17 日《現代評論》第 1 卷第 6 期。這首充滿純潔熱情的詩，傳達出徐志摩內心深處對理想的追尋。詩人以如此輕盈的文字來抗禦複雜現實環境所帶來的重荷，徐志摩的可愛是在於即使面臨著現實世界即將摧毀的高壓時刻，他依然是那片快樂的雪花，比起「我不知道風在哪個方向吹」的無限悵惘，此時的徐

志摩內心無疑更為清明與堅定。〈雪花的快樂〉是詩人以雪花擬人，並且是自我的化身，那樣「翩翩的在半空裡瀟灑」，既是絕美，又將在剎那間消融。儘管如此，這雪花仍是充滿著詩人的意志的，詩人的靈魂透過雪花反映為美而死的心願。他是如此熱切地追求美和自由，絲並且毫不感到痛苦或絕望，因為他已充分地享受到他自己所選擇的自由，於是他熱愛這份快樂。

　　「飛揚，飛揚，飛揚」歡快的語調中帶著堅定的信念，彷彿輕鬆卻也十分執著，這是詩人意識自覺的時刻，那位心胸似柔波一般美好的她，如今已成為美學永恆的意象。儘管詩人當初在寫作的當下，正承受著靈魂深處的苦，卻終將在他熱情又樂觀的意志中，將飛揚的雪花描繪成令人感動的漫舞者。因此詩的字句本身已足已使詩人的心靈飛揚，而不再愁腸鬱結。這首詩鏗鏘的音韻，以及啟承轉合的章法之美，連帶使人體會到作者當時情緒的起伏。詩人將他所塑造的一切奠基於「假如」之上，在柔美的格調中承載著內心淡淡的憂傷。雪花象徵詩人的心志，雖然飄蕭跌宕，卻在在符合了大自然的韻律與個人情志。徐志摩的語言風格與詩歌氣韻聯繫得天衣無縫，他在《猛虎集》序文曾寫道：「詩人也是一種癡鳥，他把他的柔軟的心窩緊抵著薔薇的花刺，口裡不住地唱著星月的光輝與人類的希望，非到他的心血滴出來把白花染成大紅他不住口。他的痛苦與快樂是深成的一片。」正是這份癡情，成就了其詩歌清純真摯的愛與美。

（二）〈我不知道風是在哪一個方向吹〉

　我不知道風
　是在那一個方向吹

我是在夢中，
在夢的輕波裡依洄。

我不知道風
是在那一個方向吹
我是在夢中，
她的溫存，我的迷醉。

我不知道風
是在那一個方向吹
我是在夢中，甜美是夢裡的光輝。

我不知道風
是在那一個方向吹
我是在夢中，
她的負心，我的傷悲。

我不知道風
是在那一個方向吹
我是在夢中，
在夢的悲哀裡心碎。

我不知道風
是在那一個方向吹
我是在夢中，
黯淡是夢裡的光輝。

賞　析

這首詩寫於 1928 年，初載於 3 月 10 日《新月》月刊第 1 卷第 1 號。全詩六節，每節前三句輾轉反覆，像是音樂的旋律，使人感受到詩人「在夢中」的迷濛心境，然而就在我們似乎將要捕捉到一些關於他寫這首詩背後的真實故事時，卻又讓一陣陣不知道往哪個方向吹的風，給牽引得迷惘了。整首詩如同有人正在吟唱一般，旋律感將我們的心搖漾得醺然陶醉。「我不知道風／是在哪一個方向吹／我是在夢中，／在夢的輕波裡依洄。」全詩的意境在第一段裡，已經和盤托出，其後卻又翻覆疊唱，彷彿為了將這樣的意志以吟唱的方式，深入人們的心坎裡。徐志摩曾在〈「新月」的態度〉一文中指出：「要從惡濁的裡解放聖潔的泉源，要從時代的破爛裡規復人生的尊嚴──這是我們的志願。成見不是我們的，我們先不問風是在哪一個方向吹。功利也不是我們的，我們不計較稻穗的飽滿是在那一天。……生命從它的核心裡供給我們信仰，供給我們忍耐與勇敢。為此我們方能在黑暗中不害怕，在失敗中不頹喪，在痛苦中不絕望。生命是一切理想的根源，它那無限而有規律的創造性給我們在心靈的活動上一個強大的靈感。它不僅暗示我們，逼迫我們，永遠望創造的、生命的方向上走，它並且啟示我們的想像。……我們最高的努力目標是與生命本體相綿延的，是超越死線的，是與天外的群星相感召的。」這是「新月」的態度，同時也是徐志摩的文學理想，他希望：無論風在哪一個方向吹，我們都不失去生命的本質，時時回復真誠的天性。因為生命中有太多憂慮、苦悶、恐懼和猜忌，於是我們更要守護天性中的純真，發揚生命中的良善，抵抑惡的生長，才能逐漸走

向人格完美成熟的境地。真正做到心遊物外，與大化流行和宇宙真理同存。

（三）〈翡冷翠山居閒話〉

　　在這裡出門散步去，上山或是下山，在一個晴好的五月的向晚，正像是去赴一個美的宴會，比如去一果子園，那邊每株樹上都是滿掛著詩情最秀逸的果實，假如你單是站著看還不滿意時，只要你一伸手就可以採取，可以恣嚐鮮味，足夠你性靈的迷醉。陽光正好暖和，絕不過暖；風息是溫馴的，而且往往因為他是從繁花的山林裡吹度過來，他帶來一股幽遠的淡香，連著一息滋潤的水氣，摩挲著你的顏面，輕繞著你的肩腰，就這單純的呼吸已是無窮的愉快；空氣總是明淨的，近谷內不生煙，遠山上不起靄，那美秀風景的全部正像畫片似的展露在你的眼前，供你閒暇的鑑賞。

　　作客山中的妙處，尤在你永不須躊躇你的服色與體態；你不妨搖曳著一頭的蓬草，不妨縱容你滿腮的苔蘚；你愛穿什麼就穿什麼；扮一個牧童，扮一個漁翁，裝一個農夫，裝一個走江湖的桀卜閃，裝一個獵戶；你再不必提心整理你的領結，你儘可以不用領結，給你的頸根與胸膛一半日的自由，你可以拿一條這邊豔色的長巾包在你的頭上，學一個太平軍的頭目，或是拜倫那埃及裝的姿態；但最要緊的是穿上你最舊的舊鞋，別管他模樣不佳，他們是頂可愛的好友，他們承著你的體重卻不叫你記起你還有一雙腳在你的底下。

　　這樣的玩頂好是不要約伴，我竟想嚴格的取締，只許你獨身；因為有了伴多少總得叫你分心，尤其是年輕的女伴，那是最危險最專制不過的旅伴，你應得躲避她像你躲避青草裡一條美麗的花蛇！平常我們從自己家裡走到朋友的家裡，或是我們

執事的地方，那無非是在同一個大牢裡從一間獄室移到另一間獄室去，拘束永遠跟著我們，自由永遠尋不到我們；但在這春夏間美秀的山中或鄉間你要是有機會獨身閒逛時，那才是你福星高照的時候，那才是你實際領受，親口嚐味，自由與自在的時候，那才是你肉體與靈魂行動一致的時候；朋友們，我們多長一歲年紀往往只是加重我們頭上的枷，加緊我們腳脛上的鏈，我們見小孩子在草裡在沙堆裡在淺水裡打滾作樂，或是看見小貓追他自己的尾巴，何嘗沒有羨慕的時候，但我們的枷，我們的鏈永遠是制定我們行動的上司！所以只有你單身奔赴大自然的懷抱時，像一個裸體的小孩撲入他母親的懷抱時，你才知道靈魂的愉快是怎樣的，單是活著的快樂是怎樣的，單就呼吸單就走道單就張眼看聳耳聽的幸福是怎樣的。因此你得嚴格的為己，極端的自私，只許你，體魄與性靈，與自然同在一個脈搏裡跳動，同在一個音波裡起伏，同在一個神奇的宇宙裡自得。我們渾樸的天真是像含羞草似的嬌柔，一經同伴的抵觸，他就捲了起來，但在澄靜的日光下，和風中，他的恣態是自然的，他的生活是無阻礙的。

你一個人漫遊的時候，你就會在青草裡坐地仰臥，甚至有時打滾，因為草的和暖的顏色自然的喚起你童稚的活潑；在靜僻的道上你就會不自主的狂舞，看著你自己的身影幻出種種詭異的變相，因為道旁樹木的陰影在他們紆徐的婆娑裡暗示你舞蹈的快樂；你也會得信口的歌唱，偶爾記起斷片的音調，與你自己隨口的小曲，因為樹林中的鶯燕告訴你春光是應得讚美的；更不必說你的胸襟自然會跟著曼長的山徑開拓，你的心地會看著澄藍的天空靜定，你的思想和著山壑間的水聲，山罅裡的泉響，有時一澄到底的清澈，有時激起成章的波動，流，流，流

入涼爽的橄欖林中，流入嫵媚的阿諾河去……

　　並且你不但不須應伴，每逢這樣的遊行，你也不必帶書。書是理想的伴侶，但你應得帶書，是在火車上，在你住處的客室裡，不是在你獨身漫步的時候。什麼偉大的深沉的鼓舞的清明的優美的思想的根源不是可以在風籟中，雲彩裡，山勢與地形的起伏裡，花草的顏色與香息裡尋得？自然是最偉大的一部書，葛德說，在他每一頁的字句裡我們讀得最深奧的消息。並且這書上的文字是人人懂得的；阿爾帕斯與五老峰，雪西里與普陀山，來因河與揚子江，梨夢湖與西子湖，建蘭與瓊花，杭州西溪的蘆雪與威尼市夕照的紅潮，百靈與夜鶯，更不提一般黃的黃麥，一般紫的紫藤，一般青的青草同在大地上生長，同在和風中波動——他們應用的符號是永遠一致的，他們的意義是永遠明顯的，只要你自己心靈上不長瘡癩，眼不盲，耳不塞，這無形蹟的最高等教育便永遠是你的名分，這不取費的最珍貴的補劑便永遠供你的受用；只要你認識了這一部書，你在這世界上寂寞時便不寂寞，窮困時不窮困，苦惱時有安慰，挫折時有鼓勵，軟弱時有督責，迷失時有南針。

十四年七月

賞　析

　　〈翡冷翠山居閒話〉是徐志摩在義大利弗羅倫斯旅居時，所寫下的散文。這篇抒情小品極富田園情懷，同時也是一篇「詩化」的散文。詩人行文節奏悠閒從容，在閒適的情調中，與讀者談心。這樣的敘述與寫景，顯得十分親切自然，使我們很樂意與他共享這美好而性靈的時刻。徐志摩始終秉持「自然是最偉大的一部書」這樣的理念，並一再地從自我內心抒發真實的

情感，透過抒情的筆調細細地講述獨自作客佛羅倫斯的快樂。
在我們靜心聆聽徐志摩娓娓道來的閒話之中，身心彷彿已返回
大自然，得到自在漫遊時光的享受與精神洗禮。

　　徐志摩的語言表達極為順暢，在一氣喝成的散文敘述中，
他營構出暢流自然如行雲流水般的優美語感，令人彷彿也有同
他散步時心曠神怡的感受。他說：「在這裡出門散步去，上山或
是下山，在一個晴好的五月的向晚，正像是去赴一個 美的宴會，
比如，去一果子園，那邊每株樹上都是滿掛著詩情最透逸的果
實，假如你單 是站著看還不滿意時，只要你一伸手就以摘取，
可以恣嚐鮮味，足夠你性靈的迷醉。」我們在他的文字中陶醉
了，彷彿也順手摘取了水果，與他一道品嚐那份自然的清新！
接著他引導讀者感覺周遭舒適的氛圍：「陽光正好暖和，絕不過
暖；風 息是溫馴的，而且往往因為他是以繁花的山林裡吹度過
來他帶來一股幽遠的淡香。」適度的陽光下，風兒清清地吹，
吹過繁花來到我們鼻息間，又轉為一股馨香。從膚觸到嗅覺，
佛羅倫斯美得空靈，卻也隨著文字散播到我們的心田。徐志摩
自由調度長短句，引領讀者一口氣兒讀完他的文章，闔上扉頁
時，便會有一陣空靈的迷醉襲來，如泉水般源源地湧出，可知
他雖深在外國，並受西化影響之深，卻也同時能夠掌握中文語
言一鬆一馳，並善於調節組合修辭，使文脈氣韻生動，富有音
韻的特質。他喜好遠離塵俗，在個性中投入了從容自適與包容
萬物的廣闊胸懷，沉湎於大自然的懷抱，始回歸於嬰兒般天真
的初心，因此生命境界與自然達到體悟相通，而這也正是徐志
摩文學精神上最可貴的地方。

13　洋溢宗教情懷——許地山

楊　明

一、生平介紹

　　許地山 1894 年生於台灣台南，小時候住在台南府城延平郡王祠附近，許家的園子取名窺園，父親許南英是清朝時的台籍進士，原本生活富足安定，然而因馬關條約將台灣割讓給日本，許南英參與台灣民主國事敗，許地山 3 歲時隨母親、大伯父等許家二十多人由台南安平港坐船到廣東投奔親戚，許地山父親則往暹羅、新加坡等地發展，自南洋回到廣東後，許地山一家人移居廣州，他在廣州讀書多年，因為童年時波折的經歷，他最早會說台語和潮語，後來能說粵語，從小接受傳統私塾教育，其後入新式學堂，所以也能說普通話和英語。

　　許地山畢業後曾在漳州的小學、中學、師範學校教書，後來至到緬甸仰光的僑校任教，所以他早期作品洋溢南洋風華的異域情調。1921 年他發表的第一篇小說〈命命鳥〉，故事背景就是緬甸，緬甸受佛教影響深遠，而宗教色彩是許地山作品的另一特色，他的作品討論涉及的不只佛教，還有基督教，例如〈玉官〉。

　　1912 年，辛亥革命成功以後，許地山跟隨父親回到台灣訪

親，後來與台中霧峰林家的小姐林月森訂婚，但是婚後不久林
月森因病過逝。這期間許地山進入燕京大學，1920 年取得文學
士學位後留校任教，並在燕京大學神學院讀神學，二十幾歲便
遭逢喪妻之變，或多或少也影響著許地山作品裡的人生觀吧。
1922 年，許地山前往美國哥倫比亞大學研究宗教史和比較宗教
學，1924 年得碩士學位後轉入英國牛津大學研究宗教史學、印
度學、梵文等，並研究佛教。1926 年得牛津大學文學學位
（Bachelor of Letters, B. Litt.）這個學位學歷上相當於台灣的文
學碩士學位，但要求比普通的文學碩士（Master of Arts）高，
許多攻讀這個學位的研究生都已有文學碩士學位，錢鍾書在牛
津獲得的也是 B. Litt.學位。許地山離開英國後又到印度研究印
度學，他是 20 世紀中國第一個在大學開梵文課的華人，可謂當
代華人研究印度學的開創者，在他之前只有陳寅恪的老師西方
漢學家鋼和泰教授在北大教過梵文。

　　1927 年許地山任燕京大學教授，另在北京大學和清華大學
兼課，兩年後與周俟松結婚。1935 年在胡適的推薦下至香港大
學任中文系主任，住在香港島半山區羅便臣道直至逝世。許地
山對港大中文系貢獻很大，然而如今提起港大和香港現代文學，
似乎更多人聯想到張愛玲。張愛玲在〈茉莉香片〉中，將留過
學，身著中國長袍、熱愛中國文學的言子夜，描寫為主角暗暗
傾慕的理想父親。而這言子夜，許多人認為原型就是張愛玲在
香港大學求學時的中文系教授許地山。

　　許地山在港大工作六年，直至 1941 年因心臟病逝世。香港
的新文化與中國文學教育的發展都和許地山有密切關係，在港
大期間，他每週授課二十小時，早晨八點去學校，一點回家吃
午飯，兩點再去，直到傍晚六、七點才回家。在學校除教課及

處理校務外，他總在讀書寫卡片，準備著寫書要用的材料，工作占據了大部分時間，他寫小說只能在清早四點到六點之間。已經如此忙碌的他還積極地參與各類社會文化活動，抗戰開始，從大陸來到香港躲避戰亂者日多，有舊識到學校找許地山幫助，他也總是盡力替他們設法，所以有些人推估他的早逝可能和過於忙碌勞累有關。

許地山身後，陳寅恪挽聯寫到許在香港的學術生活以及兩人的交往：「人事極煩勞，高齋延客，蕭寺屬文，心力暗殫渾未覺；離亂相依託，嬌女寄廡，病妻求藥，年時回憶倍傷神。」許地山著作主要有《空山靈雨》、《綴網勞蛛》、《危巢墜簡》、《道學史》、《達衷集》、《印度文學》、《命命鳥》、《解放者》等。譯著有《孟加拉民間故事》、《二十夜問》、《太陽底下降》、《世界名歌一百曲集》等。[1]

二、作品風格與藝術特質

許地山曾用筆名落花生（落華生），取其看似樸實無華內涵卻芳香豐美之意。他有一篇同名散文，風格自然清新，描述家人一起在原本荒蕪的園地種下花生，收成時的感悟，入選為語文教材。許地山的散文哲學意味重，他的小說宗教色彩也很濃厚，比較著名地短篇小說除〈命命鳥〉，還有〈商人婦〉、〈換巢鸞鳳〉，許地山早期的小說幾乎都以戀愛故事為貫穿的線索，但是其實探討的是作者的人生觀。年輕的許地山在作品中表達人

---

1 許地山生平參考：許地山《許地山選集》，台北：黎明文化公司，1975年。宋益喬，《追求終極的靈魂：許地山傳》，福州：海峽文藝出版社，1989年。

生是苦，若能知命達觀，才能擺脫人生的苦，他的代表作〈綴網勞蛛〉便是此類作品。

〈綴網勞蛛〉的主人翁尚潔是童養媳，逃離婆家，同曾幫助過她的可望結婚，但他們之間並沒有愛情。她認為人就像蜘蛛，而命運是人的網，不能完全由自己掌握，會受到外力的影響。好比蜘蛛第一次放出遊絲時，並不知道會被風吹到到什麼地方，網織成之後，又不知什麼時候會被外力所毀壞，所以人對於自己命運的好與壞，只能順其自然，知命達觀。要是網被外力破壞，就等待機會再創造一個好的。這種人生態度融合了佛家的思想，〈綴網勞蛛〉中尚潔出於慈悲之心援救進入她家行竊的小偷，她甚至阻止別人報警，因為她眼中看到的是一個傷者而非竊賊，結果遭到丈夫的妒嫉懷疑。許地山探討的是人道主義的問題，而不是世俗的是非觀念，丈夫要與尚潔離婚，她過著自食其力的生活不以為苦，她認為生活猶如被蟲蛀傷的花朵，剩餘的部分，仍會綻放美好。作者在他寫的故事中傾注了自己的思想，也顯示了自己的人生態度。

1921 年許地山和沈雁冰、葉聖陶、鄭振鐸等人在北京發起成立文學研究會，創辦《小說月報》，這一份刊物對於新文學的發展有重要影響。許地山的作品總是充滿宗教情懷，他在創作初期加入了問題小說的熱潮中，顯出與其他問題小說作家如葉紹鈞，冰心，王統照，盧隱等的不同。以〈綴網勞蛛〉為例，許地山透過故事情節顯示國外在離婚事件中對於女性權益的保護，對比出中國婦女的地位低下的問題。

許地山在香港創作發表的小說只有兩篇：1939 年發表的〈玉官〉與 1941 年發表的〈鐵魚底腮〉。二者之中，〈鐵魚底腮〉很早就得到文學界的認可，而〈玉官〉亦在近年愈來愈得到高

度評價。〈鐵魚底鰓〉主人公雷老先生曾是一個官派到外國學製作大炮的留學生，回國以後，他學無所用，為了加強海軍裝備，他自己研發潛艇模型，但他的發明得不到欣賞，日本侵略中國，戰爭使得雷老先生被迫逃難，逃難的過程中失去潛艇模型，藍圖和鐵鰓模型也掉到海裡，著急的他不顧安危跳下海，和他的發明一起沉入水底。通過這樣一位懷才不遇的寂寞老人，〈鐵魚底鰓〉與許地山五四時期的作品風格完全不同，這樣的轉變，當然和抗戰有關，也許也和香港的環境有關。

　　和〈鐵魚底鰓〉相比，〈玉官〉則有較多爭議。這篇小說曾被文學史研究者忽略，最先在文學史上對〈玉官〉提出肯定的是夏志清，他稱許地山和他同時期作家最不同的一點就是他「關注到宗教上的大問題」、「所關心的則是慈悲或愛這個基本的宗教經驗，……他給他的時代重建精神價值上所作的努力，真不啻是一種苦行僧的精神，光憑這點，他已經就值得我們的尊敬，並且在文學史中應占得一席之地了」，[2] 而確定他在文學史上的地位的作品，則是 20 世紀 90 年代以後，學界重新檢視許地山的作品，認為〈玉官〉具有複雜多義性，藝術成就較高。〈玉官〉約四萬字，小說的主人公玉官是一個寡婦，為了生活，她加入基督教傳教的行列，入教使她生活有了著落，她的兒子也在教會支持下出國留學，回國後做了官。當她為教會服務滿四十年，教會為她舉辦一個紀念會，有人提議要給她立碑或牌坊，她婉拒了。她說，從前她貪求報酬，所得到的卻是失望和苦惱。她現在才知道不求報酬底工作，更有價值，大眾若是得著利益就是她底榮耀了。玉官的感悟不僅是基督教中的博愛，也融合了中國傳統文化裡的無欲則剛。

---

2 夏志清著，劉紹銘編譯，〈第三章　文學研究會〉，《中國現代小說史》（台北：傳記文學雜誌社，1979 年），頁 112。

　　許地山的興趣及研究範圍頗廣，他曾於香港發表《近三百年來底中國女裝》論文，並曾在港舉行了一次名為「三百年來中國婦女衣服」的演講。當時張愛玲已就讀於港大，她的散文《更衣記》裡簡述了中國三百年來的婦女衣裝，張愛玲於港大時曾修過許地山的課，《更衣記》可視為許地山研究成果的一種延伸。

三、作品選讀與賞析

（一）〈命命鳥〉（節選）

　　一個紫衣的女子走到他跟前說：「我很愛你，你是我的命。我們是命命鳥。除你以外，我沒有愛過別人。」那男子回答說：「我對於你的愛情也是如此。我除了你以外不曾愛過別的女人。」紫衣女子聽了，向他微笑，就離開他。走不多遠，又遇著一位男子站在樹下，她又向那男子說：「我很愛你，你是我的命。我們是命命鳥，除你以外，我沒有愛過別人。」那男子也回答說：「我對於你的愛情也是如此。我除了你以外不曾愛過別的女人。」

　　敏明瞧見這個光景，心裡因此發生了許多問題，就是：那紫衣女子為什麼當面撒謊，和那兩位男子的回答為什麼不約而同？她回頭瞧那坐在水邊的男子還在那裡，又有一個穿紅衣的女子走到他面前，還是對他說紫衣女子所說的話。那男子的回答和從前一樣，一個字也不改。敏明再瞧那紫衣女子，還是挨著次序向各個男子說話。她走遠了，話語的內容雖然聽不見，

但她的形容老沒有改變。各個男子對她也是顯出同樣的表情。

　　敏明瞧見各個女子對於各個男子所說的話都是一樣；各個男子的回答也是一字不改，心裡正在疑惑，忽然來了一陣狂風把對岸的花瓣刮得乾乾淨淨，那班男女立刻變成很兇惡的容貌，互相嚙食起來。

賞　析

　　〈命命鳥〉借用了佛教中的一則傳說，北印度雪山區域有一種雙頭鳥叫命命鳥，這種鳥是兩個不同的靈魂卻共有一個軀體，因猜疑忌妒，妄生他我之見，卻不知害人即害己，因為芸芸眾生實為一體。寓言故事中的雙頭鳥提醒世人偏見讓人們看到差別，卻沒看到差別背後隱藏的相通與共生。〈命命鳥〉寫的是一對相戀卻因為家人反對不能相守終身的年輕戀人，最後相偕沒入水中，有些評論者指為殉情，其實不應單純以自殺來看小說的結局安排，因為〈命命鳥〉中的女主人公敏明曾至美麗幻境，悟得肉體其實是心靈的障礙，所以她的選擇不是死亡，而是前往那個寧靜祥和的世界。

　　〈命命鳥〉發表後獲得許多年輕讀者的喜愛，當然也引起不同討論。五四白話運動興起，新文學作家們以小說來探究社會人生問題，當時有些作家把社會中難以解決的困境歸結到一個個問題上，並期待通過文學來揭露，作品中雖然未提供解決問題的答案，但是提出了思考的方向。許地山創作初期曾經是問題小說的寫作者，他在作品中提出問題，並非要給讀者答案，而是希望讀者思考。

　　在小說中敏明禱告：「現在得蒙大慈，示我三生因果。我今悔悟，誓不再戀天人，致受無量苦楚。願我今夜得除一切障礙，

轉生極樂國土。」透露出因果輪迴的概念，所以她的自盡是選擇離世的一種途徑。加陵知道她的決定後，心裡並不悲傷，而是說：「知道你厭棄這世間，要離開它。我現在也願意和你同行。」敏明起先阻止加陵，因為自己厭世，加陵卻並不厭世。加陵說：「譬如我要到蠻得勒去，不是嫌惡仰光，不過我未到過那城，所以願意去瞧一瞧。但有些人很厭惡仰光，他巴不得立刻離開才好。現在，你是第二類的人，我是第一類的人，為什麼不讓我和你同行？」小說裡明敏選擇的並非死亡，而是前往另一個世界，在她心中那裡和諧靜好，而對加陵來說，人生像一場旅行，將生命視為旅行，來這世上一遭終將離去，其實也出於輪迴的一種想法。

許地山描寫兩人相偕走入水中時時月光明亮，樹林裡螢火萬千地閃亮，猶如另一個世界的精靈來赴他們的喜筵。他們走入水裡，好像婚禮中攜手的新人。小說的結尾，許地山這樣寫：「惟有那不懂人情的水，不願意替他們守這旅行的祕密，要找機會把他們的軀殼送回來。」

許地山對於人生的闡釋，或許和他第一任妻子早逝有關年輕的作家思索著無常人生，對於死亡，對於前世今生，他也許自有他的解釋。

(二)〈海世間〉（節選）

「是誰給你分別的，什麼叫人造人間，什麼叫自然人間？只有你心裡妄生差別便了。我們只有海世間和陸世間的分別，陸世間想你是經歷慣的，至於海世間，你只能從想像中理會一點。你們想海裡也有女神，五官六感都和你們一樣。戴的什麼珊瑚、珠貝，披的什麼鮫紗、昆布。其實這些東西，在我們這

裡並非希奇難得的寶貝。而且一說人的形態便不是神了。我們沒有什麼神，只有這蔚藍的鹽水是我們生命的根源。可是我們生命所從出的水，於你們反有害處。海水能奪去你們的生命。若說海裡有神，你應當崇拜水，毋需再造其他的偶像。」

「我常想著海神的清潔、溫柔、嫻雅等等美德；又想著海底的花園有許多我不曾見過的生物和景色，恨不得有人領我下去一遊。」

「沒有什麼，沒有什麼，不過是咸而冷的水罷了，海的美麗就是這麼簡單——冷而鹹。你一眼就可以望見了。何必我領你呢？凡美麗的事物，都是這麼簡單的。你要求它多麼繁複、熱烈，那就不對了。」

賞　析

人所想像的天堂或海底世界，都是以地球上我們生活的環境作為基礎進行改造的，〈海世間〉裡許地山認為若以為有海神，便崇拜水，不需要塑造出一個神，塑造出的神不過是為了迎合人的心理需要，要將自己地相信寄託在此一形象之上，而神靈其實是無形的，又或者即便有形也可能不同於我們慣常以為的形體。在這一篇寓言體散文中，許地山說的海世間、陸世間猶如兩個世界，並存於世，原本應該互不干擾，但人類總是妄想將自己的行跡延伸至不了解的神祕領域，文中表達了許地山對人生的哲學思考，凡美麗的都是簡單的，一眼便可以看見，人卻非要加諸自己的想法將其複雜化，終於失去初衷。作品以對話形式進行，文鯔救起水中險些沉沒的泳者，於是有了此番交談，一切評斷界定皆因差別心，如能放下差別，方能看見簡單之美，也是世間萬物的原始本質。

14　生怕情多累美人——郁達夫

朱嘉雯

　　郁達夫是中國現代文壇著名的作家，其創作文類涵蓋了小說、散文，以及詩詞，其中包含了許多著名的篇章，而他同時也是創造社的主要發起人。除了文學作品，郁達夫一生的愛情與婚姻經歷，亦常為後人所矚目。

一、生平介紹

　　郁達夫的本名是郁文，他出生在浙江省富陽市的滿州弄，此弄如今已更名為「郁達夫弄」。

　　郁達夫從小就很有文學天分，9 歲即能寫詩，在杭府中學讀書時，與詩人徐志摩成為摯友。郁達夫 17 歲赴日本留學，先在名古屋大學的前身第八高等學校就讀，其後轉入東京帝國大學經濟部修讀。在這段留學期間裡，郁達夫大量地閱讀西方小說，尤其是德國與俄國文學，並與郭沫若、成仿吾、張資平等留學生一同組成了「創造社」。這是一個文學性的社團，而郁達夫從此也走上了創作小說的人生道路。

　　事實上，郁達夫在回國之前，已經出版了第一部短篇小說集《沉淪》。書中描述一位獨來獨往的留日學生，他生活的無

望來自祖國的疲弱，於是他總是在渴望恢復正常人際關係與強烈仇恨同儕的情緒之間來回擺盪。尤有甚者，男主人公經常性地偷窺女性入浴，還在好勝心的驅使下，走近了妓女的身邊，從而明顯地感受到連妓女都鄙視著他。

　　郁達夫以孤獨和性壓抑雙重主題，夾帶著對於當時祖國的矛盾情結，成就了私小說寫作的高度，一時間引起文壇的轟動！回國之後，他先在安慶法政專校教授英語，隨後轉往北京大學專講統計學，旋即又轉赴武昌師範大學任教，此後與郭沫若一同在廣州中山大學文學院教書，不久又辭職，再轉往安徽大學中文系。在這段輾轉任教的期間，郁達夫曾參與《洪水》雜誌的編輯、上海左翼作家聯盟，不久之後，又擔任了浙江省政府參議。從安徽大學辭職後，他也陸續在《中國新文學大系》散文二集任職主編，並於福建省政府擔任參議兼公報室主任，而且曾在 1936 年訪問台灣，見到楊雲萍、黃得時等著名文化人。

　　抗戰爆發後，郁達夫擔任《福建民報》副刊主編、政治部設計委員、中華全國文藝界抗敵協會常務理事，並曾前往南洋，宣傳抗戰。在南洋期間，郁達夫於新加坡擔任《星洲日報》文藝副刊《晨星》、《星洲晚報》文藝副刊「繁星」，以及《星光畫報》文藝版等各版面主編。這段時期，他非常熱衷於藝術，曾與旅居新加坡的畫家徐悲鴻、劉海粟，以及音樂家任光密切交往。總計他在新加坡三年的時間裡，一共發表了超過四百篇抗日政論文章，同時他也是新加坡南洋學會的創辦人之一。

　　1941 年底太平洋戰爭爆發，郁達夫陸續擔任星華文化界戰時工作團團長、華僑抗敵動員委員會執行委員，並組織星州華僑義勇軍，以實際的行動抗日。最後在新加坡失守後，逃亡至蘇門答臘避禍。流亡期間，郁達夫化名為趙廉，並以開設酒廠

維生。當時日本憲兵發現他是懂日語的華僑，因此請他翻譯，郁達夫願意充當翻譯，而且不收酬勞，因為他想利用此職務暗中保護並解救某些華僑和印尼人。

然而就在日本投降後不久，郁達夫竟然神祕地失蹤了！後人懷疑他當時被日本憲兵懲辦，也有人認為他是被當地抗日民眾視為漢奸而遭到殺害。時至今日，郁達夫的失蹤仍是一個謎，至 1952 年中華人民共和國中央人民政府始追認郁達夫為革命烈士。

郁達夫一生有過三次婚姻，第一度是在留日之前，奉母命與浙江富陽孫蘭坡連姻，蘭坡後改名為孫荃，她在郁達夫從日本回國後，正式結婚，育有二子二女。1927 年，郁達夫在杭州認識了王映霞，映霞小名金鎖，與郁達夫訂婚之後，孫荃同郁達夫正式分居。而郁、王兩人的婚姻關係，卻在結褵十年後，以王映霞突然出走告終。郁達夫當時發現了許紹棣給王映霞的情書，於是與王離婚。在這段婚姻關係裡，他們育有四子一女。最後，在蘇門答臘時期，郁達夫又與華僑何麗有結婚，婚後生一子一女，其幼女後來成了遺腹女。

二、作品風格與藝術特質

郁達夫早期的小說暴露出青年的苦悶心情，同時凸顯出靈與肉的衝突，而這正是作家自身在異鄉留學時，飽受壓抑與屈辱的寫照。〈沉淪〉的男主人公是一位留日的中國學生，他憂鬱的性格容或是弱國子民遭受冷遇的原因，然而他所有的渴望卻也僅是單純地希望擁有一般年輕人都想得到的友情與愛情。郁

達夫於是寫出了一個世代知識青年最大的困擾和迷惘，同時也反映出五四新青年熱切希望國家強盛的側面心境。

郁達夫在作品中的吶喊與控訴，既透顯出他本質的率真，同時也使我們深刻的感受到當時國家處境受壓迫的現時處境。他因為受到盧梭思想的影響，而有自傳性色彩的作品問世，同時在精神上也傾向於自然主義寫作，而他的小說裡亦不乏病態、自戕的心理與行為描述，因而彰顯了他的叛逆精神與反抗意識。個人慾望與愛國情操在他陰鬱的基調下，揉合成為無法分割的整體。而且在藝術手法上，郁達夫經常使用內心獨白體，亦即以人物的自白來顯發其內心的真實想法。在自然而然地流露之中，主人公坦然道出心靈最深處祕密。這樣的表述，不僅帶出了作品的真實感，同時度讀者造成強大的吸引力，牽動了青年人內在脆弱的神經，與之發出強烈的共鳴。

郁達夫在〈沉淪〉中說道：「我怎麼會走上那樣的地方去的？我已經變成一個最下等的人了。悔也無及。我就在這裡死了罷了。我所求的愛情，大約是求不到的了。沒有愛情的生涯，豈不同死灰一樣麼？唉，這乾燥的生涯，世上的人又都在那裡仇視我，欺侮我，⋯⋯我將何以為生？我又何必生存在這多苦的世界裡呢！」這一聲聲零餘者（superfluous man）的慨歎，使我們彷彿一腳踏進了屠格涅夫的世界，一個得了重度肺癆的沒落貴族，回憶自己短短三十年的光陰，唯一值得欣慰的僅有與戀人相愛的那段時光。〈零餘者的日記〉裡，主人公自悼：「我這一輩子，總是發覺我的位置被他人給占據了」，「我就像輪子裡的松鼠，不停地打轉⋯⋯。」事實上，郁達夫曾經沉溺在這樣的作品裡，幾乎是找到了文學的歸宿：「讀杜格捏夫的 The Diary of a Superfluous Man，這是第三次了。大作家的作品像嚼

橄欖，愈嚼愈有回味。」

　　零餘者與社會形成了巨大的反差，甚至於是衝突。他們不能融入人群，而且難以被歸類，而這正是郁達夫面對自我時，內心所浮現的真實形象。他的自我形塑容或可以用心理學和病理的角度來審視，然而靈與肉的衝突、生命的苦悶與困頓，自古以來也正是文學的主題之一。郁達夫說：「〈沉淪〉是描寫一個有病青年的心理，也可以說是青年抑鬱病 Hypochondria 的剖析，裡面也帶有敘述現代人的苦悶，便是性的要求與靈肉的衝突。」作家於是凸顯了文學思想的現代性，這其間包含了個人主體與國族主體的雙重憂患，小說主角的苦痛，來自青春期的躁鬱、漂泊者的孤獨，以及面對國家深重危機的總和。即使郁達夫以第三人稱「他」來從事書寫，事實上那仍然是作者的投影，是自我剖白與抒發情懷的展演。而這樣的寫作模式不僅開啟了郁達夫的創作生涯，同時這也是他自始至終將人性的剖析、人道精神的顯揚與其表現自我精神面貌，三者融和無間的一貫手法。

三、作品賞析

〈春風沉醉的晚上〉

　　郁達夫以散文化的小說敘事手法，描述了上一世紀 20 年代在上海無以維生的窘迫知識青年簡子間。他住在黑暗破敗的窄巷裡，緊鄰著菸廠女工陳二妹。故事剛開始先描寫房東的形貌：

　　　　我的房主，是一個五十來歲的彎腰老人。他的臉上

的青黃色裡，映射著一層暗黑的油光。兩只眼睛是一隻
大一隻小，顴骨很高，額上頰上的幾條皺紋裡滿砌著煤
灰，好像每天早晨洗也洗不掉的樣子。他每日於八九點
鐘的時候起來，咳嗽一陣，便挑了一雙竹籃出去，到午
後的三四點鐘總仍舊是挑了一雙空籃回來的，有時挑了
滿擔回來的時候，他的竹籃裡便是那些破布破鐵器玻璃
瓶之類。像這樣的晚上，他必要去買些酒來喝喝，一個
人坐在床沿上瞎罵出許多不可捉摸的話來。

　　郁達夫能以飽滿的形象化語言，刻畫這樣一個活在末世的
破落戶老人，使人讀之宛然目前。作者同時又對他的生活作了
簡單的勾勒，隨即讓我們對一個憤世孤獨的老者全部的生活有
所領會，而且回眸作者筆下的眾人物書寫，往往感覺歷歷如繪、
生動畢肖，總是能留下回味再三的餘韻。

　　除此之外，文中也對男主角居住的貧民窟作了寫實的描述：
「這幾排房子，從地上量到屋頂，只有一丈幾尺高。我住的樓
上的那間房間，更是矮小得不堪。若站在樓板上伸一伸懶腰，
兩只手就要把灰黑的屋頂穿通的。」寥寥數筆道盡了簡子間的
窘迫與無奈。這位患有神經衰弱症的男子，生活中唯一的寄託
僅是兩疊書，而他也僅能以寫作和翻譯來謀生。事實上他總是
對著燭光發呆，有時就著書裡的插畫演繹出不近人情的幻想。
被黑暗和汙濁包圍的生活景況，以及百無聊賴的頹廢狀態，引
發了鄰住者陳二妹的疑懼。郁達夫開始寫二妹說話時，首先凸
出她的口音：「『你天天在這裡看的是什麼書？』（她操的是柔和
的蘇州音，聽了這一種聲音以後的感覺，是怎麼也寫不出來的，
所以我只能把她的言語譯成普通的白話。）」

　　在男主人公所住的這間黑暗的屋子裡，陳二妹的腔調像是

一件令人心頭一亮的事物，為他慘澹經營的苦悶日子，投擲下一抹光輝。這個落魄而且習慣於在黑夜裡生活的文人，孤寂地坐在自己的書堆上，一聽到聲響，猛回頭也僅是看到自己身子的巨大投影。文中影射他活在自我的世界裡，甚至於不知今夕是何夕。終於，他在黑暗陰鬱的世界中還能看到另一個人，陳二妹用一雙漆黑的大眼，深深地望著他，這也是一個純真、善良的靈魂，正在試圖了解眼前的現象。二妹細膩又溫柔地關心著她的鄰居，其實她自己卻正受著菸廠工頭的壓迫、覬覦而痛苦不堪。然而二妹還是送給子間麵包和香蕉，麵包希望他收著明天吃，此刻先一同吃香蕉吧。這個十七歲的女孩，父親剛過逝，雖未提過母親，但是據表面觀察，她已是一名無依無靠的孤女。即使孤苦至此，她仍能送吃食給旁人，還讓對方留著麵包，可知她不僅心腸好，而且也有自己的心思。

　　然而，二妹後來還是帶著疑懼的眼光疏遠了子間。因為她不明白為何子間每晚出門，到天亮才回來。簡子間因患有精神衰弱症，於是他需要出門疏散心情、活絡身心。

> 天氣好像變了。幾日來我那獨有的世界，黑暗的小房裡的腐濁的空氣，同蒸籠裡的蒸氣一樣，蒸得人頭昏欲暈，我每年在春夏之交要發的神經衰弱的重症，遇了這樣的氣候，就要使我變成半狂。所以我這幾天來到了晚上，等馬路上人靜之後，也常常想出去散步去。一個人在馬路上從狹隘的深藍天空裡看看群星，慢慢的向前行走，一邊作些漫無涯涘的空想，倒是於我的身體很有利益。當這樣的無可奈何，春風沉醉的晚上，我每要在各處亂走，走到天將明的時候才回家裡。我這樣的走倦了回去就睡，一睡直可睡到第二天的日中，有幾次竟要睡到二妹下工回來的前後方才起來，睡眠一足，我的健康狀態

也漸漸的回復起來了。平時只能消化半磅麵包的我的胃部，自從我的深夜遊行的練習開始之後，進步得幾乎能容納麵包一磅了。這事在經濟上雖則是一大打擊，但我的腦筋，受了這些滋養，似乎比從前稍能統一。我於遊行回來之後，就睡之前，卻做成了幾篇 Allan Poe 式的短篇小說，自家看看，也不很壞。我改了幾次，抄了幾次，一一投郵寄出之後，心裡雖然起了些微細的希望，但是想想前幾回的譯稿的絕無消息，過了幾天，也便把它們忘了。

有一天，子間竟然從郵差手裡收取到信件，通知他翻譯的稿子已經刊登，可領到 5 元稿費。於是我們看到他首次現身在陽光下，大街上滿是身穿華服的少年男女，街邊琳瑯滿目的商鋪與各色鮮亮的櫥窗，還有那鼎沸的市聲，簡直令他歡欣地以為身在大羅天上！於是他唱起久已不唱京調，瞬間又看見面前正衝來一乘無軌電車，車頭上站著的那肥胖的機器手，伏出了半身，怒目大聲罵：「豬頭三！儂（你）艾（眼）睛勿散（生）咯！跌殺時，叫旺（黃）夠（狗）來抵儂（你）命噢！」子間呆呆的站住了腳，目送那無軌電車尾後卷起了一道灰塵，向北過去，他不知從何處發出了特殊的情緒，竟忍不住哈哈大笑！直到發現四面的行人都在注視牠的時候，子間才紅了臉慢慢地走向鬧路裡。他壓抑多時的愁悶，此刻方煙消雲散、豁然釋懷。

子間原本領了稿費是準備繳房租的，可是沒想到走著走著突然「覺得身上就淋出了許多汗來。我向我前後左右的行人一看，復向我自家的身上一看，就不知不覺的把頭低俯了下去。我頸上頭上的汗珠，更同盛雨似的，一顆一顆的鑽出來了。」他太久沒有在光天化日下行走，此時竟發現身上破舊的棉布大衣與當下的季節相違，一陣自慚形穢的情緒包圍了他，於是他

決定走向估衣鋪，換了件新衣，又尋著了賣糖食的店，「進去買了一塊錢巧格力香蕉糖雞蛋糕等雜食。」接著又順便去洗個澡。

那天深夜時分，與二妹共享巧克力的時光，是通篇小說最溫馨的時刻。二妹原是誤會了子間晚間夜遊是做歹事。最終她在晶瑩的淚光中指控工廠工頭，又勸子間多努力用功撰稿，別走上歧途。凝視著純真善良的二妹，子間心裡忽而起了一種不可思議的感情，他想伸手去擁抱她一回，但是理性卻隨即命令道：「你莫再作孽了！你可知道你現在處的是什麼境遇，你想把這純潔的處女毒殺了麼？惡魔，惡魔，你現在是沒有愛人的資格的呀！」當感情興起的時候，子間把眼睛閉上了幾秒鐘，聽理性的命令，之後重新又睜開眼睛。「我覺得我的周圍，忽而比前幾秒鐘更光明了。對她微微的笑了一笑，我就催她說：『夜也深了，你該去睡了吧！明天你還要上工去的呢！我從今天起，就答應你把紙煙戒下來吧。』」

兩個能力單薄，不足以做自我主宰的人，短暫地相互依靠和慰藉。作者讓二妹默默地吃著巧克力，想說話卻又說不出來。她的沉默再度使我們意識到其本性的善良和被無情的工廠壓榨的苦難，她所滾落的淚珠是悲慘際遇的控訴。郁達夫筆下的人物經常被籠罩在陰鬱的世界裡，他們的個性淡泊如煙，面對社會無情冷酷的壓迫時，卻又分明存在著最沉重的痛楚！作家又像是個手法純熟的掌鏡人，將電影的一幕幕鏡頭劃分得清晰而且精準，絕無拖沓。他讓折射在自己陰影裡的男人，不能勇敢地愛著面前的弱女子，他所能做的僅是在每一個昏黑的夜裡，獨自行走在無人的淒涼街道上，連他自己也不知將走到哪裡？

　　在生活重壓之下，星光偶有閃現，他倆人在人生漫漫的寒夜中短暫得到了一段幸福時光。然而天明之後，知識青年仍是無力回天，他的悲淒與落寞，在那春風沉醉的晚上，更顯得黝暗無邊。

15　因爲愛過，所以慈悲

—— 張愛玲

朱嘉雯

　　張愛玲是中國現代史上著名的小說家。她的《沉香屑・第一爐香》、《傾城之戀》、《心經》、《金鎖記》等中、短篇小說，曾經震動上海文壇，而文學評論《紅樓夢魘》則又展現出她在古典小說領域的長期研讀，尤其是在紅學考據上所下的功夫。張愛玲的一生走過中國近現代史，從上海漂泊到香港，乃至於美國各地，最後在美國定居。她見證了一個時代的繁華喧囂，最終都落實於文學筆端，記錄了她眼中的華麗與滄涼。

一、生平介紹

　　張愛玲，本名張煐，祖籍河北豐潤，1920 年生於上海公共租界。她將母親黃逸梵的英文名字 Eileen 譯為愛玲，成為自己入學的學名。

　　張愛玲祖父母乃清末大臣張佩綸與李鴻章的長女李菊藕。她的母親是清末長江七省水師提督黃翼升的孫女。她所成長的年代正值中西價值觀交揉並呈的時期，在上海淪陷後，她所陸

續發表的小說，可視為張愛玲對那個特殊時代的觀察與捕捉。她的文學源自上海，然而她也曾指出：「我的上海話本來是半途出家，不是從小會的。我的母語，是被北邊話與安徽話的影響沖淡了的南京話。」在童年的生活裡，張愛玲除了父母，以及後來的繼母之外，最重要的親人就是她的弟弟張子靜。〈童言無忌〉中曾寫道：「我的弟弟生得很美而我一點也不。我比他大一歲，比他會說話，比他身體好，我能吃的他不能吃，我能做的他不能做。有了後母之後，我住讀的時候多，難得回家一次，大家紛紛告訴我他的劣跡，逃學、忤逆、沒志氣⋯⋯。」

　　張愛玲出生在上海公共租界西區麥根路 313 號，今天已改為靜安區康定東路 87 弄。此地臨近蘇州河，周邊曾是李鴻章的紡織染廠。而她的家庭在父親張志沂主導下，則呈現出典型清朝遺少的家風。1922 年，張志沂擔任天津津浦鐵路局的英文秘書，於是全家搬到天津 32 號路 61 號大宅，那時張愛玲 2 歲。而她在 4 歲之後開始進入私塾，當時她姑姑張茂淵赴英國留學，母親陪同前往。張志沂至此開始納外室，並且沉迷於鴉片煙的世界裡。

　　1928 年張愛玲母親從英國回到上海，並且與張志沂離婚，張愛玲起初跟著父親住在寶隆花園生活，後來搬到她的母親與姑姑的住處法租界白爾登公寓。1931 年，張愛玲進入美國聖公會所辦的貴族學校聖瑪利亞女中就讀。她就是在這個時候開始閱讀《紅樓夢》的，並於隔年在校刊上發表了處女作〈不幸的她〉，接著又有第一篇散文〈遲暮〉。

　　1934 年，張愛玲的父親張志沂與民國政府前總理孫寶琦的女兒孫用蕃結婚，不久，張志沂聽信孫用蕃的讒言，痛打了張愛玲一頓，並掏出手槍揚言要殺她，接著張子靜因打碎了一塊

玻璃，也被繼母毒打，張愛玲因而離家出走，投奔生母。在離開父親之前，她完成了章回小說《摩登紅樓夢》，這部著作還是由父親為之撰述回目的。

　　1939 年張愛玲獲得倫敦大學獎學金，準備留學英國，卻因第二次世界大戰爆發而改入香港大學。求學期間，張愛玲結識斯里蘭卡裔女子炎櫻（Fatima Mohideen），這是她終身的摯友，張愛玲曾寫下一系列的〈炎櫻語錄〉。1941 年太平洋戰爭爆發後，12 月 25 日日本軍占領香港，張愛玲被迫中斷學業回到上海。當時因為經濟窘困只得輟學，而這便是她投入文學創作的開始。當時她住在赫德路愛林登公寓，與姑姑張茂淵為鄰。從1943 年至 1944 年兩年之內，張愛玲因受到編輯周瘦鵑的賞識，因而連續發表多篇轟動文壇的小說：《沉香屑・第一爐香》、《傾城之戀》、《心經》、《金鎖記》等，因此在淪陷時期的上海，一舉成名。1944 年，汪精衛政權宣傳部次長胡蘭成追求張愛玲，兩人交往，並與張愛玲在上海祕密結婚，婚禮上只有炎櫻和胡蘭成的姪女胡青芸見證。張愛玲在婚書上寫下：「胡蘭成與張愛玲簽訂終身，結為夫婦。」胡蘭成續寫：「願使歲月靜好，現世安穩。」不久，胡蘭成前往武漢辦報，卻與護士周訓德同居。至 1945 年，日本投降，胡蘭成化名張嘉儀，逃往溫州，又與范秀美同居，張愛玲曾前往探視。1947 年張愛玲寫信給胡蘭成，決定分手。此時她開始與導演桑弧合作撰寫電影劇本，表現亦頗為出色。

　　1949 年共產黨執政後，張愛玲留在上海。1950 年代初期，張愛玲隨上海文藝代表團到蘇北農村參加土改，卻無法符合政府的要求，寫出歌頌土改的作品，她感覺到自己與當時的環境不相屬，又因為受到胡蘭成的牽連，遭逢巨大的政治壓力，因

此在 1952 年遷居香港。在香港期間，張愛玲任職於美國新聞處（United States Information Service），她於此時寫下《秧歌》與《赤地之戀》，描述土改時期農民艱苦的處境，以及知青受到的危害。由於這樣的表述與當局主流不合，因此被視為「毒草」，受到批判。從此在大陸文學界，張愛玲被打成反面形象，直到 1980 年代以才漸有改觀。張愛玲在香港時期，結識鄺文美與宋淇，並在宋淇的引薦下，成為電懋電影公司的主力編劇。

　　1955 年張愛玲赴美定居，然因生活窘迫而進入新罕布夏州彼得堡的麥克道威爾文藝營（MacDowell Colony），並在此相識 65 歲左翼劇作家賴雅（Ferdinand Reyher），1956 年 8 月 14 日，兩人結婚。1961 年張愛玲到香港，並轉往台灣蒐集寫作材料，並尋求電影劇本的進一步發展機遇，此間曾與她的表姪女張小燕見面，繼而在畫家席德進的陪同下，遊訪台北，隨後又與作家王禎和到花蓮觀光，張愛玲因此寫下一篇描寫台灣的遊記〈重訪邊城〉，成為張愛玲唯一描寫台灣的文章。然而賴雅卻再度中風而癱瘓臥床，張愛玲隨即從香港回美國，以便照顧丈夫，此時她開始翻譯清代小說《海上花列傳》，同時也寫舊上海的回憶之作，因為生活窘迫，便依靠台灣皇冠出版集團再版其 40 年代小說全集的版稅來維持生活。

　　1967 年賴雅去世，張愛玲獲邀至雷德克里芙學校任駐校作家，同時繼續翻譯《海上花列傳》。兩年後，張愛玲移居加州舊金山灣區，應陳世驤教授邀請，任伯克利加州大學的中國研究中心（Center for Chinese Studies）高級研究員（Senior Researcher），針對中國共產黨專用術語及《紅樓夢》等課題進行研究。1971 年陳世驤辭世，張愛玲離職，遷居加州洛杉磯。1983 年《海上花列傳》官話翻譯本出版，分為：《海上花開》、

《海上花落》兩部。張愛玲「將那種嗲聲嗲氣的吳語對白，悉數轉換成了地道的晚清官話。同時，愛玲對於《海上花列傳》最大的貢獻就是為作品中出現的晚清服飾、歡場行規、上海的風土人情都做了很多準確詳盡的註解。」綜括張愛玲晚年的生活重心，一是研究《紅樓夢》，二是翻譯《海上花列傳》。

　　1995 年 9 月 8 日，張愛玲被發現逝世於加州洛杉磯西木區羅徹斯特大道的公寓，終年 75 歲，她留下遺囑：「儘速火化；骨灰灑於空曠原野；遺物留給宋淇夫婦處理。」9 月 30 日林式同與幾位文友將其骨灰撒在太平洋。大部分遺物交由皇冠出版社收藏。1997 年美國南加州大學成立「張愛玲文物特藏中心」，其中便有《海上花列傳》的英譯未定稿。

二、作品風格與藝術特質

　　張愛玲偏愛紫色的襪子，遺物中一件孔雀藍鑲金線的衣服，據說是她的最愛。許多傳記學者都不會忘記張愛玲曾用人生的第一筆稿費買了一支口紅的故事，彷彿這是人生絢麗的起點。日後她用檸檬黃配士林藍，蔥綠配桃紅……，甚至說出，穿桃紅的衣服能聞出香味等驚人之語，也就說明了文字意象的出格，實源自深具藝術特質的感官體驗。

　　法國象徵主義詩人韓波（Jean Nicolas Arthur Rimbaud）在他的十四行詩裡，歷數每一個母音和它專屬的顏色；小說家于斯曼（Joris-Karl Huysmans）則有「嚐嚐管風琴」的特殊想法。文豪巴爾札克（Honoré de Balzac）更是直接道出：「聲音、顏色、香味和形狀，擁有相同的根源。」相較之下，德國文學家

霍夫曼（E. T. A. Hoffmann）則更重視聽覺、視覺與嗅覺之間的應和關係，他把靛藍色比喻為大提琴，綠色比喻為人聲，黃色比喻為單簧管，鮮紅色比喻為小喇叭……。在《克萊斯勒言集》中，一往情深地比擬：「宗教音樂像萊茵河與法國陳年老酒，歌劇則是非常精緻的勃根地紅酒，喜劇是香檳，抒情詩是醉人的美酒。」或許，感官原只是浪漫心靈的無盡延伸。

此外，張愛玲在小說〈鴻鸞禧〉中，描寫婁囂伯下班回家後靠在沙發上休息，藉由眼前舊的《老爺》雜誌，我們進入他的意識流：「美國人真會做廣告，汽車頂上永遠浮著那樣輕巧的一片窩心的小白雲。『四玫瑰』牌的威士忌，晶瑩的黃酒，晶瑩的玻璃杯擱在棕黃晶亮的桌上，旁邊散置著幾朵紅玫瑰——一杯酒也弄得它那麼典雅堂皇。」然後他伸手拿茶，在沙發邊圓桌玻璃墊底，看到太太繡了一半的玫瑰拖鞋面，燈光閃爍下的平金花朵突然展現出一種清華的氣象，彷彿瞬間將他原不相干的學位與財富打成了一片。隨著鏡頭移動，另一隻鞋面仍在他太太手裡……。

20 世紀初，當小說家注意到以電影蒙太奇的剪輯手法，將富有意涵的畫面重新排列組合，以達到新敘事節奏的同時，長鏡頭的概念也在小說的美學世界裡蔓延。這種從開機到關機未間斷的深焦距紀實寫作，表達了完整的段落與意念。讀者在時空的綿延中，逐漸體會到生活的真實。當然，現實環境裡令人窒悶的壓力，也在無形中灌注到讀者身上了。

張愛玲小說的結局處理，也是她的作品最令人依戀之處。她在《傾城之戀》最後寫道：「香港的陷落成全了她。……成千上萬的人死去，成千上萬的人痛苦著，跟著是驚天動地的大改革……流蘇並不覺得她在歷史上的地位有什麼微妙之點。到處

都是傳奇，可不見得有這麼圓滿的收場。胡琴咿咿啞啞拉著，在萬盞燈的夜晚，拉過來又拉過去，說不盡的蒼涼的故事——不問也罷！」

　　故事的結局像一隻召喚著我們往前閱讀的手，面對小說這一文類所可能留給讀者的無窮餘韻，我們有時也可以將故事的結局與文章的結束語氣暫時分成兩個概念來欣賞。故事的結局固然提供讀者整部敘事的終極答案，然而有時也可以故意不提供解答。像英國名作家亨利‧詹姆斯（Henry James）的作品就被視為現代小說開放式結局的先鋒。而珍‧奧斯汀（Jane Austen）的《諾桑覺寺》則有一段後設的旁白：「諸位一看面前的故事只剩這麼幾頁了，就明白我們正在一起向著皆大歡喜的目標邁進。」聰明的作家不必在尾聲中，將自己的敘事陷入有情人終成眷屬後的婚姻細節裡，當然這一切早已在讀者的腦海中反覆低迴而且盡在不言中了。

三、作品賞析

《金鎖記》

　　中國現代文學史上，自從出現了「曹七巧」，文壇彷彿注入了一股議論不絕的湧泉！她的喜與怒、愛與恨、多情與決絕，讓讀者既欣賞又畏懼，一方面興起了窺視其隱密世界的慾望，同時也對她一生披戴著黃金枷鎖坑殺自己親人的悲劇，感到不寒而慄！

　　她原是麻油店櫃台上的一塊活招牌，卻沒有因此選擇門戶

相當的豬肉舖的朝祿，作為婚配的對象，在嫁入姜家豪門之後，反而承受了一輩子精神上的折磨與苦難。她的丈夫患有嚴重的骨癆，每一坐起來，那脊梁骨便直溜下去，看上去還沒有個三歲的孩子高！於是她逐漸養成矛盾怪僻的性格，兄嫂來探視她的時候，她直對著哥哥發出怨毒的怒氣：「我只道你這一輩子不打算上門了！你害得我好！你扔崩一走，我可走不了。你也不顧我的死活！」直到兄嫂說不過她又待不下去了，臨別時，曹七巧還是翻箱子取出幾件新款尺頭送與她嫂子，又是一副四兩重的金鐲子，一對披霞蓮蓬簪，一床絲棉被胎，侄女們每人一隻金挖耳，侄兒們或是一隻金錁子，或是一頂貂皮暖帽，另送了她哥哥一隻琺瑯金蟬打簧錶……。如此劇烈反覆的性情，在在揭露她內心世界的矛盾情感，而所有的作為，最終也僅落得嫂子一段令人無奈的褒貶：「我們這位姑奶奶怎麼換了個人？沒出嫁的時候不過要強些，嘴頭子上瑣碎些，就連後來我們去瞧她，雖是比前暴躁些，也還有個分寸，不似如今瘋瘋傻傻，說話有一句沒一句，就沒一點兒得人心的地方。」

　　曹七巧的性格複雜，除了在婚前婚後已產生很大的變化之外，她以小叔為畢生追求愛情的對象，卻在財產上遭到了小叔算計，此後她的性情更是一路滑向了不可收拾的偏狹與扭曲。姜季澤無意於嫂嫂，卻有心算計她犧牲一輩子青春換來的錢。七巧當時雖仍是笑吟吟的，然而嘴裡已是發乾，上嘴唇黏在牙仁上，放不下來。她端起蓋碗來吸了一口茶，舐了舐嘴唇，突然把臉一沉，跳起身來，將手裡的扇子向季澤頭上滴溜溜擲過去，痛罵道：「你要我賣了田去買你的房子？你要我賣田？錢一經你的手，還有得說麼？你哄我——你拿那樣的話來哄我——你拿我當傻子！」她還隔著一張桌子探身過去打他！

　　由愛生恨的曹七巧，在後半生的歲月裡，用盡機關也只能拿所有的力氣來對付和破壞自己親生兒女的幸福婚姻。她的媳婦芝壽熬不過折磨，在半夜裡猛然坐起身來，嘩啦揭開了帳子，直覺到這是個瘋狂的世界：「丈夫不像個丈夫，婆婆也不像個婆婆。不是他們瘋了，就是她瘋了。」曹七巧的瘋狂連帶使得周遭僅存的親人都受到了一生的荼毒與傷害。更可怖的是，她的女兒長安，在求學與婚姻皆無望之餘，竟被母親強迫纏足，而且染上鴉片毒癮！最終還逐漸成為母親的翻版：「她不時地跟母親慪氣，可是她的言談舉止越來越像她母親了。每逢她單叉著褲子，槎開了兩腿坐著，兩只手按在胯間露出的凳子上，歪著頭，下巴擱在心口上淒淒慘慘瞅住了對面的人說道：『一家有一家的苦處呀，表嫂——一家有一家的苦處！』——誰都說她是活脫的一個七巧。她打了一根辮子，眉眼的緊俏有似當年的七巧，可是她的小小的嘴過於瘟進去，彷彿顯老一點。她再年青些也不過是一棵較嫩的雪裡紅——鹽醃過的。」

　　張愛玲毫不留情亦不掩飾地描寫這個在偏執狂母親催殘下成長的少女，最終只能落得未開花先凋萎的殘敗人生景象，而讀者滿腔的唏噓與哀憫，最終仍歸結到曹七巧的身上。晚年的曹七巧橫在煙舖上似睡非睡，三十年來她戴著黃金的枷角劈殺了幾個人，沒死的也送了半條命。她知道她兒子女兒恨毒了她，她婆家的人恨她，她娘家的人恨她。「她摸索著腕上的翠玉鐲子，徐徐將那鐲子順著骨瘦如柴的手臂往上推，一直推到腋下。」瘦骨如柴的身體陡然使她念起了豬肉舖裡的朝祿，試想當初如果挑中了他，往後日子久了，生了孩子，男人多少也會對她有點真心吧。「七巧挪了挪頭底下的荷葉邊小洋枕，湊上臉去揉擦了一下，那一面的一滴眼淚她就懶怠去揩拭，由它掛在腮上，

漸漸自己乾了。」這個女人一生的想法與作為,有我們熟悉的部分,也有使我們側目和不忍卒睹的意外發展,然而最終都在一滴淚裡,讓我們重新回到了哀矜和悲憫的人性關懷,這就是張愛玲文學所帶給我們的提升。

16 現代章回小說第一人

—— 張恨水

林黛嫚

一、生平與作品風格

　　中國現代文學史以新文學為正史的歷程中，張恨水的存在是一個尷尬，一個文學史對創作三千萬言的作家的冷漠相對於市民讀者對他作品的高度熱情，這一次一熱之間的尷尬，如同楊義所說的：「張恨水長期面臨著要蓋好房子才去找地皮的尷尬」。

　　楊義說張恨水的讀者很多，但真正的知音很少，是一個名副其實的熱鬧中的寂寞。「他在中國現代文學史上是作為一個悖論而存在的，他以俗為雅，由舊求新，借腐朽為神奇，孜孜不倦地創造出一個龐大的文學世界，卻令人很難在正統的文學史中為這個龐然大物找到一個合適的位置。」[1]

　　中國現代文學學術界對張恨水的研究，1990 年代以前將他

---

[1] 楊義，〈張恨水：熱鬧中的寂寞〉，《文學評論》，1995 年第 5 期，頁89；《楊義文存・第 4 卷：中國現代文學流派》（北京：人民出版社，1998年），頁 585。

歸於「鴛鴦蝴蝶派」，如夏志清《中國現代小說史》在第一章〈文學革命〉中提到「鴛鴦蝴蝶派」時的附註，說張恨水是最重要的「鴛鴦蝴蝶派」作家；[2] 1990 年代以後，則說他前期是「鴛派」，後期接近新文學派，而又非新文學派，如錢理群等著《中國現代文學三十年》說張恨水「立足章回體而不斷拓寬其功能，追求新的潮流」[3]，以及楊義的《中國現代小說史》結論對張恨水小說演變歷程的描述：「在這裡深深地印下了一行由鴛鴦蝴蝶派、舊派章回小說家、到接近新文學現實主義沉重的腳印」[4]，因此楊義才會說他是「文學史的悖論」。

即使張恨水在中國現代小說史中居於一個尷尬的地位，但許多關於張恨水的「文學奇觀」，卻都是不容否認的「史實」，譬如他是史上產量最多的中國小說家，計有長篇小說一百十一多部，總產量近三千萬言；老舍說張恨水是中國唯一婦孺皆知的作家，他的小說只要一刊行，就會造成搶閱的風潮，上千讀者風雨無阻地排在報館前等待剛剛出爐的《春明外史》；冒名偽作數量最多，東北某城市甚至有家「張恨水書店」專賣冒張恨水之名的偽作；小說初被改編成彈詞、電影、電視劇數量最多；20 世紀最後一位重要的章回小說大家，成功改良章回小說並賦予章回小說「時代性」……。這些不容忽視的成就，讓前述所謂的「尷尬的地位」、「文學史的悖論」都無損於張恨水現代章回小說大家的聲名。

張恨水（1895-1967），原名心遠，父親是官衙鹽稅官。少

---

2 夏志清，《中國現代小說史》（台北：傳記文學出版社，1979 年），頁 61。
3 錢理群，《中國現代文學三十年》（北京：人民文學出版社，1998 年），頁 262。
4 楊義，《中國現代小說史》（北京：人民文學出版社，1986 年），頁 604。

年時代主要在江西上饒、黎川等地讀私塾，並沉溺於《西遊記》、《列國志》一類古典小說中，尤其喜愛《紅樓夢》的寫作手法，醉心於風花雪月式的詩詞典章及才子佳人式的小說情節。15歲開始接受新式教育，16歲進入南昌甲種農業學校，他天資聰穎，以「少年才子」聞名鄉里，偶讀南唐李煜詞「自是人生長恨水長東」，繼而以「恨水」為筆名。自小喜愛文學的張恨水，在1913年考入蘇州蒙藏墾殖學校，就成為「鴛鴦派」書刊的忠實讀者，由於喜愛閱讀這類作品，對張恨水的文學觀當然有很大的影響力，他自承寫小說是為了「讀者諸公，於其工作完畢，茶餘酒後，或甚感無聊，或偶然興致，略取一讀，借消磨其片刻之時光。」[5] 所以他也是走鴛派這社會加言情的路子，就如張恨水友人左笑鴻對他所說：「你拿戀愛故事繞人，這個法子很不錯。」張恨水聽罷哈哈大笑。[6]

　　1918年張恨水任蕪湖《皖江日報》編輯，開始寫作及前後三十年的報人生涯。隔年張恨水赴北平，先後任北平《益世報》助理編輯、天津《益世報》駐京記者。1924年4月，任友人成舍我創辦的《世界晚報》新聞編輯，後又主編該報副刊《夜光》。此時他的重要作品《春明外史》、《金粉世家》等先後在《世界晚報》及《世界日報》連載，就此成為小說名家。1930年《啼笑因緣》在上海《新聞報》副刊《快活林》上連載後，這部含有言情、譴責、及武俠成分的長篇小說，成了家傳戶誦、老少咸宜的讀物，更將張恨水的小說的暢銷及受讀者歡迎，推上無

5　張恨水，〈《金粉世家》自序〉，張占國、魏守忠編，《張恨水研究資料》
　　（天津：天津人民出版社，1986年），頁233-234。
6　轉引自趙孝萱，《張恨水小說新論：世情小說傳統的承繼與轉化》（台北：
　　台灣學生書局，2002年），頁62。

人可及的高度。

這位「20 世紀最重要的章回小說大家」對台灣讀者卻是陌生的，1949 年後在台灣出生者大多從未聽過張恨水，也無從知悉，因為台灣當局管制文藝的政策，把 1949 年後還留在中國大陸的作家作品列為禁書，除了到舊書攤偶而可以搜尋到幾本外，早年在台灣是找不到張恨水小說的。1990 年代以後，台灣某些出版社曾零星出過幾本張恨水小說，也都局限於《春明外史》、《啼笑姻緣》、《金粉世家》等幾部名篇，相較於 1990 年代以後大陸新文學作家小說與傳記出版的蓬勃，台灣應該算是張恨水研究的沙漠。

中國大陸學界研究張恨水相對豐富，主因是大陸學界看待通俗小說的態度和台灣學界不同，大多把「通俗文學」放在正史中專章討論，至於現有張恨水研究中，多集中在張恨水與新文學的同與異，或是反覆討論《春明外史》、《啼笑姻緣》、《金粉世家》等這幾部名篇，而且所持史觀十分單一，多肯定張恨水的抗戰小說揭露世相，以及讚賞張恨水如何揚棄通俗小說的套路，逐步走向新文學的大道。

張恨水的文學成績固然是建立在廣大的讀者群，但更重要張恨水所建立的社會言情小說的範本，他寫言情小說很少單寫情愛，都是將男女間含蓄的感情置於廣大的社會架構之中，或者順便揭示當時的社會面貌，也就是說確實是「言情為經，社會為緯」。這樣的寫作模式不僅提供讀者一部好看的文學讀物，在民國初年以迄兩岸隔絕那個時代動盪的階段，更將小說的功能推展至極致。

二、作品選讀與賞析

《金粉世家》(節選)

　　這天晚上，燕西還是和一些男女朋友在一處鬧，回來時，吃得酒氣醺人。清秋本來是醒了，因他回來，披了睡衣起床，斟了一杯茶喝。燕西卻是口渴，走上前一手接了杯子過來，骨都一口喝了。清秋見他臉上通紅，伸手摸了一摸，皺眉道：「喝得這樣子作什麼？這也很有礙衛生啊！不要喝茶了，酒後是越喝越渴的，櫥子面下的玻璃缸子裡還有些水果，我拿給你吃兩個罷。」說著，拿出水果來，就將小刀削了一個梨遞給燕西。

　　燕西一歪身倒沙發上，牽著清秋的手道：「你可記得去年夏天，我要和你分一個梨吃，你都不肯，而今我們真不至於……」說著，將咬過了半邊梨，伸了過來，一面又將清秋向懷裡拉。清秋微笑道：「你瞧，喝得這樣昏天黑地，回來就搗亂。」燕西道：「這就算搗亂嗎？」越說越將清秋向懷裡拉。清秋啐了一聲，擺脫了他的手，睡衣也不脫，爬上床，就鑽進被窩裡去。燕西也追了過來，清秋搖著手道：「我怕那酒味兒，你躲開一點罷。」說著，向被裡一縮，將被蒙了頭。

　　燕西道：「怎麼著？你怕酒味嗎？我渾身都讓酒氣熏了，索性熏你一下子，我也要睡覺了。」說著，便自己來解衣扣。清秋一掀被頭，坐了起來，正色說道：「你別胡鬧，我有幾句話和你說。」燕西見她這樣，便側身坐在床沿上，聽她說什麼。清秋道：「你這一陣子，每晚總是喝得這樣昏天黑地回來，你鬧些什麼？你這樣子鬧，第一是有礙衛生，傷了身體。第二廢時失業……」燕西一手掩住了她的嘴，笑道：「你不必說了，我全明

白。說到廢時失業，更不成問題，我的時間，向來就不值錢的。出去玩兒固然是白耗了時間，就是坐在家裡，也生不出什麼利。失業一層，那怎樣談得上？我的什麼職業？若是真有了職業，有個事兒，不會悶著在家裡呆著，也許我就不玩兒了。」清秋聽了他的話，握著他的手，默然了許久，卻歎了一口氣。燕西道：「你歎什麼氣？我知道，你以為我天天和女朋友在一處瞎混哩，其實我也是敷衍敷衍大家的面子。這幾天，你有什麼事不順意？老是找這個的岔子，找那個岔子。」清秋道：「哪來的話？我找了誰的岔子？」燕西雖然沒大醉，究有幾分酒氣。清秋一問，他就將玉芬告訴他的話，說了出來。清秋聽了，真是一肚皮冤屈。急忙之間，又不知道要用一種什麼話來解釋，急得眼皮一紅，就流下淚來。

　　燕西不免煩惱，也呆呆地坐在一邊。清秋見燕西不理會她，心裡更是難受，索性嗚嗚咽咽伏在被頭上哭將起來。燕西站起來，一頓腳道：「你這怎麼了？好好兒的說話，你一個人倒先哭將起來？你以為這話，好個委屈嗎？我這話也是人家告訴我的，並不是我瞎造的謠言。你自己知道理短了，說不過了，就打算一哭了事嗎？」清秋在身上摸索了半天，摸出一條小小的粉紅手絹，緩緩地擦著眼淚，交叉著手，將額頭枕在手上，還是嗚嗚咽咽，有一下沒一下地哭。燕西道：「我心裡煩得很，請你不要哭，行不行？」清秋停了哭，正想說几句，但是一想到這話很長，不是三言兩語可以說完的，因此復又忍住了，不肯再說。那一種委屈，只覺由心窩裡酸痛出來，兩隻眼睛裡一汪淚水，如暴雨一般流將出來。燕西見她不肯說，只是哭，煩惱又增加了幾倍，一拍桌子道：「你這個人真是不通情理！」桌子打得咚的一下響，一轉身子，便打開房門，一直向書房裡去了。清秋

心想，自己這樣委屈，他不但一點不來安慰，反要替旁人說話來壓迫自己，這未免太不體貼了。越想越覺燕西今天態度不對，電燈懶得撳，房門也懶得關，兩手牽了被頭，向後一倒，就倒在枕上睡了。這一分兒傷心，簡直沒有言語可以形容，思前想後，只覺得自己不對，歸根結底，還是齊大非偶那四個字，是自己最近這大半年來的大錯誤。清秋想到這裡，又顧慮到了將來，現在不過是初來金家幾個月，便有這樣的趨勢，往後日子一長，知道要出些什麼問題。往昔以為燕西犧牲一切，來與自己結婚，這是很可靠的一個男子。可是據最近的形勢看來，他依然還是見一個愛一個，用情並不能專一的人，未必靠得住呢。這樣一想，傷心已極，只管要哭起來。哭得久了，忽然覺得枕頭上有些冷冰冰的，抽出枕頭一看，卻是讓自己的眼淚哭濕了一大片。這才覺得哭得有些過分了，將枕頭掉了一個面，擦擦眼淚，方安心睡了。

賞　析

　　《金粉世家》全面呈現張恨水早期新聞生涯積累的生活素材，以一個豪門棄婦為主要人物，極寫平民女子冷清秋與北洋軍閥統治時期的國務總理金銓的小兒子金燕西從戀愛、結婚到婚變、出走的悲劇過程。

　　有人覺得《金粉世家》是一部恐怖小說，說的是人──無論是冷清秋還是金燕西都在情不自禁的滑向他們的「命運」。

　　冷清秋自認「是個文學有根底，常識又很豐富的人」，身上既有傳統女性的優良品質與幽靜性格，也有現代女性意識，她追求人格平等、婚姻自由，追求經濟獨立和人格尊嚴，勇於和男權社會相對抗；金燕西則是出身豪門的紈絝子弟，仰仗身為

國務總理的父親的權勢，游手好閒，玩世不恭，整日沉迷於花花世界，因此當他遇到清雅、素樸、端莊的女學生冷清秋，立刻被她吸引，費了許多心思，花了許多金錢俘虜了冷清秋，婚後不及一個月，金燕西玩世不恭的性格愈演愈烈，他大肆揮霍，既捧戲子白蓮花姊妹，又和白秀珠舊情復燃，整日混跡公子哥兒陣營，甚至開始夜不歸宿。

婚後的冷清秋也注意到自己對燕西的認識是不準確的，她說：「往昔以為燕西犧牲一切，來與自己結婚，這是很可靠的一個男子，可是據最近的形勢看來，他依然還是見一個愛一個，用情不能專一的人，未必靠得住呢。」而注意到這樣的態勢還是在新婚燕爾之際，金燕西性格軟弱，又好面子，抵不住別人的溫言軟語，就付出大把鈔票，一個追求人格獨立，一個不願自食其力，性格上的差異，注定這是一椿婚姻悲劇。

張恨水此書寫於 1927 年到 1932 年，當時，張恨水的主要讀者大多是市民階級，對於傳統思想仍是信服而擺脫不掉的，「齊大非偶」造成的婚姻悲劇在一般市民生活中隨處可見，若小說內容和一般市民的認知距離太大，張恨水就很難以寫小說為生了，所以把金冷的悲劇歸為齊大非偶，正是張恨水判斷在新舊傳統的角力下，大部分讀者會認同的理由。

《金粉世家》成功塑造了一位在時代夾縫知識女性的命運。冷清秋的智慧也表現在她的待人處世上，她進入豪門大戶，要應付的人何其多，金母、三位兄嫂、四位小姑，還有許多侍候的僕人，但她因個性謙和，不與人爭，對下人也十分客氣，短短期間就贏得金府上下的人心，只有三嫂玉芳因表妹秀珠和燕西的婚事沒成，早已有了過節，但這樣的心結，清秋也是在無意中才得知，那次，她聽到佩芳和玉芬在說閒話，佩芳說：「我

以為男子都是賤骨頭，你越遷就他，他越驕橫得了不得，若得給他一個強硬對待，決裂到底，也不過是撒手。和我們不合作的男子，撒手要什麼緊？」玉芬伸了一伸舌頭，復又將頭擺了一擺，然後笑道：「了不得，了不得！這樣強硬的手段，男子戀著女子，他為了什麼？」佩芳站了起來，將手拍了一拍玉芬的肩膀，笑道：「你說他戀著什麼呢？我想只有清秋妹這樣肯下身分，老七是求仁得仁，就兩好湊一好了。」

　　清秋再往下聽去，他們談來談去，總是清秋對於燕西的婚姻是用手腕巴結來的，而敏慧的清秋對於這種是非絕不去沾惹，即使玉芬惡人先告狀在燕西面前先行搬弄，但清秋仍以大氣度來化解，而前引這段故事，卻是清秋不欲與人計較，是非依然上身，當清秋以凜然正義規勸燕西求上進，忠言自然逆耳，不但沒有讓燕西認識他妻子的賢良，反而落個「不通情理」的指責，而一夜垂淚到天明。

　　張恨水說故事流暢感人，寫女性肌理細膩，把那種在大時代裡小人物無法違拒運安排的無奈絲絲入扣。

　　故事尾聲還交代了兩件事，其一是清秋的題詞〈臨江仙〉被標注為「朱門棄婦」寫到扇面上參加書畫展，疑似清秋之子的男學生花了八元立即買走；其二是金燕西和邱惜珍結婚，聯合主演電影《不堪回首》，故事內容正是取材於金冷的婚戀，經濟困難的冷清秋依然花兩塊錢帶兒子去觀看，不斷批評影片情節，還忍不住傷心地中途離場，「剛才那位冷女士，還是很樸素的樣子，沒有緣故，她不會母子花兩塊錢來看電影的。你不見她走的時候，眼圈兒紅紅的，擦著眼淚想要哭出來嗎？」

　　可見清秋對那段婚戀依然不能釋懷，她是為燕西的絕情而哭？為自己的悲慘命運而哭？是悲傷還是悔恨？如果過了這麼

多年，看著已經和自己不相干的人的故事仍要擦眼淚，似乎冷清秋一生都逃不出這個失敗婚姻的悲劇了。張恨水身後果然還是有一個造化兒在和敘述者一起導演著故事呢！

17　清冷腴潤──周作人

王秀雲

一、生平介紹

在 20 世紀現代中國的風雲際會中，周作人（1885-1967）經歷了從邊緣到中心，又從中心到邊緣的時代變化。在時代的動盪中，為生活而奔走，為命運而掙扎，在看似練達洞明的底層，伏藏著一顆煩躁、不安、迷亂，踟躕的心靈。周作人一生以讀書、寫作為務，所寫小品文素有不慍不火、恬淡沖和之評，然而在溫和平淡的文字中，卻不難看出與其人格悖反、衝突的尷尬，這是周作人的遺憾，亦是 20 世紀知識分子的悲哀。

周作人，本名周櫆壽，自號起孟、啟明、知堂，浙江紹興人。清光緒 10 年（1885）12 月 1 日生。在此之前，他的母親已育有一子，即是魯迅（原名周樟壽，字豫才）。周作人自小與魯迅生活在一起，同在三味書屋接受啟蒙教育，並同時顯示出反叛性的文化性格。1901 年，16 歲的周作人追隨魯迅，就學於南京水師學堂，開始廣泛地接觸了與傳統文化異質的、另一種體系的西方文明。1906 年周作人在魯迅的幫助下，東渡日本；一方面因接觸西方文化而建立了「以人為中心」的理知精神，另一方面他在對日本日常生活的深入體味中，體悟到日本文化

的某些神韻實則與傳統中國相契合，因而生起強烈的認同，《知堂回想錄・七○・結論》：

> 憑依竹窗，茫然看那流水的藝妓的姿態使我喜，賣宵夜麵的紙燈寂寞地停留著流水的藝妓的姿態使我醉。雨夜啼月的杜鵑，陣雨中散落的秋天樹葉，落花飄風中的鐘聲，途中日暮的山路的雪，凡是無常、無告、無望的，使人無端嗟嘆此世只是一夢的，這樣的一切東西，於我都是可親，於我都是可懷。[1]

這段文字原是永井荷風（1879-1959）《江戶藝術論・浮世繪之鑑賞》中說的一段話，周作人卻多次引用「說明我的一點意思」[2]。日本文化中樸素、自然的精神以及「無端嗟嘆」夢幻似的情懷，為周作人的生命歷程鋪就了底色，[3] 現實與夢幻間的差距也構成了周作人一生幸與不幸的根柢。

1911 年他從日本回國，1912 年做了半年浙江省教育司視學（督學），後轉浙江省立第五高級中學教員，教了 4 年英文，1917年到北京大學附屬國史編纂處做編纂，半年後的 1918 年出任北京大學文科（文學院）教授，擔任希臘羅馬文學史、歐洲文學史、近代散文、佛教文學等課程，並創辦北京大學東方語言文學系，出任首任系主任。

就在他能走出自己的道路時，他的內心遭受到兩大創痛，一是 1923 年與魯迅兄弟失和而絕交，一是 1929 年愛女若子之死；兄弟失和，讓周作人斷絕了人與人之間「信任」的連結，

---

1 周作人，《知堂回想錄》（石家莊：河北教育出版社，2002 年），頁 221。
2 同上註，頁 221。
3 《知堂回想錄・九二・辛亥革命一》：「居東京六年，今夏返越，雖歸故土，彌益寂寥；追念昔游，時有悵觸。宗邦為疏，而異地為親，豈人情乎？」出處同上註，頁 229。

回到自己敏感、孤寂的一角。若子之死則是讓他的理智決堤，一向所保持的平和達觀不復存在，如怒目金剛般，將性格中所潛藏的偏執、苛刻、決絕特質表露無遺。

1937 年 7 月 7 日，盧溝橋事件爆發，華北危在旦夕；戰與和、成與敗的問題，一下子浮出檯面。順從還是反抗、出走還是留下，每個人都必須做出明確的選擇。在輿論的敦促和朋友的忠告氛圍中，周作人反反覆覆，終至於沒有迴旋的餘地。他骨子裡那種悲觀和虛無的思想底蘊，那種對個人生活本能的關照和對於自己思想獨立自由的尊崇，是決定他一切舉動的真正力量。他期期艾艾、猶猶豫豫，正是各種外界力量向他內心進攻的過程。待到時局一緊張，各種外界的因素逐漸顯示出真正的面目，逼迫他亮出底牌的時候，周作人對於個人權利的真正關愛，便將一切包裹著它的形形色色的外殼剝離，露出它真實的核心。個體生命的追問越緊，外界的威迫越危及本能，那凸顯出來的核心就越清晰真實。1938 年 2 月，周作人終於叛國附敵，留在淪陷了的北平，「他愛惜北平苦雨齋中清雅閒適的生活，他愛惜自己數十年努力造成的京兆布衣的形象」，[4] 唯恐到了人家的地盤，他的羽毛就很難不被侵犯了。

1945 年抗戰勝利，周作人以漢奸罪判處有期徒刑十年，關在南京監獄裡，約兩年後交保釋放，暫居上海；1949 年 8 月，回到北平，直到 1967 年去世。

二、作品風格與藝術特質

---

4 舒蕪，〈以憤火照出他的戰績：周作人概觀〉，《周作人的是非功過》（瀋陽：遼寧教育出版社，2000 年），頁 75。

　　在文學的道路上，周作人最早是以翻譯家出現的。1918 年
1 月，《新青年》第 4 卷第 1 號發表了周作人翻譯的論文〈杜斯
妥也夫斯基之小說〉，這是他在新文化運動中第一次出陣，此後
直到 1921 年，他的寫作大致以譯述為主，所譯歐洲及日本小說、
詩、散文，分別編為《陀螺》、《冥土旅行》、《狂言十番》、《空
大鼓》等集，成為當代文學青年的精神食糧和向外界接軌的窗
口。1919 年 2 月，周作人同時發表了長詩〈小河〉，登在《新
青年》第 6 卷第 2 號的第一篇，成為新詩運動史上一個新的里
程碑。它擺脫了舊詩詞的格律、音節，所蘊含的審美情調與感
情境界都是舊詩詞中所沒有的，雖是散文詩卻有著詩的韻味，
被胡適（1891-1962）譽為「新詩中的第一傑作」。

　　1960 年 12 月，曹聚仁（1900-1972）自香港致書周作人，
邀約他為香港《新晚報》寫稿，八、九百字一篇，寫得越通俗
越好，「不要希望藏之名山，而且炒冷飯也不要緊，只要不太熟
了。」[5] 他想到了寫他自己，寫自己的回憶錄，並擬定了寫作
大綱，定名為《藥堂談往》。1962 年《藥堂談往》正文的寫作
全部結束，共 38 萬字，易名為《知堂回想錄》。

　　《知堂回想錄》是周作人最後一部作品，也是他畢生篇幅
最大的著作，始自〈緣起〉，終至〈後記〉，計 207 篇。《知堂回
想錄》無論是敘述、議論，都明確體現了作者「自我的視角」，
即在他看來什麼才是重要，什麼才是不重要的。

　　一如〈後序〉所言：「我寫的事實，雖然不用詩化，即改造
和修飾，但也有一種選擇，並不是凡事實即一律都寫的。」[6] 說

---

5 張菊香、張鐵榮編著，《周作人年譜》（天津：天津人民出版社，2000
　年），頁 650。
6 周作人，《知堂回想錄·後序》（石家莊：河北教育出版社，2002 年），
　頁 802。

與不說取決於自己，作者只說自己想說的話，不說別人想聽的話，「凡我的私人關係的事情都沒有記」，「關於家庭眷屬的，也悉不錄」，[7] 他確立了這樣的態度和原則，試圖以「不解說」在最後的一程中，完善他沖和淡雅的形象，以文字追慕他一生所追求的評價，這種以自我為視角的自由主義精神，無疑為他自己畫定了一條界線，《知堂回想錄》是周作人向世人所做的最後交代，亦是周作人最後的生存姿態。

周作人小品文的美，美在平淡自然；他自己曾經說過：「我近來作文極慕平淡自然的境地」，平淡自然的特殊與韻味，在於「冷」的美感。《雨天的書‧自序》：

> 今年冬天特別的多雨，因為是冬天了，究竟不好意思傾盆的下，只是蜘蛛絲似的一縷縷的灑下來。雨雖然細得望去都看不見，天色卻非常陰沉，使人十分氣悶。在這樣的時候，常引起一種空想，覺得如在江村小屋裡，靠玻璃窗，烘著白炭火鉢，喝著清茶，同友人談閒話，那是頗愉快的事。不過這些空想當然沒有實現的希望，再看天色，也就愈覺得陰沉。想要做點正經的工作，心事散漫，好像是出了氣的燒酒，一點味道都沒有，只好隨便寫一兩行，並無別的意思，聊以對付這雨天的氣悶光陰罷了。

朱光潛的評論說：「這本書的特點，第一是清，第二是冷，第三是簡潔」，簡潔就是平淡自然，一清二冷就是這種平淡自然所特有的色彩和韻味。

清冷之美的另一個特質，就是「苦」。他最常用的室名是「苦

---

7 同上註。

茶庵」、「苦雨齋」,此外還有「藥堂」、「苦住庵」等。《藥味集‧
自序》:「拙文貌似閒適,往往誤人,惟一二舊友知其苦味。」
如《苦竹雜記‧日本的衣食住》寫日本食物:

> 日本食物之又一特色為冷,確如《雜事詩》注所言。
> 下宿供膳尚用熱飯,人家則大抵只煮早飯,家人之為官
> 吏教員公司職員工匠學生者皆裹飯而出,名曰「便當」,
> 匣中盛飯,別一格盛菜,上者有魚,否則梅乾一二而已。
> 傍晚歸來,再煮晚飯,但中人以下之家便吃早晨所餘,
> 冬夜苦寒,乃以熱苦茶淘之。……不過我覺得這也很好,
> 不但是故鄉有吃「冷飯頭」的習慣,說得迂腐一點,也
> 是人生的一點小訓練。

通篇清寒樸素的生活之美中,浸透著淡淡的微苦,不是苦
的不能下嚥,卻是長久的留在舌端。周作人評日本作家森鷗外
(1862-1922)與夏目漱石(1867-1916)的文章是「清淡而腴
潤」,實則正可視為自評。

三、作品選讀與賞析

〈故鄉的野菜〉

我的故鄉不止一個,凡我住過的地方都是故鄉。故鄉對於
我並沒有什麼特別的情分,只因釣於斯游於斯的關係,朝夕會
面,遂成相識,正如鄉村裡的鄰舍一樣,雖然不是親屬,別後
有時也要想念到他。我在浙東住過十幾年,南京東京都住過六
年,這都是我的故鄉;現在住在北京,於是北京就成了我的家
鄉了。

　　日前我的妻往西單市場買菜回來，說起有薺菜在那裡賣著，我便想起浙東的事來。薺菜是浙東人春天常吃的野菜，鄉間不必說，就是城裡只要有後園的人家都可以隨時採食，婦女小兒各拿一把剪刀一隻「苗籃」，蹲在地上搜尋，是一種有趣味的遊戲的工作。那時小孩們唱道：「薺菜馬蘭頭，姊姊嫁在後門頭。」後來馬蘭頭有鄉人拿來進城售賣了，但薺菜還是一種野菜，須得自家去採。關於薺菜向來頗有風雅的傳說，不過這似乎以吳地為主。《西湖遊覽志》云：「三月三日男女皆戴薺菜花。諺云：三春戴薺花，桃李羞繁華。」顧祿的《清嘉錄》上亦說：「薺菜花俗呼野菜花，因諺有三月三螞蟻上灶山之語，三日人家皆以野菜花置灶陘上，以厭蟲蟻。清晨村童叫賣不絕。或婦女簪髻上以祈清目，俗號眼亮花。」但浙東人卻不很理會這些事情，只是挑來做菜或炒年糕吃罷了。

　　黃花麥果稱通鼠麴草，係菊科植物，葉小，微圓互生，表面有白毛，花黃色，簇生梢頭。春天採嫩葉，搗爛去汁，和粉作糕，稱黃花麥果糕。小孩們有歌讚美之云：

黃花麥果韌結結，

關得大門自要吃：

半塊拿弗出，一塊自要吃。

　　清明前後掃墓時，有些人家──大約是保存古風的人家──用黃花麥果作供，但不作餅狀，做成小顆如指頂大，或細條如小指，以五六個作一攢，名曰繭果，不知是什麼意思，或因蠶上山時設祭，也用這種食品，故有是稱，亦未可知。自從十二、三歲時外出不參與外祖家掃墓以後，不復見過繭果，近來住在北京，也不再見黃花麥果的影子。日本稱作「御形」，與薺菜同為春天的七草之一，也採來做點心用，狀如艾餃，名

曰「草餅」，春分前後多食之，在北京也有，但是吃去總是日本風味，不復是兒時的黃花麥果糕了。

　　掃墓時候所常吃的還有一種野菜，俗稱草紫，通稱紫雲英。農人在收穫後，播種田內，用作肥料，是一種很被賤視的植物，但採取嫩莖滴食，味頗鮮美，似豌豆苗。花紫紅色，數十畝接連不斷，一片錦繡，如鋪著華美的地毯，非常好看，而且花朵狀若蝴蝶，又如雞雛，尤為小孩所喜，間有白色的花，相傳可以治痢。很是珍重，但不易得。……中國古來沒有花環，但紫雲英的花球卻是小孩常玩的東西，這一層我還替那些小人們欣幸的。浙東掃墓用鼓吹，所以少年們常隨了樂音去看「上墳船裡的姣姣」；沒有錢的人家雖沒有鼓吹，但是船頭上篷窗下總露出些紫雲英和杜鵑的花束，這也就是上墳船的確實的證據了。

賞　析

　　本篇選自 1924 年出版的《雨天的書》，作者透過對故鄉幾種野菜的描述，以表達懷鄉念舊的情懷。

　　全文一起筆，就用了一句警句：「我的故鄉不只一個，凡我住過的地方都是故鄉。」這是典型的小品文寫法。所謂「警句」，是用一句有意義、簡潔有力的言語，總括一篇小品文的主旨要義。或者自嘲嘲人，或者自家獨特的觀察。必要妙語如珠，一說出口，足以代表小品文作者一家的看法或哲學，同時展現小品文家個人領悟的智慧。警句總以作者個人人生經驗的體悟與領會，化作直截、清晰、優美的語句為要點。周作人的小品語文正是表現這類型警句的名家高手。有了警句起頭，全文接下去，是回憶故鄉野菜的品種與相關的民俗風情。分別介紹了薺菜、黃花麥果、紫雲英等。

　　薺菜主要是寫故鄉採摘薺菜的活動以及關於薺菜的風雅的傳說，這部分文字讀來既有鄉土氣息又有文化內涵。前半部分寫採摘薺菜的過程，後半部則大量引用了諺語。當讀者都沉浸在這文化氛圍中的時候，筆鋒一轉「但浙東人卻很不理會這些事情，只是挑來做菜或炒年糕吃罷了」，頗有一點小小的責備浙東人不解風情的意味。

　　寫黃花麥果，講了它的兩種吃法，一是「我」小時候在故鄉清明節掃墓時吃的黃花麥果糕，二是成家後，妻子做的日本風味的「草餅」。前後兩種黃花麥果糕，自然而然形成了對比。作者雖然沒有明說自己的喜好，但從「吃去總是日本風味」、「不是兒時的黃花麥果糕」等句，可以品味出他內心中點點的哀愁和淡淡的澀味。反映出作者對於故鄉的懷念和對童年遠去、時光一去不復返的感慨，箇中意味，雋永深長，耐人咀嚼。

　　寫紫雲英，重點描寫它的外貌，從顏色、形狀以及綻放的效果等角度，用比喻的手法細節描寫出紫雲英的美麗。之後以日本《俳句大辭典》為引子，寫出紫雲英給中國百姓，無論是大人還是小孩，無論是古代還是現在所帶來的歡樂，字裡行間洋溢著一種不易張覺的喜感。

　　這些平凡的選材，浸潤於日常的生活的大染缸中，行文中透露著生活的氣息；經過他的生花妙筆，寫出人生的一些滋味，沒有情感上的大起大落，而有一種獨特的平和沖淡、舒卷自如的敘談風格；恰如龍井的一股清香，令人回味無窮。

18　貯滿一種詩意──朱自清

朱嘉雯

　　朱自清，原名自華，字佩弦，號秋實。中國現代著名詩人、散文家和學者，其畢生著作已合編為《朱自清全集》。1898 年 11 月 22 日，朱自清生於江蘇省東海縣，原籍為浙江紹興，因世代居住於揚州，故自稱揚州人。

一、生平介紹

　　朱自清是五四運動的健將，他於 1916 年考入國立北京大學預科，第二年進入北大哲學系，因奉父母之命，於是回到揚州老家，與當地名醫武威三之女武鍾謙結婚。當時他的老家因父親卸職而陷入經濟困境，朱自清為了警惕自己不在窮苦的環境中隨流俗而合汙，於是改名為自清。「自清」一詞出於《楚辭‧卜居》，其意為保持清白、廉潔自持。而他的字「佩弦」，則典出於《韓非子》：「董安於之性緩，故佩弦以自急」，他希望以此字來惕勵自己不要懈怠。

　　婚後第三年，朱自清開始從事新詩創作，他的第一首詩〈睡吧，小小的人〉收錄於《雪朝》中。朱自清於北京大學畢業後，即前往杭州浙江省立第一師範學校任教，並加入文學研究會。

兩年後與俞平伯、葉聖陶、劉延陵合辦新文學運動以來最早的新詩月刊——《詩》。其後他開始經營散文寫作，於是有〈槳聲燈影裡的秦淮河〉一文發表，並獲得好評，被譽為「白話美術文的模範」。

　　此後朱自清轉往溫州浙江省立第十中學任教。他為學校撰寫〈十中校歌〉，至今仍傳唱於校園中，而歌詞裡的「英奇匡國，作聖啟蒙」更成為溫州中學的校訓。在溫州教書期間，朱自清寫下〈溫州的蹤跡〉等四篇散文，其中的〈綠〉更是名篇，文中將仙岩梅雨潭美麗的景致描畫得令人神往，因此被視為優良範文，收入中學語文教科書。朱自清於 1924 年出版了新詩集《蹤跡》，這本書在文學思想和藝術創作方面，展現了作者鮮活純樸的創新風格，尤其是〈光明〉、〈新年〉、〈煤〉、〈送韓伯畫往俄國〉、〈羊群〉、〈小艙中的現代〉等篇，皆充分表達朱自清熱切追求光明的願景，同時猛烈抨擊社會的黑暗，亦揭露人生血淚心酸等知識分子的憂憤情懷，因此成為現代詩壇難得的佳作。其後，他轉往清華大學任教，他從此展開古今文學課題的鑽研，並以散文為主要寫作的文體，直到 1928 年，他的散文集《背影》出版，書中以平淡樸素、清新優美的文筆表現作家獨到的經歷與個人感受。

　　1931 年，朱自清赴英國留學，隔年回國與陳竹隱女士結婚。婚後出任《文學季刊》與《太白》兩份刊物的編輯。1935 年又編輯《中國新文學大系・詩集》並撰寫〈導言〉。同年出版第二本散文集《你我》，此時他的散文表達更加自然洗練。1938 年，北京大學、清華大學、南開大學合併為西南聯合大學，朱自清遠赴昆明出任西南聯大中國文學系主任，並當選為中華全國文藝界抗敵協會理事。他在清貧的生活中繼續從事教學與研究，

18

態度極為嚴謹認真，並與葉聖陶合著《國文教學》等。1948 年
7 月 18 日，他在《抗議美國扶日政策並拒絕領取美援麵粉宣言》
上領頭簽名。8 月 12 日卻因嚴重十二指腸潰瘍病逝於北平醫
院，終年 49 歲。朱自清被後世譽為有氣節的愛國文人。

二、作品風格與藝術特質

　　朱自清的文學表現主要是在散文方面，他的文章結構嚴謹，
脈絡分明，用詞平淡自然，在洗練的文句中透顯著委婉含蓄的
情韻。在描寫方面，也表現得特別細膩與生動，人物形象傳神
綺麗。同時他也善用比喻，使讀者感到會心。

　　一般而言，朱自清較擅長的是言情，他的情感真誠而感人
至深，在清新雋永的口語中，借景抒情，以使情景交融，文中
有詩意，同時富於情調。他說：「我的興趣本在詩，現在是偏向
宋詩。我是一個做散文的人，所以也熱愛散文化的詩。」於是
我們經常在他的散文中感受到詩的韻律和美感。他早期的散文
作品，如：〈槳聲燈影裡的秦淮河〉、〈背影〉、〈荷塘月色〉等，
都以寫景抒情見長。

　　而朱自清最高的散文成就，均收錄在《背影》、《你我》諸
集中。尤其是〈背影〉、〈荷塘月色〉、〈溫州的蹤跡〉之二〈綠〉
等抒情散文，更是佳作名篇。〈背影〉一文是朱自清描述家庭遭
逢變故後，父親送別兒子的經過。其文語言質樸，情感真切，
體現出父親拳拳愛子之心，兒子內心的愧悔，以及濃濃的懷念
之情，因而成為現代散文史上永恆的名篇。朱自清的散文在工
筆描寫之餘，同時展現情景交融的最高境界，是故他的散文一

直在現代文壇占有重要地位。尤其是在後五四時期，他的白話文在寫景抒情上，同時展現出高度的人文情懷與藝術魅力。

　　此外，在〈綠〉一文中，朱自清善用比喻及對比等文學技巧，細膩刻畫出了梅雨潭瀑布的色澤，其文字工雅典麗，充分顯示作家駕馭文字的得到技巧。郁達夫曾評價朱自清：「他的散文，能夠貯滿一種詩意。」而李廣田亦曾評論朱自清：「他的作品一開始就建立了一種純正樸實的新鮮作風。」

　　除了正面的評價之外，歷來亦有不少文人批評朱自清的文章，尤其是在詞藻方面，葉聖陶曾指出：〈荷塘月色〉、〈槳聲燈影裡的秦淮河〉、〈匆匆〉等都有點做作，太過於注重修辭，不怎麼自然。特別是在文字上顯得「平穩清楚，找不出一點差池，可是總覺得缺少一個靈魂，一種口語裡所包含的生氣」。旅美學者夏志清認為：《荷塘月色》這些文字「『美』得化不開……讀了實在令人肉麻」，「其實朱自清五四時期的散文（〈背影〉可能是唯一的例外），讀後令人肉麻，那裡比得上琦君？」「〈背影〉究竟不是韓愈的〈祭十二郎文〉，蘇軾的〈前赤壁賦〉這樣擲地有金石聲的好文章，用不著當它為中國散文的代表作來代代傳誦。」而〈匆匆〉、〈荷塘月色〉等則「义品太低，現在一般副刊上的散文（且不論名家的），調子都比〈匆匆〉高」，「即使最著名的〈背影〉，文中作者流淚的次數太多了……虧得胖父親上下月台買桔子那段文字寫得好，否則全文實無感人之處。」

　　詩人余光中則表示：「他的句法變化少，有時嫌太俚俗繁瑣，且帶點歐化。他的譬喻過分明顯，形象的取材過分狹隘，至於感性，則仍停閨在農業時代，太軟大舊……用古文大家的水準和分量來衡最，朱自清還夠不上大師。置於近三十年來新一代

散文家之列，他的背影也已經不高大了，在散文藝術的各方面，都有新秀跨越了前賢。」

余光中說：「朱自清散文裡的意象，除了好用明喻而趨於淺顯外，還有一個特點，便是好用女性意象，像是〈荷塘月色〉的一、二句裡，便有兩個這樣的例子，這樣的女性意象實在不高明，往往還有反作用，會引起庸俗的聯想。『舞女的裙』一類的意象對今日讀者的想像，恐怕只有負效果了吧，尤其『美人出浴』的意象尤其糟，簡直令人聯想到月份牌、廣告畫之類的俗豔畫面，用喻草率，又不能發揮主題的含意，這樣的譬喻只是一種裝飾而已。」

事實上，針對散文書寫的修辭標準，朱自清本人在《精讀指導舉隅》中曾提出過以下的主張：「寫白話文的時候，對於說話，不得不做一番洗鍊功夫……渣滓洗去了，鍊得比平常說話精粹了，然而還是說話依據這種說話寫下來的，才是理想的白話文。」

三、作品選讀

（一）〈綠〉

我第二次到仙岩的時候，我驚詫於梅雨潭的綠了。

梅雨潭是一個瀑布潭。仙岩有三個瀑布，梅雨瀑最低。走到山邊，便聽見嘩嘩嘩嘩的聲音；抬起頭，鑲在兩條濕濕的黑邊兒裡的，一帶白而發亮的水便呈現於眼前了。我們先到梅雨亭。梅雨亭正對著那條瀑布；坐在亭邊，不必仰頭，便可見它

的全體了。亭下深深的便是梅雨潭。這個亭踞在突出的一角的岩石上，上下都空空兒的；彷彿一隻蒼鷹展著翼翅浮在天宇中一般。三面都是山，像半個環兒擁著；人如在井底了。這是一個秋季的薄陰的天氣。微微的雲在我們頂上流著；岩面與草叢都從潤濕中透出幾分油油的綠意。而瀑布也似乎分外的響了。那瀑布從上面衝下，彷彿已被扯成大小的幾綹；不復是一幅整齊而平滑的布。岩上有許多稜角；瀑流經過時，作急劇的撞擊，便飛花碎玉般亂濺著了。那濺著的水花，晶瑩而多芒；遠望去，像一朵朵小小的白梅，微雨似的紛紛落著。據說，這就是梅雨潭之所以得名了。但我覺得像楊花，格外確切些。輕風起來時，點點隨風飄散，那更是楊花了。這時偶然有幾點送入我們溫暖的懷裡，便倏的鑽了進去，再也尋它不著。

　　梅雨潭閃閃的綠色招引著我們；我們開始追捉她那離合的神光了。揪著草，攀著亂石，小心探身下去，又鞠躬過了一個石穹門，便到了汪汪一碧的潭邊了。瀑布在襟袖之間；但我的心中已沒有瀑布了。我的心隨潭水的綠而搖盪。那醉人的綠呀，彷彿一張極大極大的荷葉鋪著，滿是奇異的綠呀。我想張開兩臂抱住她；但這是怎樣一個妄想呀。站在水邊，望到那面，居然覺著有些遠呢！這平鋪著，厚積著的綠，著實可愛。她鬆鬆的皺纈著，像少婦拖著的裙幅；她輕輕的擺弄著，像跳動的初戀的處女的心；她滑滑的明亮著，像塗了「明油」一般，有雞蛋清那樣軟，那樣嫩，令人想著所曾觸過的最嫩的皮膚；她又不雜些兒法滓，宛然一塊溫潤的碧玉，只清清的一色──但你卻看不透她！我曾見過北京什剎海拂地的綠楊，脫不了鵝黃的底子，似乎太淡了。我又曾見過杭州虎跑寺旁高峻而深密的「綠壁」，重疊著無窮的碧草與綠葉的，那又似乎太濃了。其餘呢，

西湖的波太明了，秦淮河的水又太暗了。可愛的，我將什麼來比擬你呢？我怎麼比擬得出呢？大約潭是很深的、故能蘊蓄著這樣奇異的綠；彷彿蔚藍的天融了一塊在裡面似的，這才這般的鮮潤呀。——那醉人的綠呀！我若能裁你以為帶，我將贈給那輕盈的舞女；她必能臨風飄舉了。我若能挹你以為眼，我將贈給那善歌的盲妹；她必明眸善睞了。我捨不得你；我怎捨得你呢？我用手拍著你，撫摩著你，如同一個十二三歲的小姑娘。我又掬你入口，便是吻著她了。我送你一個名字，我從此叫你「女兒綠」，好麼？

　　我第二次到仙岩的時候，我不禁驚詫於梅雨潭的綠了。

（二）〈荷塘月色〉

　　這幾天心裡頗不寧靜。今晚在院子裡坐著乘涼，忽然想起日日走過的荷塘，在這滿月的光裡，總該另有一番樣子吧。月亮漸漸的升高了，牆外馬路上孩子們的歡笑，已經聽不見了；妻在屋裡拍著閏兒，迷迷糊糊地哼著眠歌。我悄悄地披了大衫，帶上門出去。

　　沿著荷塘，是一條曲折的小煤屑路。這是一條幽僻的路；白天也少人走，夜晚更加寂寞。荷塘四面，長著許多樹，蓊蓊鬱鬱的。路的一旁，是些楊柳，和一些不知道名字的樹。沒有月光的晚上，這路上陰森森的，有些怕人。今晚卻很好，雖然月光也還是淡淡的。

　　路上只我一人，背著手踱著。這一片天地好像是我的；我也像超出了平常的自己，到了另一個世界裡。我愛熱鬧，也愛冷靜；愛群居，也愛獨處。像今晚上，一個人在這蒼茫的月下，什麼都可以想，什麼都可以不想，便覺是個自由的人。白天裡

一定要做的事，一定要說的話，現在都可以不理。這是獨處的妙處；我且受用這無邊的荷香月色好了。

曲曲折折的荷塘上面，彌望的是田田的葉子。葉子出水很高，像亭亭的舞女的裙。層層的葉子中間，零星地點綴著些白花，有裊娜地開著的，有羞澀地打著朵兒的；正如一粒粒的明珠，又如碧天裡的星星，又如剛出浴的美人。微風過處，送來縷縷清香，彷彿遠處高樓上渺茫的歌聲似的。這時候葉子與花也有一絲的顫動，像閃電般，霎時傳過荷塘的那邊去了。葉子本是肩並肩密密地挨著，這便宛然有一了道凝碧的波痕。葉子底下是脈脈的流水，遮住了，不能見一些顏色；而葉子卻更見風致了。

月光如流水一般，靜靜地瀉在這一片葉子和花上。薄薄的青霧浮起在荷塘裡。葉子和花彷彿在牛乳中洗過一樣；又像籠著輕紗的夢。雖然是滿月，天上卻有一層淡淡的雲，所以不能朗照；但我以為這恰是到了好處——酣眠固不可少，小睡也是別有風味的。月光是隔了樹照過來的，高處叢生的灌木，落下參差的斑駁的黑影，峭楞楞如鬼一般；彎彎的楊柳的稀疏的倩影，卻又像是畫在荷葉上。塘中的月色並不均勻；但光與影有著和諧的旋律，如梵婀玲（violin 小提琴）上奏著的名曲。

荷塘的四面，遠遠近近，高高低低都是樹，而楊柳最多。這些樹將一片荷塘重重圍住；只在小路一旁，漏著幾段空隙，像是特為月光留下的。樹色一例是陰陰的，乍看像一團煙霧；但楊柳的丰姿，便在煙霧裡也辨得出。樹梢上隱隱約約的是一帶遠山，只有些大意罷了。樹縫裡也漏著一兩點路燈光，沒精打彩的，是渴睡人的眼。這時候最熱鬧的，要數樹上的蟬聲和水裡的蛙聲；但熱鬧是他們的！

　　忽然想起採蓮的事情來了。採蓮是江南的舊俗，似乎很早就有，而六朝時為盛；從詩歌裡可以約略知道。採蓮的是少年的女子，他們是盪著小船，唱著豔歌去的。採蓮人不用說很多，還有看採蓮的人。那是一個熱鬧的季節，也是一個風流的季節。梁元帝〈採蓮賦〉裡說的好：

　　於是妖童媛女，盪舟心許；鷁首徐回，兼傳羽杯；櫂將移而藻掛，船欲動而萍開。爾其纖腰束素，遷延顧步；夏始春餘，葉嫩花初，恐沾裳而淺笑，畏傾船而斂裾。

　　可見當時嬉游的光景了。這真是有趣的事，可惜我們現在早已無福消受了。

　　於是又記起〈西洲曲〉裡的句子：

　　採蓮南塘秋，蓮花過人頭；低頭弄蓮子，蓮子清如水。

　　今晚若有採蓮人，這兒的蓮花也算得「過人頭」了；只不見一些流水的影子，是不行的。這令我到底惦著江南了。——這樣想著，猛一抬頭，不覺已是自己的門前；輕輕地推門進去，什麼聲息也沒有，妻已睡熟好久了。

賞　析

　　朱自清無疑是中國現代文學史上「散文」這一文類的最佳代言人。要寫好一篇散文，需要具備抒情、敘事、特寫、記遊等各種寫作能力，同時也要細膩地體會與觀察社會人生諸多現象，有時甚至需要以寫實主義的風格對自我及外在環境做出無情的剖析，以上各種特點朱自清皆已具備，更難得的是他是個有情的散文家，能將深入觀察的事物做情深意摯、感動人心的美文書寫，因此留下諸多經得起時代考驗的散文巨作。

　　在〈槳聲燈影裡的秦淮河〉這篇作品裡，朱自清讓我們在

閱讀過程中開放這感官，聽到了船槳划動的聲音，同時眼睛凝視著悠悠晃蕩的燈光，使我們每個人都懷念和陶醉在六朝古都風華絕代的歷史情境中。散文在修辭上的迷人，並使人如臨情境，朱自清可謂達到了極致。

　　至於〈荷塘月色〉乃是描寫作者任教的清華大學，那清華園中的荷塘月色承載了朱自清希望超越現實，獲得徹底自由的渴望。但現實生活的重擔，從來未曾減輕，實在倉促的步伐也未曾稍歇，因此他的嚮往也在讀者的心中留下了一股淡淡憂傷的情懷。此外，這篇文章的景物書寫帶有豐富的畫面感，那是因為作者和使用語言既新奇又清新，將荷塘月色陌生化描摹之後，給讀者帶來了分外傳神而又高雅脫俗的閱讀觀感。

19　自然、幽默與文化溝通
—— 林語堂

朱　澐

一、生平介紹

　　林語堂，乳名和樂，後改玉堂，又改語堂，福建漳州龍溪人。清光緒 21 年（1895）生於龍溪一嚴格的基督教家庭，父親名至誠，為牧師，育有六子二女，林語堂排行第五。林至誠為第二代基督徒，透過西溪的范禮文（Reverend W. L. Warnshius）牧師介紹，始接觸基督教文學、西方科學等相關知識，而決心讓子女接受西式教育，學習英文。

　　光緒 31 年（1905），林語堂隨三哥前赴廈門鼓浪嶼，入教會所辦的銘新小學，13 歲就讀教會學校尋源書院，以第二名成績畢業。在中學期間，他自行研讀傳統文化書籍，產生過濃厚興趣，但尋源書院缺少圖書館，故難以深入學習。1912 年，革命軍舉事於廣州，同年林語堂進入上海聖約翰大學，為當時上海乃至全國培養英語人才最優秀的大學。包括預備學校，他在大學共六年，廣泛吸收包含神學在內的西方知識，培養了對西方文明及生活的基本認同，對於中文卻幾近荒廢。他熱愛運動，不但參加足球校隊，還是划船隊隊長，更在一英里賽跑項目上

創下該校紀錄。此外亦初步嘗試寫作，曾以英文短篇小說獲學校獎項，可謂全才。

民國 5 年（1916），林語堂自聖約翰大學文科畢業，並應清華學校（清華大學前身）之聘任英文教員。在北京，他意識到自己國學知識的貧乏，開始在中文上下工夫。雖出身基督教家庭，但在聖約翰大學期間，他對神學教條已產生懷疑，唯仍遵奉戒律，此時則因北京濃厚傳統文化氛圍的影響，乃逐漸切斷教會的臍帶。民國 6 年（1917），胡適歸國，他以教員身分迎接，兩人締交。民國 8 年（1919），與出生富裕基督家庭的廖翠鳳結婚，婚後育有三女，感情亦篤。

民國 8 年（1919），他赴美留學，就讀哈佛大學文學系，因半獎學金遭無故取消，乃應基督教青年會之請，偕妻赴法國教導華人勞工識字。因德國消費低，林語堂申請了耶拿大學，並以轉學分方式，於民國 11 年（1922）獲得哈佛比較文學碩士學位。之後，他到以語言學馳名的萊比錫大學攻讀博士，藉由圖書館所藏豐富的中國書籍，潛心研究音韻學，於隔年以《古漢語語音學》（Altchinesische Lautlehre）取得學位。

因王翠鳳懷孕，迫於經濟，林語堂乃決定回國，於北京大學擔任英文教授。民國 13 年（1924），他與魯迅、周作人等創辦《語絲》，在第 3 期發表〈論士氣與思想界之關係〉，成為經常撰稿人，且對政治多有抨擊。民國 14 年（1925），在教育部所屬國語羅馬字拼音研究委員會擔任委員，之後出版《末筆檢字法》並持續該領域研究，希望發明中文打字機。

除在北大任教，林語堂還兼任北京女子師範大學英文系教授及教務長。民國 15 年（1926），「三一八慘案」發生，兩位女師大學生死亡，他發表〈悼劉和珍楊德群女士〉一文。同年，

南下任廈門大學文學院長，不久廈大生事，轉赴武漢國民政府，任外交部英文秘書。民國 17 年（1928），政府據其提案正式頒行「國語羅馬字拼音法」，然而因武漢政治空氣惡劣，林語堂已離去，前往上海，於中央研究院任英文總編輯，蔡元培先生時任院長，待他殊為親厚。同年，魯迅、郁達夫合編的《奔流》月刊創刊，他發表生平唯一的一部獨幕悲喜劇《子見南子》，第一部文集《翦拂集》亦出版，所編的《開明英文讀本》3 冊為全國最暢銷的英文教材。

　　民國 18 年（1929），林語堂受聘為上海東吳大學法律學院英文教授。民國 19 年（1930），他為英文《中國評論周報》撰稿，頗負時譽。隔年，任中研院西文編輯主任及史語所兼任研究員，並赴英國與工程師研究製造打字機模型。民國 21 年（1932），林語堂創辦《論語》半月刊，自己則為《論語》主要撰稿人。民國 23 年（1934），創辦《人間世》，為抒寫性靈的散文小品刊物，遭到魯迅為首的左派作家攻擊，兩人逐漸對立，同年出版《大荒集》。隔年，創辦《宇宙風》。

　　民國 24 年（1935），在美籍作家賽珍珠（Pearl S. Buck）支持下，林語堂以英文撰成的《吾國與吾民》於美國出版，廣受好評，使西方世界對中國文化有較為深刻的理解。民國 26 年（1937），因賽珍珠夫婦之邀請，決定舉家赴美，在紐約居住。他致力寫作，且活躍於美國文藝界。翌年，出版《生活的藝術》，為 1938 年全美最暢銷書，高踞《紐約時報》暢銷書榜首達 52 週，亦奠定其國際文壇地位。同年以英文寫成長篇歷史小說《京華煙雲》，為其自豪之作，1939 年在美國出版。

　　民國 29 年（1940），他飛返重慶會見蔣中正，不久回到美國，仍為國家宣傳。民國 30 年（1941），出版第二部小說《風

聲鶴唳》。民國 33 年（1944），再度回國，時值抗戰尾聲，國共內鬥日趨激烈，他因反共思想而遭左派文人的圍勦，未幾歸美。他費時三年，完成了《蘇東坡傳》，同時傾盡家產，終於發明出明易快捷的中文打字機，並於 1952 年取得專利權。

1950 年代後，林語堂仍定居紐約，先後出版小說《唐人街家庭》、《朱門》、《遠景》、《匿名》等，1954 年曾獲邀出任新加坡南洋大學校長，但半年後即辭職。他有著過人的創造力，在 1960 年代接續完成了《紅牡丹》、《賴柏英》、《逃向自由城》等作品。民國 54 年（1965），為中央社寫「無所不談」專欄，時隔三十年重返中文寫作。

民國 55 年（1966），林語堂決定舉家遷台，他接受國民政府的恩惠，於陽明山建造自己設計的宅邸，渡過一段快意的晚年歲月。其後在香港中文大學贊助下，開始主持編纂《當代漢英詞典》，並應邀擔任《國語日報》董事。不意於民國 60 年（1971）1 月，長女如斯因長年躁鬱自縊，夫婦倆大受打擊，林語堂身體遂日漸衰弱。民國 64 年（1975），以《京華煙雲》提名諾貝爾文學獎候選人，並出版《八十自敘》。隔年 3 月因心臟病發，病逝香港瑪麗醫院，享壽 82 歲。同年，移靈台北，葬於陽明山故居後園。

次女林太乙於 1989 年出版《林語堂傳》，述其一生。

二、作品風格與藝術特質

在近代文壇上，林語堂可說是一特殊文化現象所孕育的特殊人物。他堅定的反共思想，曾導致一段時期以來，中國大陸

的現代文學史視他為反動作家。然而作為清貧的山鄉之子，他倚靠著自身才智，勤奮苦學，終成為一名學貫中西、知識淵博的學者，他是經歷中西文化環境變遷後，成功將西方社會作為參照，對傳統文化展開宏觀視野，並在儒、道思想與現代社會人生關係上提出有價值看法的第一人。

眾所周知，是他將英文的「humor」對譯為中文的「幽默」一詞，並提倡幽默文學，因此得到「幽默大師」的稱號。他指出幽默與諷刺，甚至是中國老詞兒「滑稽」有根本的區別，「諷刺每趨於酸腐……欲求幽默，必先有深處之心境，而帶一點我佛慈悲之念頭，然後文章火氣不太盛，讀者得淡然之味」，「滑稽一詞包括低級的笑談」，他認為，幽默一詞是「亦莊亦諧」的，其存心則在「悲天憫人」之中。[1] 他不但寫出了大量的幽默文章，且在創作過程中逐步形成他的幽默理論，值得注意的一點，是他將幽默與社會人生緊密地聯繫，認為人應當具有幽默感，而幽默也可以是一種對人生的看法，對社會的認知和批判。[2]

林語堂著述甚豐，除晚年的少數著作及評論，絕大多數都以英文撰寫，其重要作品雖多有中譯，惜版本較複雜，譯文品質亦頗參差。他的散文在中國新文學史上極受肯定，小說則擁有廣大讀者。散文的寫作模式往往如同閒談，運用對話式句法，以一來一往的節奏情境，運用平實親切且熱鬧緊湊的語感引領讀者。他的文字特點是在簡潔的口語中夾帶文言句法，自然生動又兼具高雅美感。散文是林語堂思想的主要載體，強調性靈、

---

1 見林語堂編著，《八十自敘》（台北：金蘭文化出版社，1986 年），頁94。

2 參考丘奇鋒，〈林語堂幽默文化的特質與影響〉，《孔學與人生》，第56 期（2011 年 6 月），頁 10。

閒適、幽默、浪漫和自由，小品文外，其系統性專著如《吾國與吾民》、《生活的藝術》等，或通過對舊文化的反思，展現中國文化特有人生態度，或表現自我的美學價值，均蘊含著豐富的內容。[3]

林語堂曾撰一聯以自述，曰：「兩腳踏東西文化，一心評宇宙文章。」持之印證其與眾不同的人生經歷及文學成就，真可說是蓋棺之論了。

三、作品選讀與賞析

〈記紐約釣魚〉

紐約處大西洋之濱，魚很多，釣魚為樂的人亦自不少。長島上便有羊頭塢，幾十條漁船，專載搭客赴大西洋附近各處釣魚。春季一來，釣客漸多。今天是立春，此去又可常去釣魚了。到了夏季七八月間，藍魚正盛，可以通夜釣魚。每逢星期日，海面可有數十條船，環顧三五里內，盡是漁艇。在夜色蒼茫之下，燈火澈亮，倒似另一世界。記得一晚，是九月初，藍魚已少，但特別大。我與小女相如夜釣，晨四點回家，帶了兩條大魚，一條裝一布袋，長三尺餘，看來像兩把洋傘，驚醒了我內人。

紐約魚多，中國寓公也多，但是兩者不發生關係。想起漁樵之樂，中國文人畫家每常樂道。但是這漁樵之樂，像風景畫，係自外觀之，文人並不釣魚。惠施與莊子觀魚之樂，只是觀而

---

3 參考劉正忠，〈林語堂的「我」：主題聚焦與風格定調〉，《中國現代文學》，第 14 期（2008 年 12 月），頁 142。

已。中國不是沒有魚可釣，也不是沒有釣魚人，不過文人不釣罷了。真正上山砍木打柴的樵夫，大概寒山拾得之流，才做得到。文人方丈便不肯為。陶侃運甓，那才是真正的健身運動。陶淵明肩鋤戴月，晨露沾衣，大概是真的，他可曾釣過魚，然傳無明文。赤壁大概鱸魚很多而味美，東坡住黃州四年可以釣而不釣，住惠州，住瓊州，也都可以釣，而未嘗言釣，不然定可見於詩文。不知是戒殺生，或是怎樣。大概文人只站在岸上林下觀釣而已。像陸放翁那種身體，力能在雪中撲虎，可以釣，而不釣。他的遊湖方式，是帶個情人上船，烹茗看詩看情人為樂，而不以漁為樂。

　　歷史上想想，只有姜太公釣魚；嚴子陵富春江的釣台近似。姜太公是神話，嚴子陵釣台離水百尺以上，除非兩千年來滄海已變，釣台也只是傳說而已。王荊公在神宗面前，把一盤魚餌當點心吃光，此人假痴假呆，我不大相信。韓愈是釣魚的。記得東坡笑韓退之釣不到大魚，想換地方，還是釣不到。這是東坡從惠州又徙瓊州，立身安命自慰的話。其實韓愈也不行。今日華山有一危崖，是遊人要到北峰必經之路，路五六尺寬，兩邊下去是深壑千丈。這地方就叫做「韓愈大哭處」。後來畢沅做陝督，登華山，不敢下來，又無別路，還是令人把酒灌醉，然後用毛毯把他捲起抬下來。文人總是如此。

　　相傳李鴻章遊倫敦，有一回，英國紳士請他看賽足球。李氏問：「那些漢子，把球踢來踢去，什麼意思？」英國人說：「這是比賽。而且他們不是漢子，他們是紳士。」李氏搖搖頭說：「這麼大熱天，為什麼不僱些傭人去踢？為什麼要自己來？」這可說明中國文人不釣魚的原因。台灣教育有「惡性補習」害人子弟。當局若不趕緊設法救濟，將來國內後生，也決不敢釣魚，

最多觀釣而已。

　　我想女子無才便是德，有德便無才，文人不出汗，出汗非文人，這也是古人所謂天經地義之一。

　　其實不然。垂釣並不必出汗。而其所以可樂，是因釣魚常在湖山勝地，林泉溪澗之間，可以摒開俗務，怡然自得，歸復大自然，得身心之益。足球棒球之類，還是太近城市罷。還是人與人之鬥爭。英國十七世紀釣魚名著，The Compleat Angler by I. Waltom 列入文學，就是能寫到釣魚時林澗之美，自然之妙。其書又名為 The Contemplative Man's Recreation，意思是釣魚是好學深思的人的娛樂。所以釣魚與煙斗的妙用，差不多相同（Thackeray 稱煙斗也能發人深思），在靜逸的環境中，口含煙斗，手拿釣竿，滌盡煩瑣與自然景色相對，此種環境，可以發人深省，追究人生意味，恍然人世之熙熙，是是非非，捨本逐末，輕重顛倒，未嘗可了，未嘗不欲了，而終不可了。在此剎那，野鳥亂啼，古木垂蔭，此「觸袖野花多自舞」之時也。頑石嶙峋，魚蝦撲跳，各自有其生命，而各自有其境界；思我自白駒過隙，而彼樹也石也，萬古常存，此「野花遮眼淚沾襟」之時也。

　　凡人在世，俗務羈身，有終身不能脫，不想脫者。由是耳目濡染愈深，胸懷愈隘，而人品愈卑。有時看看莊子，是好的。接近大自然，是更好的。陸龜蒙書李賀小傳後，講唐詩人孟郊廢弛職務，日與自然接近，寫得最有意思：「孟東野貞元中以前秀才，家貧，受溧陽尉。……南五里有投金瀨。草木甚盛，率多大櫟，合數十抱，叢篠蒙翳，如塢如洞。地窪下，積水沮洳，深處可活魚鱉輩。大抵幽邃岑寂，氣候古澹可喜。除里民樵罦外無入者。東野得之忘歸。此比日，或間日，乘驢，後小吏，

經（逕）蕘投金渚一往，至得蔭大櫟，隱岩篠坐於積水之傍，吟到日西還。」後來因此丟了差事。此孟東野所以成為詩人。

孟東野李長吉都是如此。黃大痴也是如此。人生必有痴，而後有成，痴各不同，或痴於財，或痴於祿，或痴於情，或痴於漁。各行其是，皆無不可。

我最愛張君壽一首詠一封討漁夫婦的詩：

> 郎提魚網截江圍，
> 妾把長竿守釣磯；
> 滿載魴魚都換酒，
> 輕煙細雨又空歸。
> 人生到此，夫又何求？

賞　析

自 1935 年，林語堂以英文完成並出版了《吾國與吾民》，決定舉家赴美後，匆匆三十載，至歸台時已是垂暮老人。他一生筆耕不輟，著作等身，唯其思想成熟之作率皆以英文撰述，雖然譯本眾多，但精粗不一，長久以來，讀者一直難以盡窺幽默大師的中文妙詣。幸而晚年他應馬星野之約，曾為中央社以中文撰稿，專欄名曰「無所不談」，皆小品文，今則輯為《無所不談合集》。這本書留下了林氏所見中西文化交流、近人近事、個人生活點滴以及對歷史文化生活議題的個人觀感，彌足珍貴。

本書所選為集中的精采之作，題名〈記紐約釣魚〉。釣魚是林語堂居住在紐約時的經常消遣，然而實際敘寫自己釣魚經驗及樂趣的文字，不過第一段的寥寥數行，實非本文重點。自第

二段開始，作者筆勢一變，由紐約的魚與中國寓公的「不發生關係」引發對「漁樵之樂」的一連串探討，這種詼諧而看似隨性的文字轉折法，正是林語堂的當行本色。他思接千載，視通萬物，將豐富的歷史知識和文化修養巧妙融入文章，以之暢談傳統知識分子對釣魚這類活動所抱持的止於觀賞態度，其中隱含著中國文人的行為法則和思想觀念。他並未嚴肅的去分析傳統文化，而是藉由對古代著名文士行為的描述來傳遞看法。他的看法是，這些傳統知識分子所以無漁樵之樂，只因為釣魚在他們眼中，如同踢足球在李鴻章眼中一樣。寫到這裡，筆勢似已老，但作者卻能突發奇想，將此一習氣與當時的「台灣教育」連結，其文路之開闊及筆下波瀾，真令人拍案叫絕。而半世紀後的台灣教育亦果如林氏所憂心，「惡性補習」不衰反盛，國民教育唯智育掛帥，體育、美育等不過升學加分之附屬品，可悲極矣。

　　以下，又將漁樵之樂推進到自然之趣，這向來是林氏所關注的文化命題，即大自然對文人心態的影響。晚年他曾回憶童年生活，認為影響他最大的，一是山景，二是使人無法忍受的理想家父親，三是嚴格的基督教家庭。[4] 其中的山景，頗可理解為大自然對他品格及審美的初步影響。他將自然之趣看成都市人生的潤滑劑，在〈論玩物不能喪志〉一文中，他指出：「中國人生活苦悶，得以不至神經變態，全靠此一點遊樂雅趣。西人之評中國文化，最稱讚奇異者，即在不堪其憂之中，窮人仍然識得安樂，小市民在傍晚持鳥籠在街上談天，江北車夫在茅屋之外，種些金花草。蓋中國人無宗教，其所以得性靈之慰安

---

4 林語堂編著，《八十自敘》（台北：金蘭文化出版社，1986 年），頁 15。

者，專在自然之欣賞。」[5] 大自然是人類生命的根本，中國傳統文化主要建立在對自然和土地的依戀，相較於西方工業文明著重在與自然對抗，中國人的文化血脈自古便存有與自然和諧相處的精神，因此，林語堂筆下始終有著「田園式」的文化理想。他將釣魚和他隨身攜帶的煙斗，視為享受自然之趣時還可追究人生意味的思想工具，是以他所追求的自然絕非遠古蠻荒的自然，而是具有人文意識的自然。他引用陸龜蒙〈書李賀小傳後〉關於孟郊之事，無非是透過詩人的真性情，來說明人類亦應保有痴情，這種痴情是天性，也是自然。

　　本文從父女夜釣，寫到古人漁樵之樂，最後再道出人生哲理，可說是小品散文中的精品，其閒適幽默、獨抒性靈的筆觸，是林氏散文的藝術特點，亦為後人拓展了現代散文的審美維度，這種深入淺出、夾敘夾議的散文寫法，對今日作家仍有深遠的影響。

---

[5] 林語堂，〈論玩物不能喪志〉，收錄於《林語堂名著全集・第 18 卷》（長春：東北師範大學出版社，1994 年），頁 26。

20　美學之眼──朱光潛

李京珮

一、生平介紹

　　朱光潛，筆名孟實、萌石等，安徽桐城人。清光緒 23 年（1897）生於桐城，1986 年卒於北京，享年 89 歲。祖父與父親均為鄉村私塾教師，朱光潛自幼在私塾接受傳統教育，背誦四書五經、學習科舉時代的策論文章，15 歲就讀於桐城中學，該校注重桐城派古文的背誦和寫作，朱光潛接受了古典文學的薰陶。他曾於小學任教，後考入武昌高等師範學校國文系，卻對學校師資與教學方法感到不滿。當時的北洋軍閥教育部選拔師範學校學生前往香港大學，他考取後，民國 7 年（1918）就讀於港大教育系。

　　大學時期的朱光潛，廣泛接觸社會科學與自然科學的課程，開啟了認識和鑽研西方文化的興趣。五四運動後，開始學習寫作白話文，民國 10 年（1921）7 月在《東方雜誌》發表第一篇白話論文：〈福魯德的隱意識說與心理分析〉，討論佛洛伊德的心理學。香港的大學生活，使他在中國傳統教育之外，接受西方現代教育，成為中西文化兼備的人才。

　　民國 11 年（1922）畢業後，他到上海吳淞中國公學任教，

民國 13 年(1924)赴浙江上虞白馬湖春暉中學,同事有匡互生、豐子愷、朱自清、夏丏尊等,他們時常聚會,談文論藝,其後一起創立上海立達中學,後改名立達學園,進行教育改革的試驗。立達的同人創辦了開明書店,提倡教育獨立自由,發行刊物《一般》。朱光潛民國 14 年（1925）考取安徽官費留英,入愛丁堡大學。他收到夏丏尊的信,邀他為《一般》寫稿,於是將當時的感觸以書信方式表現,融合文藝、美學、哲學、道德等議題,後匯編為《給青年的十二封信》出版,風行一時。民國 20 年（1931）前往法國斯特拉斯堡大學攻讀博士,寫出《悲劇心理學》,將美學視為改造中國的他山之石,認為張揚自我和情感自由的唯心主義美學,有助於改造中國。留學時期,初譯《克羅齊美學原理》。民國 21 年（1932）與奚今吾女士結婚。

　　民國 22 年（1933）,朱光潛回到中國,由當時的北大文學院院長胡適聘為北大西語系教授,講授西方名著選讀、文學批評史等課程。《文藝心理學》民國 25 年（1936）出版,朱自清給予此書很高的評價。次年 5 月,《文學雜誌》由商務印書館出版,他擔任主編,主張文藝自由獨立,豐富多彩,應當自由生發、自由討論。刊物的編委會有沈從文、朱自清、周作人、林徽音等,聞一多、馮至、何其芳等人也常發表作品。

　　抗戰期間,他曾擔任四川大學文學院院長、武漢大學教務長等職。《詩論》民國 31 年（1942）出版,是一本深入比較中西文化基礎,具有系統的美學著作。抗戰勝利後,回到北大西語系,著有《克羅齊哲學述評》,記錄了他從文藝心理學研究到批判克羅齊的轉變歷程。1950 年代,出版譯作《柏拉圖文藝對話集》、《十九世紀外國文學（德國部分）》等。1957 年,加入全國文協、政協,擔任作協理事、顧問、中國美學學會會長等。

1962 年，在北大講授美學史課程，後出版《西方美學史》，對西方希臘羅馬以來的各家各派主要的美學思想作系統介紹與評論。文革時期他受到批鬥，在「改造」生活中，祕密校改《黑格爾美學》的譯稿。

　　晚年的朱光潛，1980 年代仍積極出版譯作，如《歌德談話錄》、新作《談美書簡》、《美學拾穗集》等，1983 年赴香港中文大學進行學術演講，停留數週。1985 年，港大授予他名譽文學博士學位，1986 年病逝。他畢生在文化與教育領域耕耘，出版多種譯作、美學理論，使得多位西方美學大師的理念與精神能在中國流傳。他的學術成就，代表美學在中國的發展邁入了一個新的階段。[1]

二、作品風格與藝術特質

　　朱光潛在春暉中學任教時，創作了〈無言之美〉，論述文學藝術、倫理哲學以及實際生活的「無言之美」，是「含蓄暗示、言有盡而意無窮」。此文說理透徹，文字簡潔，有「白馬湖派」的風韻。[2] 他的重要著作《給青年的十二封信》以及附錄的〈無言之美〉，都稱得上是「白馬湖」風格之作。此書見解獨到，流露認真關懷的態度，與讀者拉近距離，將高深玄奧的理論，以

---

1 朱光潛生平，參考以下資料：
李醒塵，〈朱光潛傳略〉，《新文學史料》，1988 年第 3 期，頁 124-138。
陳繼法，〈朱光潛年譜簡編〉，《朱光潛的美學：及其悲劇命運與悲劇精神》
　　（台北：曉園出版社，1992 年），頁 326-348。
2 商金林，〈第一章　朱光潛與「白馬湖派」〉，《朱光潛與中國現代文學》
　　（合肥：安徽教育出版社，1995 年），頁 10-11。

行雲流水的文筆、妙趣橫生的議論出之，給予讀者人生的啟示、智慧的啟發與德性的修煉。他的說理散文，明白如話、深入淺出、清澈深刻。[3] 如果說朱光潛是受到「白馬湖派」的影響，在朱自清、豐子愷等人的帶領下邁入文學殿堂，也不為過。1930年至 1936 年間，開明書店陸續出版了《變態心理學派別》、《談美：給青年的第十三封信》、《文藝心理學》等，奠定了他在現代文學、美學、文藝理論等領域的地位。

　　他的美學理論，第一次綜合體現在《文藝心理學》中，以克羅齊的直覺論為中心，將心理學派美學、聯想主義美學、道德論美學溝通起來，造成三個相互關聯的層次，沒有超過審美心理學的範圍。晚年著作如《美學書簡》，顯現出第二次綜合體現，則是以實踐觀點為中心，從人的本質開始，逐次涉及到美的共同性與特殊性，審美活動中的心理與生理、藝術創作中的形象思維與邏輯思維，包括了審美心理學，以及審美的人類學與社會學。[4] 龔鵬程曾評述台灣的美學發展自成脈絡，乃是延續著王國維、蔡元培、朱光潛等早期美學研究而來的。朱光潛早期是從心理學、藝術心理學逆入哲學美學領域中的，先後譯出克羅齊《美學原理》、黑格爾《美學》、歌德《談話錄》、萊辛《拉奧孔》、維科《新科學》等，貢獻厥偉，又編寫《西方美學史》，對西方美學史有了系統的研究，成績自非他人所能及。他的著作透過開明書店、正中書店而流通弗輟，在台灣，凡討論

3　張堂錡，〈第七章　白馬湖作家群作品論（上）〉，《清靜的熱鬧：白馬湖作家群論》（台北：東大圖書公司，1999 年），頁 235-237。
4　閻國忠，〈在悲劇的誕生中誕生〉，《朱光潛美學思想研究》（台北：駱駝出版社，1987 年），頁 209-219。

美學者，幾乎都通讀過這類書籍。[5] 由此可見，朱光潛的美學研究，在台灣廣受歡迎，影響深遠。

三、作品選讀與賞析

〈我們對於一棵古松的三種態度——實用的、科學的、美感的〉（節選）

誰都知道，一切事物都有幾種看法、你說一件事物是美的或是醜的，這也只是一種看法。換一個看法，你說它是真的或是假的；再換一種看法，你說它是善的或是惡的。同是一件事物，看法有多種，所看出來的現象也就有多種。

比如園裡那一棵古松，無論是你是我或是任何人一看到它，都說它是古松。但是你從正面看，我從側面看，你以幼年人的心境去看，我以中年人的心境去看，這些情境和性格的差異都能影響到所看到的古松的面目。古松雖只是一件事物，你所看到的和我所看到的古松卻是兩件事。假如你和我各把所得的古松的印象畫成一幅畫或是寫成一首詩，我們倆藝術手腕儘管不分上下，你的詩和畫與我的詩和畫相比較，卻有許多重要的異點。這是什麼緣故呢？這就由於知覺不完全是客觀的，各人所見到的物的形象都帶有幾分主觀的色彩。

假如你是一位木商，我是一位植物學家，另外一位朋友是畫家，三人同時來看這棵古松。我們三人可以說同時都「知覺」

---

5 龔鵬程，〈第二章　兩種美學路向〉，《美學在台灣的發展》（嘉義：南華管理學院，1998 年），頁 9-12。

到這一棵樹，可是三人所「知覺」到的卻是三種不同的東西。你脫離不了你的木商的心習，你所知覺到的只是一棵做某事用值幾多錢的木料。我也脫離不了我的植物學家的心習，我所知覺到的只是一棵葉為針狀、果為球狀、四季常青的顯花植物。我們的朋友——畫家——什麼事都不管，只管審美，他所知覺到的只是一棵蒼翠勁拔的古樹。我們三人的反應態度也不一致。你心裡盤算它是宜於架屋或是製器，思量怎樣去買它，砍它，運它。我把它歸到某類某科裡去，注意它和其他松樹的異點，思量它何以活得這樣老。我們的朋友卻不這樣東想西想，他只在聚精會神地觀賞它的蒼翠的顏色，它的盤屈如龍蛇的線紋以及它的昂然高舉、不受屈撓的氣概。

從此可知這棵古松並不是一件固定的東西，它的形象隨觀者的性格和情趣而變化。各人所見到的古松的形象都是各人自己性格和情趣的返照。古松的形象一半是天生的，一半也是人為的。極平常的知覺都帶有幾分創造性；極客觀的東西之中都有幾分主觀的成分。

美也是如此。有審美的眼睛才能見到美。這棵古松對於我們的畫畫的朋友是美的，因為他去看它時就抱了美感的態度。你和我如果也想見到它的美，你須得把你那種木商的實用的態度丟開，我須得把植物學家的科學的態度丟開，專持美感的態度去看它。

這三種態度有什麼分別呢？

先說實用的態度。做人的第一件大事就是維持生活。既要生活，就要講究如何利用環境。「環境」包含我自己以外的一切人和物在內，這些人和物有些對於我的生活有益，有些對於我的生活有害，有些對於我不關痛癢。我對於他們於是有愛惡的

情感，有趨就或逃避的意志和活動。這就是實用的態度。實用的態度起於實用的知覺，實用的知覺起於經驗。小孩子初出世，第一次遇見火就伸手去抓，被它燒痛了，以後他再遇見火，便認識它是什麼東西，便明瞭它是燒痛手指的，火對於他於是有意義。事物本來都是很混亂的，人為便利實用起見，才像被火燒過的小孩子根據經驗把四周事物分類立名，說天天吃的東西叫做「飯」，天天穿的東西叫做「衣」，某種人是朋友，某種人是仇敵，於是事物才有所謂「意義」。意義大半都起於實用。在許多人看，衣除了是穿的，飯除了是吃的，女人除了是生小孩的一類意義之外，便尋不出其他意義。所謂「知覺」，就是感官接觸某種人或物時心裡明瞭他的意義。明瞭他的意義起初都只是明瞭他的實用。明瞭實用之後，才可以對他起反應動作，或是愛他，或是惡他，或是求他，或是拒他，木商看古松的態度便是如此。

賞　析

　　〈我們對於一棵古松的三種態度——實用的、科學的、美感的〉是朱光潛民國 21 年（1932）所寫的一篇散文，收錄於《談美》。朱光潛自稱此書是「通俗敘述」《文藝心理學》的縮寫本，朱自清卻在序文中，抱持不同的意見，認為它自成一個完整的有機體，有些地方是《文藝心理學》所沒有的，例如〈人生的藝術化〉這一章，便是孟實先生重要的理論。《談美》使得當時愛好文藝的青年，得以接觸文藝理論與美學觀念。朱自清曾為《文藝心理學》、《談美》撰寫序文，不僅歸結出兩書的核心意義，更彰顯了兩人之間的深厚情誼。

　　這篇文章透過實用的、科學的、美感的三種態度，在精神

內涵以及辯證事物異同的差異。作者以各種角度，討論美學如何作為生命的中心價值。作者首先從泛論到論證，不同的人看待同一件事物，由於情境、性格、情趣的不同，知覺不完全是客觀的，都帶有主觀的成分。其次，深入分析實用、科學、美感三種態度的分別。三種態度的最高目的，分別是善、真、美，注意力集中在事物對於人的利害、事物間的互相關係、事物本身的形象。至於心理活動，則分別聚焦於意志、抽象思考和直覺。善、真、美並非事物本身具有的特質，而是由人所判定的。最後，作者由正面和反面交互論證，主張人是自己心靈的主宰，真善美兼備，才能算是完全的人。

　　朱光潛的藝術觀主要受到克羅齊的影響，談文學首重「趣味」二字，認為文學是以語言文字為媒介的藝術，「作品的藝術價值愈高，就愈有含蓄」，尊重人的想像空間，允許讀者自行體會，綜合自己的心靈感受，啟發不同的情感與意象。[6] 當我們明白了美感與創造的道理之後，分辨了實用的、科學的、美感的不同取向，我們會明白「美」是事物呈現形象於直覺時的特質，無所為而為，這種美感經驗使人感受真正的解脫與自得，是人生中最有價值的一面。朱自清認為，作者有宏遠的眼界和豁達的胸襟，為我們矯正錯誤、針砭缺失，散布希望在每一個人的心裡，讓我們相信自己所能做的比想像所能做的多。作者引導讀者由藝術走入人生，又將人生納入了藝術之中。[7] 本文多次被選錄於中學國文教科書，青年學生當可由文意脈絡中，

6　傅佩榮，〈朱光潛的《談文學》〉，收錄於朱光潛，《談文學》（台北：名田文化，2003 年），頁 2-15。
7　朱自清，〈《談美》序〉，收錄於朱光潛，《朱光潛全集‧第 2 冊》（合肥：安徽教育出版社，1987 年），頁 98-100。

從「如何才能有審美眼光」到「何以需要美感」，淺顯易懂的各種對比，進行脈絡化的詮釋。作者以親切的呼籲，在開頭與結尾吸引讀者與作者不斷對話，從不同的角度去體會、深入思考與批判什麼是「美」。

21　編織人間的夢與詩——廢　名

李京珮

一、生平介紹

　　廢名，原名馮文炳，湖北黃梅人。清光緒 27 年（1901）生於黃梅，1967 年卒於長春，享年 67 歲。他畢業於湖北第一師範學校，曾任在武昌的小學擔任校長。民國八年（1919），因讀到周作人的〈小河〉，啟發對文學的興趣，期許自己把畢生精力放在文學事業上。民國 11 年（1922）考入北京大學預科，隨著文藝視野的擴大，開始練習寫作，於《努力週報》發表新詩處女作〈冬夜〉、〈小孩〉，小說處女作〈長日〉，署名馮文炳，也曾為《淺草》季刊撰稿。

　　魯迅的《吶喊》在民國 12 年（1923）出版後，引起廣大的注意，次年馮文炳於《晨報副鐫》發表讀後雜感〈《吶喊》〉，讚譽魯迅小說現實主義的諷刺筆力令他印象深刻。他從北大預科結業後，入北大英文系就讀，在《語絲》週刊發表短篇小說〈火神廟的和尚〉、〈石勒的殺人〉、〈去鄉〉、長篇小說〈橋：無題之一〉至〈橋：無題之十八〉等。短篇小說集《竹林的故事》民國 14 年（1925）由北新書局出版，風格平凡樸訥，是他早期的代表作。

　　馮文炳的筆名「廢名」是民國 14 年（1925）6 月開始使用的。民國 18 年（1929）由北大英文系畢業，後經周作人推薦，返校任教，講授李商隱、溫庭筠作品。民國 19 年（1930）在周作人指導下，與馮至創辦《駱駝草》週刊。此後數年間，出版短篇小說集《棗》，長篇小說《橋》與《莫須有先生傳》等。周作人曾鼓勵他讀李商隱詩、《唐吉訶德先生》等，都是構成《莫須有先生傳》的文學養分。民國 25 年（1936）於《世界日報》副刊發表多篇議論性的散文。民國 34 年（1945）出版論著《談新詩》，這是他在北大講授現代文藝課程的資料。抗戰時廢名回到故鄉，此書由北大文學院黃雨保存並出版，代表了他對新文學初期多位詩人的評價。

　　抗戰勝利後，民國 36 年（1947）在朱光潛主編的《文學雜誌》發表自傳性質的長篇小說《莫須有先生坐飛機以後》。他的一生以 1949 年為界，可以分為兩個時期：前期以創作為主，民國 11 至 26 年（1922-1937）和民國 35 至 37 年（1946-1948）是創作的兩個重要階段，兼及詩學與佛學研究。後期主要從事學術研究，涉及杜甫、魯迅、美學、語言學等領域，1956 年出版《與青年談魯迅》，擔任東北人民大學（現吉林大學）中文系主任，1963 年擔任吉林省文聯副主席、吉林省政協常委等職務。1967 年病逝。[1]

---

1 廢名生平資料，參考〈說夢〉、〈打鑼的故事〉、〈散文〉等自傳性質文字，以及：陳振國，〈馮文炳傳略〉，收錄於陳振國編，《馮文炳研究資料》（福州：海峽文藝出版社，1991 年），頁 3-10。陳振國，〈馮文炳文學活動年表〉，《馮文炳研究資料》（福州：海峽文藝出版社，1991 年），頁 11-29。馮健男，〈說廢名的生平〉，《馮文炳研究資料》（福州：海峽文藝出版社，1991 年），頁 83-95。陳建軍、張吉兵，〈廢名小傳〉，《廢名研究札記》（台北：秀威資訊，2009 年），頁 1-7。

二、作品風格與藝術特質

　　廢名在大學時代，對莎士比亞、哈代著作深感興趣，也因周作人的啟發，涉獵歐洲文學。1924 年 11 月，周作人主編的《語絲》在北京創刊，《語絲》對於廢名而言，是成長道路上一個重要的轉折時期，民國 13 至 16 年（1924-1927），他在這個園地積極發表作品。1930 年代《駱駝草》時期，他的創作體現了平淡隱逸的思想，長篇《橋》、《莫須有先生傳》同時進行，建立了成熟的文學風格。抗戰勝利後，周作人入獄，廢名前往探望，執弟子之禮甚恭。[2]

　　廢名寫詩的時間，從民國 11 年（1922）至抗日戰爭爆發為止，約十五年。瘂弦曾說他是「禪趣詩人」，可以被歸入「孤絕的作家」一類。他的世界是一個幽玄的世界，使用的語言是禪家的語言。作品特徵是大量運用古典文學，挑出一些可以從新燃燒的字句，使用一些可以構成新的聯想的典故，加以引伸，造成新的效果和感動。[3]

　　1930 年代，魯迅編選《中國新文學大系》小說二集時，在序文中評述廢名與同時代小說家的藝術風格差異，肯定其「以沖淡為濃」，又提到「作者過於珍惜他有限的『哀愁』」，認為後來的小說不如早期「閃露」，因此選錄的三篇小說〈浣衣母〉、〈竹林的故事〉、〈河上柳〉都是出自第一本小說集《竹林的故事》。

---

2 眉睫，〈廢名與周作人〉，《關於廢名》（台北：秀威資訊，2009 年），頁 73-78。
3 瘂弦，〈禪趣詩人廢名〉，《中國新詩研究》（台北：洪範書店，1981 年），頁 69-72。

沈從文則以為，廢名生長在湖北，所採取的背景是小鄉村方面，地方性強，表現在人物的語言上，讀者能從作品中接近鄉村的空氣。他的作品所顯示的神奇，是靜中的動，與平凡的人性的美，充滿一切農村寂靜的美。每篇之中，差不多都能看到一個我們所熟悉的農民，在一個我們所生長的鄉村，鄉村的空氣彷彿是把書拿來就能嗅出的。文字方面能夠節制，他用淡淡文字，畫一切風姿輪廓，文章所表現的性格，皆柔和具母性。廢名的作品文情相生，略近於所謂「道」，不黏不滯，不凝於物，不為自己所表現，不為自己所表現「事」或表現工具「字」所拘束限制。[4]

廢名早年所寫的小說，還具有小說的結構和形式，有事件插敘和發展，後來逐漸沒有故事、沒有小說的形式，逐漸散文化了。後來的篇章，更像古代陶潛、李商隱寫詩，表現了詩的意境，長於抒情。[5]至於《橋》、《莫須有先生傳》由於語言的獨特和主題模糊而有些晦澀。這種「陌生化」的藝術技巧，正展現了「文學是夢」的美學觀，小說中濃重的個人化色彩，透顯距離與想像，體現了藝術與生活的距離。這樣的風格使讀者離開習慣的軌道，對事物進行重新認識，將注意力轉向作品的形式本身，喚起對文學語言和藝術之美的感受，達到新的閱讀體驗。[6]廢名早年在北大讀外文系，大量接觸英國作品，小說

4　沈從文，〈論馮文炳〉，《馮文炳研究資料》，頁 198-204。沈從文，由冰心到廢名），《馮文炳研究資料》（福州：海峽文藝出版社，1991 年），頁 219-222。
5　馮建男，〈談廢名的小說創作〉，《中國現代文學研究叢刊》，1985 年第 4 期，頁 140-151。
6　田廣，〈第二章　晦澀的美學〉，《廢名小說研究》（北京：中國社會科學出版社，2009 年），頁 53-63。

在手法和語言上也自覺或不自覺地受到西方現代文學的影響。
經由日常瑣事來展現生活情緒，這種趨勢在他的小說中似乎一
開始就存在，早期的小說，藝術上已顯示出多暗示、重含蓄、
好跳躍的特點。他的小說是耐讀的，耐得住不同的閱讀空間，
也耐得住不同的閱讀時間和閱讀對象。廢名作品對於後來的京
派作家如沈從文、汪曾祺而言，具有引導意義。[7]

三、作品選讀與賞析

〈竹林的故事〉（節選）

　　燈光下也立刻照見了三姑娘，拿一束稻草，一菜籃適才飯
後同媽媽在園裡割回的白菜，坐下板凳三棵捆成一把。

　　「媽媽，這比以前大得多了！兩棵怕就有一斤。」

　　媽媽哪想到屋裡還放著明天早晨要賣的菜呢？三姑娘本不
依恃媽媽的幫忙，媽媽終於不出聲的歎一口氣伴著三姑娘捆
了。

　　三姑娘不上街看燈，然而當年背在爸爸的背上是看過了多
少次的，所以聽了敲在城裡響在城外的鑼鼓，都能夠在記憶中
畫出是怎樣的情境來。「再是上東門，再是在衙門口領賞……」
忖著聲音所來的地方自言自語的這樣猜。媽媽正在做嫂子的時
候，也是一樣的歡喜趕熱鬧，那情境也許比三姑娘更記得清白，
然而對於三姑娘的彷彿親臨一般的高興，只是無意的吐出來幾

---

7 嚴家炎，〈序《廢名小說選集》〉，《中國文化》，第 13 期（1996 年 6
　月），頁 230-231。

聲「是」——這幾乎要使得三姑娘稀奇得伸起腰來了：「剛才還催我去玩哩！」

三姑娘實在是站起來了，一二三四的點著把數，然後又一把把的擺在菜籃，以便於明天一大早挑上街去賣。

見了三姑娘活潑潑的肩上一擔菜，一定要奇怪，昨夜晚為什麼那樣沒出息，不在火燭之下現一現那黑然而美的瓜子模樣的面龐的呢？不——倘若奇怪，只有自己的媽媽。人一見了三姑娘挑菜，就只有三姑娘同三姑娘的菜，其餘的什麼也不記得，因為耽誤了一刻，三姑娘的菜就買不到手；三姑娘的白菜原是這樣好，隔夜沒有浸水，煮起來比別人的多，吃起來比別人的甜了。

我在祠堂裡足足住了六年之久，三姑娘最後留給我的印象，也就在賣菜這一件事。

三姑娘這時已經是十二三歲的姑娘，因為是暑天，穿的是竹布單衣，顏色淡得同月色一般——這自然是舊的了，然而倘若是新的，怕沒有這樣合式，不過這也不能夠說定，因為我們從沒有看見三姑娘穿過新衣：總之三姑娘是好看罷了。三姑娘在我們的眼睛裡同我們的先生一樣熟，所不同的，我們一望見先生就往裡跑，望見三姑娘都不知不覺的站在那裡笑。然而三姑娘是這樣淑靜，愈走近我們，我們的熱鬧便愈是消滅下去，等到我們從她的籃裡揀起菜來，又從自己的荷包裡掏出了銅子，簡直是犯了罪孽似的覺得這太對不起三姑娘了。而三姑娘始終是很習慣的，接下銅子又把菜籃肩上。

一天三姑娘是賣青椒。這時青椒出世還不久，我們大家商議買四兩來煮魚吃——鮮青椒煮鮮魚，是再好吃沒有的。三姑娘在用秤稱，我們都高興的了不得，有的說買鯽魚，有的說鯽

魚還不及鯿魚。其中有一位是最會說笑的，向著三姑娘道：「三姑娘，你多稱一兩，回頭我們的飯熟了，你也來吃，好不好呢？」

三姑娘笑了：「吃先生們的一餐飯使不得？難道就要我出東西？」

我們大家也都笑了；不提防三姑娘果然從籃子裡抓起一把擲在原來稱就了的堆裡。

「三姑娘是不吃我們的飯的，媽媽在家裡等吃飯。我們沒有什麼謝三姑娘，只望三姑娘將來碰一個好姑爺。」

我這樣說。然而三姑娘也就趕跑了。

從此我沒有見到三姑娘。到今年，我遠道回家過清明，陰霧天氣，打算去郊外看燒香，走到壩上，遠遠望見竹林，我的記憶又好像一塘春水，被微風吹起波皺了。正在徘徊，從竹林上壩的小徑，走來兩個婦人，一個站住了，前面的一個且走且回應，而我即刻認定了是三姑娘！

「我的三姐，就有這樣忙，端午中秋接不來，為得先人來了飯也不吃！」

那婦人的話也分明聽到。

再沒有別的聲息：三姑娘的鞋踏著沙土。我急於要走過竹林看看，然而也暫時面對流水，讓三姑娘低頭過去。

賞　析

〈竹林的故事〉是馮文炳 1925 年 2 月 16 日發表於《語絲》第 14 期的短篇小說。本文節錄後半到結尾的部分。這篇小說，情節和人物性格都不很清晰，「我」作為第一人稱敘事者，以一個年輕知識分子的身分，娓娓道來。竹林是獨立的空間，透過藝術技巧的留白，呈現一個夢境般的桃花源。故事的敘述，不

強調情節、人物性格，以詩化的語言，指向人物內心的思緒。

小說分成數個片段，依序寫出老程在世時三姑娘家幸福的日子，三姑娘在父親去世後和母親相依為命，辛苦賣菜，最後嫁做人婦。全篇在結構上呈現片段化的特色，人物和清新的鄉村景物構成對應關係，竹林彷彿有意設置的富於詩情的象徵境界，襯托主角的純淨性格。[8]「我」作為敘述者，有限的視閾留下了空白，也讓讀者有更寬廣的想像。廢名曾經在 1950 年代總結自己的創作時說：「就表現的手法說，我分明地受了中國詩詞的影響絕句二十個字，或二十八個字，成功一首詩，我的一篇小說，篇幅當然長得多，實是用寫絕句的方法寫的，不肯浪費語言。」[9]〈竹林的故事〉正實踐了這樣的創作觀，語言含蓄而富於表現力。

周作人在《竹林的故事》序文中說，「馮文炳君的小說是我所喜歡的一種」[10]，強調他的小說藝術特徵，是隱逸溫和的，不是逃避現實的。文學不是實錄，而是一個夢，而且這正是現實。小說題材多寫鄉村的兒女翁媼的事，描寫平凡人的平凡生活，文學之夢也離不開現實。周作人肯定他在中外文學裡涵養趣味，更期許他發展平淡樸訥的作風，建立獨特的藝術性格。

廢名在〈說夢〉[11] 回憶自己的創作歷程，曾經受到廚川白村的影響，回想不久之前的〈竹林的故事〉、〈河上柳〉、〈去鄉〉，

8　錢理群，〈第三章　小說（一）〉，《中國現代文學三十年（修訂本）》（北京：北京大學出版社，2005 年），頁 62。

9　廢名，〈《廢名小說選》序〉，《馮文炳研究資料》（福州：海峽文藝出版社，1991 年），頁 128-130。本文作於 1957 年。

10　周作人，〈《竹林的故事》序〉，《語絲》，第 48 期（1925 年 10 月 12 日），版 1。

11　廢名，〈說夢〉，《語絲》，第 133 期（1927 年 5 月 28 日），頁 1。《語絲》原以版次標示，第 80 期起改變版型，以頁碼標示。

這些過去生命的結晶，都是再也不能寫出的傑作，偶然回顧，
正如同一個夢。〈竹林的故事〉從寧靜清幽的意象開始，寫人物
的生命經歷、竹林周圍的和諧景物，凝聚出靜謐的氣氛。

　　「美」與「悲」是〈竹林的故事〉重要的質素，自然生命
觀是主要的精神。廢名塑造人物，雖著墨不多，卻運用點染之
法，使人物形神俱備，且能化用古典詩歌的意境到小說藝術之
中。[12]〈竹林的故事〉文體獨特，事件交代簡略，結構是斷片
化的結構，讀來更近於散文。小說的詩化語言，簡鍊含蓄，塑
造優美的意境，人與自然處於和諧共生的狀態。「三姑娘」原是
小說著力描寫的中心人物，小說中時間流逝、環境改變，人物
卻是靜態的、抽象的。這篇小說亦有複調意味，描繪了平和寧
靜的鄉土田園生活，隱喻生活的苦難、對苦難的審美超越，展
現小說的多義性，充滿藝術魅力。廢名是一位特立獨行的作家，
小說創作數量雖然不多，卻以獨特的文體形式與藝術風格，在
中國現代小說史上占據了不可替代的地位。[13]

---

[12] 賀仲明，〈自然生命觀下的美與悲：重讀廢名《竹林的故事》〉，《名
作欣賞》，2010 年第 15 期，頁 4-7。

[13] 田廣，〈廢名的小說藝術：以《竹林的故事》為例〉，《語文建設》，
2010 年第 1 期，頁 49-52。

22　雅俗共賞的戲劇天才
──曹　禺

蔡孟文

一、生平與作品風格

　　1945-1949 年，一般我們以「戰後初期」來理解、定義、想像這變動劇烈的四年。這四年也是國民黨推動「去日本化」、「再中國化」文化改造的階段。在這個重新認識祖國的過程中，台灣人接觸了不少祖國的劇作家，如：曹禺、歐陽予倩、吳祖光、老舍等。1950 年起，在蔣介石和國民黨領導的反共「國策」下，不只是左翼作家被禁，幾乎所有中國大陸作家都被封殺，只能透過舊書攤、文友之間祕密流通、傳閱。用一種被扭曲的，最奇怪的方式，像似能奪人性命的密咒，在反共抗俄的時代浪潮裡輾轉低吟。一直要到台灣解嚴，這些被抹消的作家、作品才得以重見天日。

　　曹禺（1910-1996）原名萬家寶，生於天津，祖籍湖北潛江。少時就表現出對於戲劇的濃厚興趣。15 歲加入南開新劇團。1933 年清華大學西洋文學系畢業後，任教於河北保定育德中學，並先後在河北女子師範學院、南京國立戲劇專科學校、上

海實驗戲劇學校任教。中華人民共和國建國後，擔任過中央戲
劇學院副院長、北京人民藝術劇院院長等職務。文革期間遭受
迫害，雖得於文革後平反，並出任北京人民藝術劇院院長，但
是不再從事創作。

曹禺就讀清大期間，就寫出了畢生代表作《雷雨》，在中國
新劇史上具有舉足輕重的地位，同時也是曹禺在台灣流傳最廣
的作品。2006 年張藝謀的古裝歷史大片《滿城盡帶黃金甲》就
改編自《雷雨》，片中匯聚兩岸知名巨星，鞏俐、周潤發、周杰
倫。除了導演的號召力，也是對於原著的致敬。一般將《雷雨》、
《日出》、《原野》、《北京人》並稱為曹禺的四大劇。創作時間
在 1933 年到 1941 年，是他的巔峰期。

曹禺的作品透露出對人類命運的深刻思索，對於人的道德、
人性、情感有極為細膩的刻畫。人物形象複雜而立體，戲劇衝
突尖銳，語言精煉。在形式上，曹禺的新劇創作融合了中西劇
場藝術的特質，同時凝鍊出具有曹氏特色的表現手法。就作品
內在而言，其劇本具有的哲思高度，讓不同時代、不同背景的
讀者以各自的方式閱讀、理解，甚至曲解。長期以來，曹禺一
直被視為中國新劇最重要的劇作家。就文學、劇場發展的脈絡
來看，曹禺的橫空出世，為 1930 年代中國新劇真正走向職業化、
本土化，提供了實現的基礎。既滿足了劇評家，又能夠在商業
模式下得到良好效益，是少數真正擔得起「雅俗共賞」的戲劇
大師。

二、作品選讀與賞析

《原野》（節選）

第四景〔在黑林子裡——夜四時半。〕

〔仇虎扶著花氏由當中深遂的草徑一步一步地拖過來，兩人都是一身水泥。仇虎只剩下一條短短沿邊撕成犬齒的布褲，花氏的鞋也在水裡失去，衣裙滴下水，褲子卷得更高。包袱是在手裡。仇虎一手舉著手槍和彈袋，一手扶著花氏，眼裡忽然燒起反抗的怒火，渾身水淋淋的。他回頭呆望著更深的黑暗，打了一個寒戰。忙匆匆地走進。〕

……

〔風吹過去，忽由遠處幽長地呼出慘屬的聲音，由遠而近，又由近而遠。〕

（那聲音因為遼遠而有些含糊，淒屬地）回來呀，我的黑子！快回來吧！我的小黑子。）

仇虎：（突然變了聲音，喑啞地）你聽，你聽，這是什麼！這是什麼？

〔那聲音：（更淒寂地，漸近）回來，我的孫孫！快回來吧，我的小孫孫。〕

焦花氏：（驚恐）她！——她！一——她！

仇虎她又跟上我們了。

〔那聲音：（怪屬。不似人聲，漸遠）魂快回來，我的黑子！你魂快回來，我的心肝孫孫。〕

焦花氏：（忽然抱性仇虎）哦，天！

仇虎：（顫抖）我們快——快走吧。

焦花氏：嗯，（剛走了兩步。一腳踏在軟而有刺的車而上，大叫起來）啊！虎子，我的腳！

仇虎：什麼？

焦花氏腳底下，軟幾幾的，刺！刺！亂動！

仇虎：（由彈袋裡取出洋人劃燃，二人往下看）哪兒？

焦花氏：這兒！這兒！

仇虎：（二人圍著那個東西，一隻人照著他們恐怖的臉）刺猬！

焦花氏：（放下心）刺猬。

〔這時由當中遠處怪異地唱起一句「初一十五廟門開」。仇虎驀回頭。〕

仇虎：這是誰？

焦花氏：像——像狗蛋！

〔頓時四處和唱著一群低沉幽森的聲音：「初一十五廟門開」，如同有多少被壓迫冤屈的幽靈。〕

仇虎：金子，你聽，這是哪一堆人唱。

焦花氏：現在？

仇虎：嗯！

焦花氏（搖頭）：沒有，——沒有人唱。

（接著，當中遠處又在森屬可怖地唱：「牛頭馬面兩邊排。」）

仇虎：誰——誰又在唱？

焦花氏（諦聽）：是——是狗蛋。

〔跟隨，四面又唱起多少低沉的聲音，哀悼地重複著：「牛頭馬面兩邊排！」這時仇虎忽而看見在左邊破廟前黑暗裡冉興立起牛頭和馬面，如同一對泥傀儡，相對而立。〕

仇虎（驚愕，低聲）：這——是——什——麼？

焦花氏（不明白）：什麼？

仇虎（更低聲）：你沒看見？

〔當中遠處又唱：「殿前的判官喲，掌著生死的簿。」〕

仇虎：你聽見了沒有？

焦花氏：嗯，聽見，這一定是狗蛋學的你。

〔緊接，四外陰沉沉地合唱「殿前的判官喲掌著生死的簿」。仇虎的眼裡又在廟前邊土台旁幻出一個披戴青紗，烏冠插著黑翅的判官，像個泥胎，悄悄地立在那裡。〕

仇虎：（倒呼出一日氣）怎——麼——回——事？

焦花氏：虎子！

仇虎：媽呀！

〔不間斷地當中遠處又唱：「青面的小鬼拿著拘魂的牌。」〕

焦花氏：（拉著仇虎）走吧！虎子！（仇虎不動）

〔立時，四邊和起：「青面的小鬼拿著拘魂的牌。」仇虎望見黑地裡冉冉冒出一個手執拘牌的青臉的小鬼，立在土台之旁，恰如泥像。〕

仇虎：哦！（揩揩頭上的汗）

〔當中遠處又唱，但是此次威森森地：「閻王老爺喲當中坐。」〕

（立刻彷彿四面八方和起那沉重而森嚴的句子，如若地下多少聲音一齊苦痛而畏懼地低吼出來：「閻王老爺喲當中坐。」似乎都等待著那最後的審判。仇虎望見一片昏黑的慘陰陰的霧裡漸漸顯出一個頭頂平天冠，兩手捧著王芴的黑臉的閻羅（地藏王），端坐小土廟之上，前面的土台成了判桌。閻羅正如廟裡所見，一絲不動，塑好的泥胎。）

仇虎：（目瞪口張）哦，媽！

焦花氏：（更慨的聲音，為仇虎的森嚴態度慴吸）虎子，你——看——見——什麼！

　　仇虎：說，說不得。

　　〔當中遠處幽遠而悲悼地唱：「一陣陰風喲吹了個女鬼來！」〕

　　〔立刻，彷彿四面簌落簌落風聲陰沉沉地吹起，四處幽長而哀傷地和唱，此次大半是女子的低聲：「一陣哪陰風喲吹了個女鬼來！」隨著四面的風聲怨聲，一個瘦小，穿著一身月白紡綢衣衫姑娘，輕悄悄由黑暗裡露出來。這姑娘的相貌和第二景的所見的毫無二致，只是更為怯弱蒼白，鬢角貼上兩張薄荷膏，手裡拿著一根麻繩。她輕輕飄飄地移過去，像是一陣風，不沾塵埃，到了判桌前面跪下。〕

　　仇虎（驚愕）：哦，我的屈死的妹妹。（花氏一聲不響，看著仇虎，驚恐萬分，不知怎樣對他好）

　　〔於是閻羅開始審問，他的動作非常像個傀儡，判官在一旁查看手執的案卷。〕

　　四方彷彿有多少無告的幽靈在嗚咽哀嚎，後面有許多幽昧不明的人形移動，那綢衣的姑娘似乎哀痛地訴說自己生前的悲慘的遭遇，眼淚汪汪，告訴怎樣父親死，哥哥下了獄，自己也賣到妓院，怎樣窯主客人一天一天地逼得吊死。說完深深叩頭，哀請閻羅做主。

　　仇虎：（含著眼淚聽她審訴，下自主地淚水流下，他揩了又揩，很低）哦，妹妹！我的可憐的妹妹，你死得好慘！好委屈呀！

　　〔閻羅似乎對判官略略商議，便命傳仇榮過審。桌前的青面小鬼將拘魂牌向裡面一舉，嘴裡彷彿在喊些什麼，立時四面八方多少幽靈哀悼地低聲應和，於是由黑暗裡走出另一個青面獠牙的小鬼帶著白髮龍鍾的老農人，蹩到桌前。那老頭手銬腳

鐐，看見女兒，二人抱頭大哭——無聲。——判官似乎大吼一聲，兩人同時跪下，那老者叩頭如搗蒜，哀哀淒淒地把自己如何被閻王逼死的情形申訴個完全，說完又叩頭無數。〕

仇虎：（憤恨）哦，爹爹，我的苦命的爹爹！今天我們仇家人再得不到公道，那麼世上就沒有天理了。

（這時忽然閻羅拍下驚堂木，對著仇虎叫了一聲，仇虎抬頭。所有判官、小鬼、牛頭、馬面、閻羅……都一齊惡森森地註視他。他幾乎嚇得不敢動轉。四面的聲音陰沉沉喊起，那青面的小鬼把拘魂牌對仇虎一舉，仇虎不由自主地向他們走去。）

焦花氏：虎子，虎子！你上哪兒去！（拉不住他，由他走去）〔仇虎看見父妹，忍下眼淚，點點頭便跪在案前。閻羅開始。審詢，四周喊喊喳喳有多少低低的議論。〕

仇虎：（低頭，聲音詭導）小人仇虎身有兩代似海的冤仇，前在陽世，上有老父年邁，下有弱妹幼小，都為那雜種狠心的焦連長所害，死於非命。

我的老父弱妹兩口，現已拘在陰曹地府，方才他們所供句句是真，無一是假。我在陽間，又被那雜種狠心的焦連長勾結那貪官污吏，陷害小人，把小人屈打成招，下獄八年，害成殘廢。殺了小人的老父，害死小人的弱妹，打斷小人的大腿，強占小人的田產，都是那狼心狗肺的焦連長。小人仇虎此番供享句句是真，無一是假，如若有半句瞎話，小人情願上刀山，下油鍋，單憑判官大人明斷，小人決不埋怨。可是小人兩代似海的仇冤，千萬請閻王老爺做主，閻王老爺做主。（深深叩頭）

（閻羅突然傳叫焦連長。小鬼一呼，堂下幽靈齊聲怒吼。這時焦連長由黑暗中走出，神色非常驕悍。他依然穿著連長的製服，掛軍刀，穿馬靴，很威武地走到閻羅案前，並不跪（仇

虎見著焦連長，想站起動手，為判官喝住又跪下。))

（閻羅彷彿以仇虎的話詢問焦連長，焦連長句句否認，加以駁斥。）

仇虎：（叩頭）啟稟閻王老爺，他的話是狡辯，一面之詞。

（焦連長又要申說。）

仇虎：（立刻叩頭）小人仇虎沒有說錯。

（焦連長又要辯白。）

仇虎：（又叩頭）請閻王老爺把他立刻判罪，不要再聽他的。

〔閻羅拍驚堂木令他不要說話。焦連長走上前去，又發議論，閻羅頻頻點頭，表示贊可。〕

仇虎：（窺見連喊）閻王老爺不要信他的，你不要信他的，你不要信他的，他在陽間自己就是閻王。

〔閻羅勃然變色，令判官對仇虎的父親、妹妹宣判。判後二人大哭，為小鬼們拖去。〕

仇虎：（大憤）什麼，我的爹還要上刀山，我的妹妹還要下地獄。你們這簡直是——（被牛頭一叉刺背，伏地不語）

〔閻羅又令判官宣判。焦連長得意洋洋，仇虎氣得渾身發抖。〕

仇虎：（跳起）啊，你們還要拔我的舌頭，叫他（指焦閻王），叫他上天堂。

他上天堂（暴躁地亂喊）你們這是什麼法律，這是什麼法律？

〔忽然馬面一叉把他刺倒地下。這時焦連長大聲——聽得見的——怪笑起來，每個「鬼」以至於閻羅都仔惡地得意地狂笑，聲震天地。仇虎慢慢由地上抬起頭來看牛頭，牛頭止笑，牛頭的臉變成焦閻王獰惡的臉；轉頭看馬面，馬面止笑，馬面

也換為焦閻王獰惡的臉；轉視小鬼，小鬼止笑，小鬼也化為焦閻王獰惡的臉；迴轉身望見判官，判官止笑，判官也改為焦閻王獰惡的臉；正面注視閻羅，閻羅止笑，閻羅就是焦閻王獰惡的自己。全場無聲，仇虎環顧四面焦閻王的臉，向後退。〕

仇虎：（咬於切齒，低聲）好，好，閻王！閻王！原來就是你！就是你們！我們活著受盡了你們的苦，死了，你們還想出個這麼個地方來騙我們，（對著那穿軍服的閻王，惡狠地）想出這麼個地方來騙我們！

〔突然，四面的焦閻王們又得意地大聲獰笑起來，聲響如滾雷。〕

仇虎：（忽而抽出手槍，對準他們，連發三槍）你們這群騙子！強盜！你們笑！

你們笑！你們笑！

〔一切景物又埋入黑暗裡。〕

賞　析

如果說《雷雨》是台灣人認識曹禺、接受曹禺，甚至重新演繹、理解曹禺的起點。那麼《原野》或許是非常特別的一個「個案」。其特別之處在於它的被理解與不被理解，它的主題所引起的爭議。誠然，也因為這樣的特殊性，豐富了我們對於《原野》的視野，讓台灣的讀者／觀眾在接受曹禺的斷層間，在壓縮了的中國現代戲劇認識論上，建立了某些「我們的」曹禺、「我們的」《原野》。

《原野》的主題，大致上圍繞著焦、仇兩個家族的衝突。透過衝突，表現了人性的各種面向，以及人在面對復仇這個念頭時的各種狀態。曹禺本人的說法則是：「極愛和極恨的

感情。」[1] 從復仇的角度詮釋這個劇本的固然在所多有，亦不乏由階級出發，著眼於被壓迫的農民對封建惡霸的鬥爭。而在表現手法方面，《原野》一直予人《瓊斯皇帝》(The Emperor Jones)的聯想，尤其是後四分之一表現主義的運用。王士儀為其下的定義是：新寫實主義，[2] 並指出：「它（《原野》）不是屬於《瓊》劇的單一屬性，而是一種異於現有寫實主義的新文類，即由寫實主義與『表現主義』兩種主義結構型式的混合體。從劇本本身結構客觀剖析，《原野》的創作模式不是複製《瓊》劇……。」[3] 相對於中國大陸，「我們」對待《原野》委實不那麼苛刻而嚴厲。反而更多的是對這位年僅 25 歲就寫下《原野》的天才劇作家，滿滿的讚嘆和孺慕。[4]

　　就內容而言，《原野》就是寫仇虎的復仇過程。當然曹禺並非耽溺於如何經營復仇的曲折情節而已，而是把這個過程寫向仇虎的內在世界去。他的心理狀態、思考方式、情緒反應、思維模式，我們也可視為他個人的心靈風暴。如兩岸許多論者所述，《原野》是一部神祕色彩濃厚的作品，無論我們由寫實主義、表現主義或其他的角度檢視。曹禺為仇虎安排的場景是詭異、陰森的，如詩，如畫，甚而更像一首遊走在陽世陰界的重金屬搖滾樂。

　　《原野》經典的第三幕，曹禺筆下閻王、判官、牛頭、馬面、小鬼以及鬼魂，無疑是一幅活生生的地獄圖卷。仇虎對於

---

[1] 曹禺，〈給蔣牧叢的信〉，轉引自田本相，《曹禺傳》（北京：北京十月文藝出版社，1988 年），頁 464。

[2] 王士儀，〈為《原野》辯：新寫實主義析白〉，《戲劇學刊》，第 15 期（2012 年 1 月），頁 173-191。

[3] 同上註，頁 181。

[4] 辜懷群，〈曹禺三疊〉，《聯合報》，2006 年 5 月 24 日，版 E7。

陰間正義的期待，是來自人間家破人亡悲慘處境的反饋，映照現實的黑暗殘酷。仇虎的控訴也因而有了更為踏實的基礎，某種程度引領讀者、觀眾，對於現世的檢視、對於自身經驗的帶入。《原野》是現實的，同時也是形而上的。這個世界裡充滿著恐懼、原始，一切都是那麼的極端，人性中最卑劣、醜惡、摯愛、情熱，被禁錮在仇虎半殘醜陋的肉身裡，相互衝突。我們看見仇虎在地獄與地獄之間掙扎嘶吼，無法脫出。而這永恆的地獄卻是仇虎自己造的。焦閻王的猝逝，無法遏止他的復仇怒火，因而選擇殺死無辜的好友大星、害死焦家唯一香火小黑子，至此復仇者淪為被公審者。仇虎如此復仇是否值得肯定，容有方家評說，而《原野》所揭示的內在矛盾，或許是天才如曹禺也無法處理（或不願處理）的永恆命題—身心安頓如何可能？

　　在接受／詮釋方面，如前文所述，《原野》引起左右、新舊、中外，許多不同立場的揣想與評價，也被視為曹禺創作巔峰期最具爭議的作品。我則要說，《原野》雖然寫的是鄉野奇談，內裡仍是都會的。復仇、內在衝突、矛盾、極端的愛與恨，在被異化了的現代人的生活裡一樣不缺。《原野》最初被搬演的年代，是中國新劇從實驗走向市場，從同人跨入商業的「大劇場」時期。台灣所接受的、理解的曹禺，也是在這樣具有高度市場性、都會生活品味，在上海、南京等大都會中扎根、確立下的現代戲劇大師身影。不論是戰後初期的祖國熱，或 1990 年代再起的「曹禺現象」，都是這個論述脈絡下的產物。

23　永遠年輕的散文家、翻譯家

——梁遇春

楊　明

一、生平介紹

　　梁遇春，又名秋心，1906 年出生於福州，從他的名字隱約可以看出他的性格，秋心和成愁，而與春相遇則是父母的一種期待吧。梁遇春故鄉福州的閩江學院中文系教授王國棟推測，梁遇春的名字和他的生日有關，因為生於立春之日，所以取名遇春。他小的時候先是接受傳統教育，由他的叔叔啟蒙，6 歲時插班入小學，直接跨過一、二年級，入讀三年級，8 歲時轉讀教會學堂格至高小，1918 年秋考入福建省立第一中學（今福州第一中學），梁遇春的童年到少年階段，既接受了傳統國學的薰陶，也在父親的授意下，讀了不少林紓翻譯的著作，可謂中西學養兼具。1922 年，叔叔帶著梁遇春先到了上海，在姊姊家暫住，然後往北京參加北京大學預科的入學考試，國文考試的作文題目是〈五四運動的意義〉，另有一到考題要為《水經注》中的一段文字加上新式標點，梁遇春順利通過考試，成為北大的預科生。

　　讀預科時，魯迅是梁遇春的老師，此時梁遇春的談吐已經引起魯迅注意，幾年後梁遇春寫了〈還我頭來〉，諷刺當時教育的食古不化，他將此文投稿到魯迅主編的《語絲》，魯迅對他的印象就更深刻了。1924 年梁遇春成為北京大學英文系學生，當時系主任室溫源寧，教授英國現代小說和莎士比亞戲劇，徐志摩教英國詩，葉公超教英文寫作，葉公超曾說梁遇春非常用功，他視梁遇春為弟子，對於梁遇春的同學詩人廢名，則視為學生。溫源寧也稱讚梁遇春天性謙虛，即使與人意見不同，也不當面反駁。

　　1927 年暑假，梁遇春回到福州，在長輩的安排下和表妹結婚，回到北大後不久，從他的散文中透露出新婚燕爾的小夫妻情感已經出現狀況，那時梁遇春的妻子已經懷有身孕，父親信上提醒他為人父的責任，孩子生下之後，梁遇春雖然清楚意識到兩人的情感變淡，但並未想到妻子有朝一日竟會突然離開人世。在學校裡他不和人說自己的私人情感，但是這一時期的散文裡，他透露了生活裡接二連三的不幸，同學石民是唯一知道這些細節的好朋友，梁遇春在寫給他的信裡則傾吐了情傷。石民的女朋友則為梁遇春介紹了細君，不久兩人結婚，並且生下一女。[1]

　　梁遇春在校成績優異，畢業後留校擔任助教，後來受到政局的影響，梁遇春曾隨溫源寧教授赴上海暨南大學任教，不久又與溫源寧同返北大，在北京大學圖書館負責管理北大英文系的圖書，兼任助教，1932 年夏因感染急性猩紅熱，只數日間病情變惡化不治，去世時僅 27 歲。福州大學教授施曉宇在紀念文

1　梁遇春就學過程及婚姻參考王國棟，〈梁遇春：來自三坊七巷的散文家、翻譯家〉，《閩江學院學報》，2011 年第 3 期，頁 13-20。

章中表示：「梁遇春生前不止一次說過：『一個人在年輕時死去，他在人們的記憶裡便永遠是年輕的。』這話說得不無道理，卻一語成讖，聽來令人心碎。」[2] 因為早逝，梁遇春留下的文學作品並不多，但是除了散文創作外，他所翻譯的外國文學作品對於中國喜歡文學的讀者也曾經有著深遠的影響，只是這些譯作隨著時間也逐漸被人所遺忘，王建坤在紀念梁遇春百歲之際特別提出呼籲：「經檢索發現 1949 年後，梁氏譯文除了《摩爾‧弗蘭德斯》在 1958 年再版過，他的譯文集大多湮沒無聲了。」[3]

二、作品風格與藝術特質

　　梁遇春讀大學時就開始翻譯西方文學作品，他的譯作中以英國的為多，另有俄羅斯、波蘭等東歐國家的著作，由他翻譯介紹給讀者的《小品文選》、《英國詩歌選》曾經是中學生喜歡的讀物。翻譯是跨越兩種文字，兩種文化的藝術，《英國小品文選》採取了適合那個年代的英漢對照形式，作為譯者的梁遇春為不瞭解英國歷史、英國文學史和西方文化的讀者架起一座溝通的橋樑，讓讀者同時可以從中文的譯注與英文的原作中吸收更多知識，以及欣賞到字裡行間的美。書中的譯注包括作者的介紹，例如蘭姆（Charles Lamb）有一篇散文〈一個單身漢對於結了婚的人們的行為的怨言〉，對蘭姆不瞭解的讀者可能沒法充分理解他作品的意涵，梁遇春除了翻譯之外，會在註解中說

2　施曉宇，〈短命才子梁遇春〉，《愛心雜誌》，2016 冬季號。
3　王建坤，〈至今谁念翻译家梁遇春〉，人民網，2006 年 3 月 17 日。

明蘭姆的姊姊有精神疾病，他為了照顧姊姊終身未娶。讀者明白了這層緣故，對於他的作品也就有了更深一層的認識。

梁遇春具備一名成功譯者的素養，他是葉公超的得意門生，廣泛涉獵英美文學，劉國平曾經對他作出如下的評價：「什麼東西都可以在他的腦海裡來往自由一有逗留，一副對聯，半章詩句都會引起他無數的感想和傅會，扯到無窮遠去，與他親密的人領會這錯中錯，原諒他，佩服他，引起同感非常曲折深邃……。」[4]

梁遇春的同窗好友馮至在〈談梁遇春〉寫道：「他博覽群書，他受影響較多的，大體看來有下邊的三個方面：他從英國的散文學習到如何觀察人生，從中國的詩、尤其是從宋人的詩詞學習到如何吟味人生，從俄羅斯的小說學習到如何挖掘人生。這當然不能包括他讀到的所有書籍。不管這三個範疇以內或以外，許多書中的雋語警句他在文章裡經常引用，它們有的與他原來的思想相契合，有的像一把鑰匙打開了他的思路，但也有時引用過多，給文章添了些不必要的累贅。」[5] 馮至此番評語算是十分中肯。

在散文寫作方面，梁遇春從 1926 年開始陸續在《語絲》、《奔流》、《駱駝草》、《現代文學》及《新月》等刊物上發表作品，後來收錄在《春醪集》（1930）和《淚與笑》（1934）出版成書。從他的名篇〈還我頭來〉、〈春朝一刻值千金〉等文，梁遇春留給後世的印象是一個率性而為、叛逆獨行的年輕作家。他在〈觀火〉中寫下：「順著自己的意志狂奔，才會有生氣，有

---

4 梁遇春，〈《淚與笑》序文〉，《淚與笑》（北京：中國文聯出版社，1993年），頁 22。
5 馮至，〈談梁遇春〉，《新文學史料》，1984 年第 1 期，頁 109-114。

趣味。」[6] 梁遇春的創作受英國散文家查理斯・蘭姆的影響，郁達夫因此稱為「中國的愛利亞」。[7] 他的散文集《淚與笑》與《春醪集》意味悠長，文字雋永，曾經以其獨特的風格曾經大放異彩，但是在接下來的數十年裡，又成為中國現代文學史上一個被忽略的角色。

三、作品選讀與賞析

〈途中〉（節錄）

　　其實我是個最喜歡在十丈紅塵裡奔走道路的人。我現在每天在路上的時間差不多總在兩點鐘以上，這是已經有好幾月了，我卻一點也不生厭，天天走上電車，老是好像開始蜜月旅行一樣。電車上和道路上的人們彼此多半是不相識的，所以大家都不大拿出假面孔來，比不得講堂裡，宴會上，衙門裡的人們那樣彼此拼命地一味敷衍。公園，影戲院，遊戲場，館子裡面的來客個個都是眉花眼笑的，最少也裝出那麼樣子，墓地，法庭，醫院，藥店的主顧全是眉頭皺了幾十紋的，這兩下都未免太單調了，使我們感到人世的平庸無味。車子裡面和路上的人們卻具有萬般色相，你坐在車裡，可要從睜大眼睛不停地觀察了三十分鐘，你差不多可以在所見的人們臉上看出人世一切的苦樂感覺同人心的種種情調。你坐在位子上默默地鑒賞，同車的客人們老實地讓你從他們的形色舉止上去推測他們的生平同當下

---

[6] 梁遇春，《淚與笑》（北京：中國文聯出版社，1993 年），頁 22。
[7] 「愛利亞」今譯「伊利亞」，是蘭姆（Charles Lamb）影響最大的筆名。

的心境，外面的行人一一現你眼前，你盡可恣意瞧著，他們並不會曉得，而且他們是這麼不斷地接連走過，你很可以拿他們來彼此比較，這種普通人的行列的確是比什麼賽會都有趣得多，路上源源不絕的行人可說是上帝設計的賽會，當然勝過了我們佳節時紅紅綠綠的玩意兒了。並且在路途中我們的心境是最宜於靜觀的，最能吸收外界的刺激的。我們通常總是事幹，正經事也好，歪事也好，我們的注意免不了特別集中在一點上，只有路途中，尤其走熟了的長路，在未到目的地以前，我們的方寸是悠然的，不專注於一物，卻是無所不留神的，在匆匆忙忙的一生裡，我們此時才得好好地看一看人生的真況。所以無論從那一方面說起，途中是認識人生最方便的地方。車中，船上同人行道可說是人生博覽會的三張入場券，可惜許多人把它們當做廢紙，空走了一生的路。我們有一句古話：「讀萬卷書，行萬里路。」所謂行萬里路自然是指走遍名山大川，通部大邑，但是我黨換一個解釋也是可以。一條的路你來往走了幾萬遍，湊成了萬里這個數目，只要你真用了你的眼睛，你就可以算是懂得人生的人了。俗語說道：「秀才不出門，能知天下事」，我們不幸未得入泮，只好多走些路，來見見世面罷！對於人生有了清澈的觀照，世上的榮辱禍福不足以擾亂內心的恬靜，我們的心靈因此可以獲到永久的自由，可見個個的路都是到自由的路，並不限於羅素先生所欽定的：所怕的就是面壁參禪，目不窺路的人們，他們自甘淪落，不肯上路，的確是無法可辦。讀書是間接地去瞭解人生，走路是直接地去瞭解人生，一落言詮，便非真謗，所以我覺得萬卷書可以擱開不念，萬里路非放步走去不可。

　　瞭解自然，便是非走路不可。但是我覺得有意的旅行倒不

如通常的走路那樣能與自然更見親密。旅行的人們心中只惦著他的目的地，精神是緊張的。實在不宜於裕然地接受自然的美景。並且天下的風光是活的，並不拘泥于一穀一溪，一洞一岩，旅行的人們所看的卻多半是這些名聞四海的死景，人人莫名其妙地照例讚美的勝地。旅行的人們也只得依樣葫蘆一番，做了萬古不移的傳統的奴隸。這又何苦呢？並且只有自己發現出的美景對著我們才會有貼心的親切感覺，才會感動了整個心靈，而這些好景卻大抵是得之偶然的，絕不能強求。所以有時因公外出，在火車中所瞥見的田舍風光會深印在我們的心坎裡，而花了盤川，告了病假去賞玩的名勝倒只是如煙如霧地浮動在記憶的海裡。今年的春天同秋天，我都去了一趟杭州，每天不是坐在劃子裡聽著舟子的調度，就是跑山，恭敬地聆著車夫的命令，一本薄薄的指南隱隱地含有無上的威權，等到把所謂勝景一一領略過了，重上火車，我的心好似去了重擔。當我再繼續過著我通常的機械生活，天天自由地東瞧西看，再也不怕受了舟子，車夫，游侶的責備，再也沒有什麼應該非看不可的東西，我真快樂得幾乎發狂。

賞　析

　　梁遇春的譯作中實踐著嚴複所提倡的「信」、「達」、「雅」，他也以這種理論作為判斷翻譯優劣的標準。而他的散文寫作某種程度上其實也體現了此一主張，他寫出自己真實的想法與主張，不矯揉做作，不被他人的價值影響，但是寫到個人的情感時，則較隱晦，一方面因屬於隱私，與他人無關，另方面再婚之後，亦要顧及第二任妻子的感受。

　　以此篇〈途中〉為例，更多的時候我們會將目光放在目的

地，旅行時如此，生活中亦如此，求學時，我們在意的是分數，是學歷，就業後，我們在意的是職位，是工資，中間的過程呢？是為了達到目的不得不經過的，雖然很多人會說享受過程不問結果，但是現實生活裡，大家還是希望過程的那一頭有自己期待的結果等在那。

梁遇春文中的領悟正好提醒讀者，途中才能享受到的自由其實特別值得珍惜，因為還沒到達目的地，你只能在途中等待時間將你帶到你所欲到達之處，因此可以閒適冥想，或者什麼都不想的觀察路人，看人是一種古老的打發時間方式，如果梁遇春生在人人低頭看手機的年代，他的〈途中〉風景也將不同。梁遇春沒機會使用手機，我們卻可以懷舊的體驗一番梁遇春描寫的途中：「一條的路你來往走了幾萬遍，湊成了萬里這個數目，只要你真用了你的眼睛，你就可以算是懂得人生的人了。」乍看彷彿有點牽強，但是細想一番，同一條路有季節更迭、花開花謝、行人往來、風雨陰晴、月圓月缺，還可能路見不平，道聽塗說，冤仇者狹路相逢，鍾情者有緣相遇，其中蘊含無限精采，但你若不用眼睛看，自然以為什麼都沒有，不知道自己已經錯過多少紅塵興味、世間智慧。

文中還提及作者自身的旅遊經驗，不願受旅遊指南的拘束，非要同別人去一樣的名勝古蹟才算完成行程，隨興所至反而更能享受樂趣。梁遇春的文字有著故意的佻達，玩世不恭的氛圍中卻也透露出「有心栽花花不開，無心插柳柳成蔭」的人生哲學，這樣的體悟或者也和他的情感經歷有關。行路種種原不能盡在掌握，就如生活難以盡如人意，隨遇而安需要智慧和修養，當臻隨遇而安之境，又能在所遇中領略真義。

西方思想在民國初年湧入中國，成長於福州的梁遇春和參

與革命推翻帝制的林覺民是同鄉，閩粵地區離京城雖遠，新思想的傳入卻在清末已經相當蓬勃。梁遇春是在五四運動中成長起來的一代，對於傳統文化勇於提出質疑，追求自由自主更是當時年輕作家們共同的嚮往，許多過去被大家視為理所當然的價值遭到顛覆，這種對於自由、幽默詼諧與美的追求成為梁遇春散文的特點。

因為受英國文學的影響，梁遇春的用字遣詞，尤其是語法，在中文的典雅中融合了英文的風韻，如果有人覺得梁遇春不論在翻譯還是寫作上的成就都不能和同樣出生福建比他年長了十歲的林語堂相提並論，因此這些年他被忽略了，那麼他的早逝應該是這遺憾的最大原因，假如上天多給他一些時間，我們將可以讀到更多佳作。梁遇春說：「車中，船上同人行道可說是人生博覽會的三張入場券」，但願讀完此篇者也能珍惜手上的入場券，別只記得低頭看手機。

24　存在是一種蟄伏——施蟄存

楊　明

一、生平介紹

　　施蟄存（1905 年 12 月 3 日－2003 年 11 月 19 日），本名施德普，祖籍浙江杭州，他的父親原是一位教師，家中生活並不富裕，8 歲那年父親在上海謀得一份經理的工作，施蟄存和家人一起搬到上海，此時他的家境才逐漸好轉。施蟄存有四個妹妹，其中一個妹妹便是詩人戴望舒筆下那位如丁香一般的姑娘，以寫作〈雨巷〉聞名的戴望舒和施蟄存是非常好的朋友，不過戴望舒和好友的妹妹最終卻未能獲得圓滿的結局。

　　1922 年施蟄存考進杭州之江大學，他與戴望舒的友誼由此開始，因為愛好文學，還結識了杜衡、張天翼等人，他們組成文學社團蘭社，創辦小旬刊《蘭友》。因為施蟄存家不在杭州，曾寄居戴望舒家裡。接著他們一同考入上海大學中國文學系，課餘時經常拜訪沈雁冰、田漢、俞平伯等老師，喜歡寫作的施蟄存在這一年自費出版了第一部短篇小說集《江干集》，而施蟄存這個筆名則是他寫〈蘋華室詩見〉時首次使用。後來兩人又都轉入震旦大學法文特別班，同新感覺派的另一位作家劉吶鷗成為同學，他們一起創辦《瓔珞》旬刊。施蟄存從事新文學創

作之前，曾以施青萍的筆名在《禮拜六》、《紫羅蘭》、《半月》等刊物上發表作品，可以看出他的古典文學功底也相當不錯。

　　1928 年他任上海第一線書店和水沫書店編輯，參加《無軌列車》、《新文藝》雜誌的編輯工作，施蟄存正式踏入文壇。1929年，施蟄存嘗試採用心理分析的技巧創作小說〈鳩摩羅什〉、〈將軍底頭〉，使其成為中國現代小說的奠基人之一，也就是新感覺派的開創者之一。其後他主編的《現代》雜誌引進現代主義思潮，成為專業文藝工作者，在當時影響了不少文藝愛好者。1937年起施蟄存在多所大學任教，抗戰爆發後，施蟄存則應雲南大學之邀，去昆明任教。而去了香港的戴望舒卻遭日本人逮捕，受了許多折磨，健康大受影響，抗戰勝利後，戴望舒回到上海，又遭國民黨通緝，匆忙離滬前特別將自己的一批書稿交施蟄存保管，幾年後戴望舒過世，施蟄存不但經常去探望戴望舒母親，作為好友，他並且代為整理戴望舒遺稿洽談發行事宜，從兩人的相交，可以看出其重情誼的性格。

　　然而，因為一篇題為〈才與德〉的文章，施蟄存遭姚文元批為右派，這期間有人翻出舊賬——施蟄存曾被魯迅指為妄想在對立的鬥爭中保持中立的「第三種人」。[1] 那是一個政治掛帥的年代，人人都得表態，多位作家曾聯名撰寫批判施蟄存文章，他的同事、學生也有人出面檢舉揭發施蟄存過去種種不當言行。施蟄存因此不得不告別文學創作和翻譯工作，轉而從事古典文學和碑版文物的研究工作。20 世紀 50 年代他遷回岐山村居住，至 2003 年因病在上海華東醫院逝世，享年 99 歲，

1　參考寶康，〈從「第三種人」到「第三種人」集團：中國現代文學史上的「第三種人」之演變〉，《二十一世紀》網絡版，第 11 期（2003 年 2 月），http://www.cuhk.edu.hk/ics/21c/media/online/0210077.pdf。

他在岐山村內蟄伏了近半個世紀，雖然遭到批判，依然致力於學術研究，待平反後又重回講台，繼續教育工作。[2]

　　比施蟄存更為長壽的作家巴金，中華人民共和國建立後曾官居要職，文革時亦遭批鬥，晚年撰寫《隨想錄》，陳述文革時的種種。相較之下施蟄存晚年卻很沉默，雖然他的作品在沉寂多年後重獲重視，但他除了研究古籍，並不多說什麼，似乎在他年輕時為自己取的筆名蟄存，已經透露出他的態度，安靜蟄伏，默默存在，至於未來文學史會怎麼評價他的成就，還需要時間去沉澱。

二、作品風格與藝術特質

　　施蟄存以寫心理分析小說著稱，作品著重描寫人物主觀意識的流動和心理感情的變化，追求新奇的感覺，將主觀感覺融入對客體的描寫，以悠揚的節奏、迷離的氛圍表現流露病態的都市生活，成為中國「新感覺派」的主要作家之一。上個世紀30 年代，施蟄存不但是中國最具影響力的心理分析小說家，他

---

2 施蟄存生平參考：
　　楊迎平，〈施蟄存傳略〉，《新文學史料》，2000 年第 4 期，頁 148-162。
　　黃德志、肖霞，〈施蟄存年表〉，《淮陰師範學院學報（哲學社會科學版）》，2003 年第 1 期，頁 25-47。
　　沈建中，《施蟄存先生編年事錄》，上海：上海古籍出版社，2013 年。
　　施蟄存，〈我們經營過三個書店〉，《新文學史料》，1985 年第 1 期，頁 184-190。
　　李歐梵，〈中國現代小說的先驅者：施蟄存、劉吶鷗、穆時英作品簡介〉，收錄於李歐梵編選，《上海的狐步舞：新感覺派小說選》（台北：允晨文化，2001 年），頁 7-21。

主編的文學刊物《現代》也是新感覺派作家的主要發表園地，一種文學流派要能茁壯成長，適合的苗圃功不可沒，而《現代》雜誌屬於當時發行較具規模的文學刊物，現代主義經此進入中國現代文壇，曾經形成文壇上現實主義、浪漫主義、現代主義三足鼎立的局面。

　　五四新文學運動的催化，1920、30 年代的中國文壇一片欣欣向榮，鄉土派、人生派、問題派等小說均獲得令人欣賞的成就，施蟄存則選擇潛入西方現代主義文學中，以佛洛伊德精神分析學說為核心，發展出探索內心世界充滿想像空間的故事。施蟄存的小說融貫中西，猶如以西方油彩顏料繪出神形兼具的中國文人畫，他的代表作之一〈梅雨之夕〉與他的其他小說一樣，探討了情慾的心理層面，從而揭示潛意識。但與〈鳩摩羅什〉、〈石秀〉等小說相較，〈梅雨之夕〉的文字清新，這種既舒展又周密的心理描寫，以及字裡行間營造出的清雅氣質，使得〈梅雨之夕〉展現與眾不同的都會情調。〈梅雨之夕〉幾乎沒有情節，小說陳述梅雨季節裡一位下班回家的男子，在途中邂逅一位少女的內心歷程。男人已婚，他知道妻子正在家中準備好了晚餐等他回去，他卻因為不願意在大眾運輸上被其他乘客的雨具弄濕衣裳，而在路邊隨意晃蕩，因此遇到了讓他聯想起初戀的少女。回憶一旦被勾起，他懷疑眼前的少女根本就是和他戀愛過的初戀女友，卻故意裝作不認識他，他卻也不好唐突追問。在雨水霏霏的傍晚善意為沒帶傘的陌生女孩撐傘，同行時一路心猿意馬，並肩的兩人貌似靠近，其實完全不相干，施蟄存生動的文筆，讓讀者也感染到那若有似無的微妙情愫及心理變化。

　　除了在小說創作和編務上展現的成績，難得的是，受到法

國和日本新思潮影響的施蟄存，古典文學的根基也相當好，所以他的著作多元且豐富。1935 年施蟄存應聘上海雜誌公司，與阿英合編《中國文學珍本叢書》，並主編《文飯小品》6 期，編纂《晚明二十家小品》，翻譯德國小說家格萊賽《一九〇二級》及美國學者李德《今日之藝術》。任教雲南大學時編撰《中國文學史》、《散文源流》等教材，1943 年任教廈門大學，開設《史記》專題課，編撰《史記旁箚》等教材。中華人民共和國建立後，施蟄存的寫作不符合當時文藝為政治服務的主流，他也不再寫小說，1952 年入華東師範大學中文系任教授，1960 年代編撰《後漢書征碑錄》、《蠻書征碑錄》、《三國志征碑錄》、《隋書征碑錄》、《魏書征碑錄》、《北山樓碑跋》、《雲間碑錄》等，輯錄《金石遺聞》、《宋金元詞十遺》。此後很長一段時間，他專心致志埋頭於故紙堆中。

　　直到 20 世紀 80 年代，經濟改革開放後現代主義思潮重新湧入中國，他的文學創作才又重新開始受到重視。施蟄存出版的短篇小說集有《上元燈》、《將軍底頭》、《李師師》、《梅雨之夕》、《善女人行品》、《小珍集》，散文集有《燈下集》、《待旦錄》，還出版了一些學術著作和大量譯作。鑒於在文學創作和學術研究上的貢獻，施蟄存曾被授予「上海市文學藝術傑出貢獻獎」（1993）和「亞洲華文作家文藝基金會敬慰獎」。

　　施蟄存的小說成就很長一段時間被忽略，1930 年代他和魯迅曾有過一場關於《莊子》和《文選》的筆戰，施蟄存後來遭批鬥也和這一段時期他的部分主張有關。他的小說創作數十年來受到漠視，如今重讀，有評論者除了肯定他的文學成就，稱讚他願意提供後起之秀機會，對於他甘於寂寞致力學術研究的

品德，也是多所敬佩。[3]

三、作品選讀與賞析

〈將軍底頭〉（節選）

　　將軍兜上了心事，不想戀戰了，將軍盡讓他底駿馬駝著他向山崗上奔去，將軍想起了那個少女。現在哥哥死了，她不是孤獨了嗎？誰要來保護她呢？她不是除了哥哥之外，家中並沒有別的人了嗎？將軍這樣想著，便好象已經看到了這個孤苦無依的少女，在他底懷抱之中受著保護。將軍心中倒對於這個武士底戰死，引為幸運了。這時的花驚定將軍完全是自私的，他忘記了從前的武勇的名譽，忘記了自己底紀律，甚至忘記了現在是正在戰爭。

　　將軍正在滿心得意地想回轉馬頭，歸向村中去，但沒有覺得背後有一個認得他的吐蕃將領正在追蹤著他，將軍底馬剛才回頭，將軍底眼睛剛才一瞥地看見背後有人，而那兇惡的吐蕃將領底大刀已經從馬上猛力地砍上了將軍底項頸了。

　　於是，稱為成都猛將的花驚定將軍底頭便這樣地被抓住在一個吐蕃將領的手中了。

　　但，將軍倒下馬來沒有呢？沒有！將軍並沒有感覺到自己的頭已經給敵人砍去了。一瞥眼看見了正在將利刀劈過來的吐蕃將領，將軍頓時也動了殺機。將軍也把大刀從馬上撂過去，

---

3 施蟄存寫作風格析述參考高麗《論施蟄存小說中的傳統意識》、孔令雲《近80年來施蟄存研究述評》、賀如文《論施蟄存心理分析小說》等。

而吐蕃將領的頭也落在地上了。所以，事情是正象在傳奇小說中所布置的那樣巧，說是將軍樂吐蕃底將領和吐蕃將領之殺將軍是在同時的，也沒有什麼不可以。這其間，所不同者，是那個吐蕃將領抓著將軍的頭立刻就倒下馬來了，而將軍卻雖然失去了頭，還不就死掉。將軍的意志這樣地堅強，將軍正在想回到村裡去，何曾想到要被砍掉了頭呢？所以將軍殺掉了那個吐蕃將領之後，從地上摸著了勝利的首級，仍舊夾著他底神駿的大宛馬，向鎮上跑去。

劇烈的戰爭已持續了兩個多時辰，卻還沒有什麼勝敗，鎮上的人都還躲在屋子裡，不敢出來。沒有了頭的花將軍由著他底馬背著他沿了溪岸走去，因為是在森密的樹林間，躑躅著在溪的彼方的街上的邊戍兵也沒有看見他。將軍覺得不知怎的忽然悶熱起來，為什麼眼前一點也看不出什麼呢？從前也曾打過仗，卻沒有這樣的經驗呀。將軍覺得滿身都是血了，這樣，怎麼可以去見那個美麗而又溫雅的少女呢？如此想著，將軍就以為有找一處淺岸去在溪水裡洗濯一下的必要了。

將軍在一個灘岸邊下了馬，走近到溪水邊。將軍奇怪著，水何以這樣渾濁呢，一點也照不見自己的影子？而這時候，在對岸的水階上洗滌著碗碟的卻正是將軍所繫念著的少女。她偶然拾起頭來，看見一個手裡提著人頭的沒有頭的武士直立在對岸，起先倒嚇了一跳。但她依舊看著，停止了洗滌。她看將軍蹲下身來摸索著溪水，象要洗手的樣子。她不覺失笑了：

「喂！打了敗仗的嗎？頭也給人家砍掉了，還要洗什麼呢？還不快快的死了，想幹什麼呢？無頭鬼還想做人麼，呸！」

將軍底心，分明聽得出這是誰的口音。一時間，將軍想起了關於頭的讖語，對照著她現在的這樣漠然的調侃態度，將軍

突然感到一陣空虛了。將軍底手向空間抓著,隨即就倒了下來。

　　這時侯,將軍手裡的吐蕃人底頭露出了笑容。

　　同時,在遠處,倒在地下的吐蕃人手裡提著的將軍底頭,卻流著眼淚了。

賞　析

　　《將軍底頭》是施蟄存在 1930 年發表的作品,25 歲的他已經在文壇上展露頭角。《將軍底頭》中的主人翁花將軍,身上有著吐蕃的血統,卻是唐朝漢人軍隊的將領,率領著部隊要去對抗吐蕃。他的心裡充滿矛盾,不僅因自己身上流著吐蕃的血液而衍生出糾結,也因為部隊裡士兵們不當的行為,而產生質疑。施蟄存在小說中塑造的花將軍相貌出眾,和大家心目中外型粗獷的武將形象不同,花將軍面容俊美,人物心理的矛盾和外在的環境相呼應,小說裡中國西南地區崎嶇的山路、迷濛的雨季襯托著花將軍壓抑不安靜的內心。

　　部隊經過長途跋涉,才剛在村子駐紮下來,就發生了士兵調戲民女的事件,花將軍為了軍紀決定嚴懲犯法的士兵,但是沒想到自己卻在審判時愛上了美麗的控訴者。四川山裡年輕貌美的姑娘吸引著花將軍,他無法控制自己的遐思,他暗自琢磨,以自己的條件,應該足以匹配女孩,若是他表白心跡,女孩的哥哥應該會同意吧。

　　調戲女孩的士兵被處死了,他雖心懷不軌,但其實並未得逞。而花將軍卻在自己的遐思中意欲輕薄美麗的女孩,這使得花將軍既詫異又不安,即使身在戰場上仍然無法專心面對敵人,甚至心猿意馬,一不留神,吐蕃軍揮刀斬下了將軍的頭顱,而失去頭顱的將軍卻因為擔心女孩無人保護,騎著馬飛奔回村

落。非寫實的情節既聳動又充滿象徵，當沒了頭顱的將軍來到女孩面前，女孩並不害怕，當然也沒有動容，只是冷漠的看將軍蹲下身來想以溪水洗去血漬，她嘲諷地說：「還不快快的死了，想幹什麼呢？無頭鬼還想做人麼，呸！」將軍聽聞後感到一陣空虛，隨即倒下。這時侯，遠方，吐蕃人手裡提著的將軍底頭流下了眼淚。

　　女孩的嘲諷，冷酷的提醒了血腥的現實，威武的將軍被看似柔弱的美麗女孩吸引，一心想要保護她，但是女孩的內心比外表強悍，甚至無情。從生理的角度來看，一個人的頭控制著軀體運作；從精神的層面來看，一個人的頭掌握著思想情感。無頭將軍超越了生理和精神，因為內心更深的惦記，但無人珍惜。士兵的輕薄調戲是低級粗俗的慾望，將軍難抑情慾後的守護，雖然有私心卻是真意，少女的回應則是現實的當頭棒喝，對兩者而言，各有難以承受的沉重。小說營造出歷史的距離感，輾轉於外在行為和內心世界，過去評論者多從佛洛伊德「本我」、「自我」、「超我」的心理學學說進行解讀，回歸最裡層，其實就是象徵主義下非寫實的愛情故事，愛情並非有付出就能得到期待的回應，士兵因動物性的衝動失去頭顱，而將軍位高權重，經過世俗價值評估後的行為，卻一樣成了少女眼中的無頭鬼，其中曲折頗值玩味。

25 智者的身影——錢鍾書

王秀雲

一、生平介紹

錢鍾書（1910 年 11 月 21 日-1998 年 12 月 19 日）字默存，號槐聚，筆名中書君，江蘇無錫人。古文學家錢基博之子，幼年過繼給伯父錢基成，由伯父啟蒙。6 歲入秦氏小學，上學不到半年，大病一場，在家休養。11 歲，和錢鍾韓同考取東林小學一年級，這年秋天，伯父去世。14 歲考上蘇州桃塢中學。20 歲後，伯母去世。1929 年，錢鍾書考上清華大學，數學只考得 15 分，當時的校長羅家倫破格錄取。當時任文學院院長兼哲學系系主任的馮友蘭曾說，錢鍾書「不但英文好，中文也好，就連哲學也有特殊的見地，真是天才。」1933 年夏，畢業於清華大學外文系，獲文學學士，赴上海光華大學任教。1935 年與楊絳結婚，後考取第三屆庚子賠款公費留學資格，名列榜首，平均分數 87.95 是史上最高，留學英國牛津大學埃克塞特學院，其間女兒錢瑗出生。1937 年獲得文學學士學位，隨後赴法國巴黎大學從事一年的研究。

1938 年 9 月，錢鍾書回國，在湖南藍田國立師範學院教書，留居藍田兩年，寫了《談藝錄》的一半。兩年後回到上海，又

寫了《談藝錄》的後一半。此書於 1942 年完稿。《談藝錄》問世後，廣受好評。文史家曹聚仁說：「勝利以後，回到上海，讀了錢鍾書先生的《談藝錄》，才算懂得一點舊詩詞。」夏志清認為「錢著《談藝錄》是中國詩話裡集大成的一部巨著，也是第一部廣采西洋批評來譯註中國詩學的創新之作。」1950 年到1953 年，錢鍾書擔任《毛澤東選集》第 1 卷至第 3 卷英譯委員會委員，花費了大量精力翻譯毛澤東著作，幾乎沒有發表文章。1957 年，錢鍾書的《宋詩選注》出版。胡適晚年曾對胡頌平表示：「（1959 年 4 月 29 日）一位香港的朋友託人帶來一本錢鍾書的《宋詩選注》。先生對胡頌平說：『錢鍾書是個年輕有天才的人，我沒見過他，你知道他嗎？』」又說「他是故意選些有關社會問題的詩，不過他的註確實寫得不錯。還是可以看的。」[1]於此可見胡適對此書的肯定。而在日本，漢學權威、京都大學教授小川環樹則是在 1957 年，此書部分內容發表於《文學研究》時，就密切注意。1958 年此書出版發行後，他隨即在《中國文學報》上發表書評，給予熱情、高度的讚揚。

　　1960 年，錢鍾書又了參加毛澤東詩詞英譯本的定稿工作。然而，1966 年，一場「蕩滌一切牛鬼蛇神，汙泥濁水」的「無產階級文化大革命」在中國境內轟轟烈烈展開，錢鍾書無可避免地也開始了他的煉獄生活。1969 年 11 月，下放至河南羅山中國科學院哲學社會科學部的「五七幹校」，不久，隨「五七幹校」遷至淮河邊上的河南息縣東嶽。1970 年 7 月，楊絳也來幹校。在「五七幹校」，錢鍾書一度擔任過信件收發工作。1970年 6 月，女婿王得一在清查五一六運動中被逼自殺。1972 年 3

---

[1] 胡頌平，《胡適之先生晚年談話錄》（台北：聯經出版事業公司，1984年），頁 20-21。

月回京，開始寫作《管錐編》。在其學術代表作《管錐編》中，錢鍾書不僅通過傳統的訓詁方法澄清了許多學術史上之公案，更在大量文獻梳理與互證的基礎上，作了大量精闢與獨到的評論。是集數十年功力的學術鉅著，尤其對比較文學有所貢獻。該書為集合各種學科知識，對中國古典如《周易正義》、《毛詩正義》、《左傳正義》、《史記會注考證》、《老子王弼注》、《焦氏易林》、《楚辭洪興祖外傳》、《太平廣記》和《全上古三代秦漢三國六朝文》等進行論述，自成一家之言，他也因此被推為現在中國的文化批評大師。

1978 年赴義大利出席第 26 屆歐洲漢學會議。1979 年參加中國社會科學院代表團赴美國訪問。1982 年任中國社會科學院副院長。錢鍾書晚年飽受多種疾病折磨，計有哮喘、喉炎、肺氣腫、高血壓、前列腺、白內障、急性大腦皮層缺氧、腱鞘炎、輸尿管腫瘤、膀胱癌、急性腎功能衰竭等，接受多次手術，左腎切除。1998 年 12 月 19 日上午 7 時 38 分病逝於北京醫院，享年 88 歲。臨終遺言：「遺體只要兩三個親友送送，不舉行任何儀式，懇辭花籃花圈，不留骨灰。」著名學者余英時、王元化即曾評價他的離開標誌著出生於 20 世紀初的那一代學者的終結。代表作品有論文《十八世紀英國文學裡的中國》、《古典文學研究在現代中國》；散文集《寫在人生邊上》（1941）；小說《貓》（1945）；中短篇小說集《人‧獸‧鬼》（1946）；長篇小說《圍城》（1947）；詩集《槐聚詩存》（1995）；學術著作《管錐編》（1979）；詩論《談藝錄》（1948）、《七綴集》（1985）、《宋詩選注》（1958）等。

二、作品風格與藝術特質

　　如果把人生比做一部大書，那麼錢鍾書的散文便是信手寫在人生邊上的隨筆箋注。《寫在人生邊上》是錢鍾書的第一個作品集，由楊絳女士編訂，上海開明書店 1941 年初版，1946 年 10 月再版。1990 年，中國社科院出版社又再度出版了這本書。這是一本不到三萬字的小書，內收隨筆作品 10 篇，帶著瀟灑超然的隨便與輕鬆，不慍不火，一舉手，一投足，都蘊含著風雅與諧趣，深邃廣博，耐人咀嚼。

　　作者於〈序言〉中說：「人生據說是一本大書」，彷彿對讀者透露，將是一本探討人生問題的嚴肅主題。然而作者卻以他獨特的探索方式和藝術個性，用哲學的思辨與深刻的幽默，引領著讀者從容地「走在人生邊上」。他以書齋為城府，居高臨下，自由思辨，引經據典，侃侃而談。時而針砭世俗，時而闡發哲思，時而亦旁敲側擊，自成一種佳趣。平中見奇，警策動人。

　　〈窗〉一文裡，他的博學宏識，體現在他隨時隨地信手所探，就中外古今的有關記述，都羅列在有機結構的文字裡。窗是「屋的眼睛」，也是「藝術的畫框」。他看到的不是窗的基本功能，而是看到它與人的關係；這樣一步一步的推演著，也看到他的文筆不斷在攀爬變化。

三、作品選讀與賞析

　　〈窗〉

又是春天，窗子可以常開了。春天從窗外進來，人在屋子裡坐不住，就從門裡出去。不過屋子外的春天太賤了！到處是陽光，不像射破屋裡陰深的那樣明亮；到處是給太陽曬得懶洋洋的風，不像攪動屋裡沉悶的那樣有生氣。就是鳥語，也似乎瑣碎而單薄，需要屋裡的寂靜來做襯托。我們因此明白，春天是該鑲嵌在窗子裡看的，好比畫配了框子。

同時，我們悟到，門和窗有不同的意義。當然，門是造了讓人出進的。但是，窗子有時也可作為進出口用，譬如小偷或小說裡私約的情人就喜歡爬窗子。所以窗子和門的根本分別，絕不僅是有沒有人進來出去。若據賞春一事來看，我們不妨這樣說：有了門，我們可以出去；有了窗，我們可以不必出去。窗子打通了大自然和人的隔膜，把風和太陽逗引進來，使屋子裡也關著一部分春天，讓我們安坐了享受，無需再到外面去找。古代詩人像陶淵明對於窗子的這種精神，頗有會心。《歸去來辭》有兩句道：「倚南窗以寄傲，審容膝之易安。」不等於說，只要有窗可以憑眺，就是小屋子也住得麼？

他又說：「夏月虛閒，高臥北窗之下，清風颯至，自謂羲皇上人。」意思是只要窗子透風，小屋子可成極樂世界；他雖然是柴桑人，就近有廬山，也用不著上去避暑。所以，門許我們追求，表示欲望，窗子許我們占領，表示享受。這個分別，不但是住在屋裡的人的看法，有時也適用於屋外的來人。一個外來者，打門請進，有所要求，有所詢問，他至多是個客人，一切要等主人來決定。反過來說，一個鑽窗子進來的人，不管是偷東西還是偷情，早已決心來替你做個暫時的主人，顧不到你的歡迎和拒絕了。繆塞（Musset）在《少女做的是什麼夢》那首詩劇裡，有句妙語，略謂父親開了門，請進了物質上的丈夫

（materielepoux），但是理想的愛人（ideal），總是從窗子出進的。換句話說，從前門進來的，只是形式上的女婿，雖然經丈人看中，還待博取小姐自己的歡心；要是從後窗進來的，才是女郎們把靈魂肉體完全交托的真正情人。你進前門，先要經門房通知，再要等主人出現，還得寒暄幾句，方能說明來意，既費心思，又費時間，那像從後窗進來的直捷痛快？好像學問的捷徑，在乎書背後的引得，若從前面正文看起，反見得迂遠了。……

　　我們剛說門是需要，需要是不由人做得主的。譬如餓了就要吃，渴了就得喝。所以，有人敲門，你總得去開，也許是易卜生所說比你下一代的青年想衝進來，也許像德昆西論謀殺後聞打門聲所說，光天化日的世界想攻進黑暗罪惡的世界，也許是浪子回家，也許是有人借債（更許是討債），你愈不知道，怕去開，你愈想知道究竟，愈要去開。甚至每天郵差打門的聲音，也使你起了帶疑懼的希冀，因為你不知道而又願知道他帶來的是什麼消息。門的開關是由不得你的。但是窗呢？你清早起來，只要把窗幕拉過一邊，你就知道窗外有什麼東西在招呼著你，是雪，是霧，是雨，還是好太陽，決定要不要開窗子。上面說過窗子算得奢侈品，奢侈品原是在人看情形斟酌增減的。

　　我常想，窗可以算房屋的眼睛。劉熙釋名說：「窗，聰也；于內窺外，為聰明也。」正和凱羅（GottfriedKeller）《晚歌》（Abendlied）起句所謂：「雙瞳如小窗（Fensterlein），佳景收歷歷。」同樣地只說著一半。眼睛是靈魂的窗戶，我們看見外界，同時也讓人看到了我們的內心；眼睛往往跟著心在轉，所以孟子認為相人莫良於眸子，梅特林克戲劇裡的情人接吻時不閉眼，可以看見對方有多少吻要從心裡上升到嘴邊。

　　我們跟戴黑眼鏡的人談話，總覺得捉摸不住他的用意，彷彿他以假面具相對，就是為此。據愛戈門（Eckermann）記一八三〇年四月五日歌德的談話，歌德恨一切戴眼鏡的人，說他們看得清楚他臉上的皺紋，但是他給他們的玻璃片耀得眼花繚亂，看不出他們的心境。窗子許裡面人看出去，同時也許外面人看進來，所以在熱鬧地方住的人要用窗簾子，替他們私生活做個保障。晚上訪人，只要看窗裡有無燈光，就約略可以猜到主人在不在家，不必打開了門再問，好比不等人開口，從眼睛裡看出他的心思。關窗的作用等於閉眼。天地間有許多景象是要閉了眼才看得見的，譬如夢。假使窗外的人聲物態太嘈雜了，關了窗好讓靈魂自由地去探勝，安靜地默想。……你想回到故鄉，你要看見跟你分離的親友，你只有睡覺，閉了眼向夢裡尋去，於是你起來先關了窗。因為只是春天，還留著殘冷，窗子也不能鎮天鎮夜不關的。

賞　析

　　〈窗〉是一篇相對來說抒情味較濃的散文，作者借助於相對論的表現手法，以正話反說、反話正說的方式，以「門」象徵追求與慾望，「窗」象徵占領與享受，暗示「正中有斜」、「主動中有被動」、「戰勝中有被戰勝」的一種悖謬價值觀。

　　整篇文章從「又是春天，窗子可以常開了」寫起，由「窗」引發開去，由「窗」悟出了事理。作者發現了「窗」的妙用，「窗子打通了大自然和人的隔膜，把風和太陽逗引進來，使屋子裡也關著一部分春天，讓我們安坐了享受，無需再到外面去找。」「窗子有時也可作為進出口用，譬如小偷或小說裡私約的情人就喜歡爬窗子。」「窗」和「門」都是日常之物，但我們卻很少

細想這兩者竟有如此多的區別：「門許我們追求，表示欲望，窗子許我們占領，表示享受」、「門是住屋子者的需要，窗多少是一種奢侈」；作者巧喻泉湧，奇意迭出，如「理想的愛人總是從窗子出進的。換句話說，從前門進來的，只是形式上的女婿，雖然經丈人看中，還待博取小姐自己的歡心；要是從後窗進來的，才是女郎們把靈魂肉體完全交托的真正情人」、「好像學問的捷徑，在乎書背後的引得，若從前面正文看起，反見得迂遠了」，作者從平常的「窗」寫到「理想的愛人」，又連結了「做學問的捷徑」，還想到「窗可以算房屋的眼睛」、「關窗的作用等於閉眼。天地間有許多景象是要閉了眼才看得見的，譬如夢」，通篇既有事理，又有趣味，真正體現出一種「業餘消遣者的隨便和從容」。

在這篇文章裡，他還每每引用古今中外名人充作大配角，如陶淵明、繆塞、易卜生、德昆西、劉熙、凱羅、梅特林克、愛戈門、歌德等；引述的材料，則有辭賦、古文、西洋小說、西洋詩劇、西洋典故等，資料豐富而貼切，展現了一個學養飽足的學者功力。

錢鍾書以學者身分寫散文，其散文風格充分展現了幾個特點：一、題材廣闊，表現出學問素養；其次就體裁來說，重理趣，輕感性；三、表達手法方面，語言較典雅，論大道理，能深入淺出；說小道理，能發人之未發；四、批評論斷多用諷刺、詼諧、幽默手法；五、就文章風格來說，充滿機智和幽默，有冷靜處，有婉轉處，有鼓動力，亦有淡淡的親切感。

在蔚為壯觀的現代散文史中，《寫在人生邊上》並不顯眼，它常常被史家所遺忘，但它又確實獨具風采，具有迷人的魅力，體現著獨特的價值與意義。這種價值和意義主要來自它的鮮明

的風格特徵，特異的文體特色。旁徵博引，引類取譬，沒有華麗的詞藻，也沒有絮語的筆調，有一種超然世外、冷眼旁觀的理智情趣。柯靈說：「這是一棵人生道旁歷盡春秋，枝繁葉茂的智慧樹；鍾靈毓秀，滿樹的玄想之花，心靈之果。任人隨喜觀賞，止息乘蔭。只要你不是閉目塞聽，深閉固拒，總會欣然有得——深者得其深，淺者得其淺。」錢鍾書「那指魔杖般的筆，又犀利，又機智，又俏皮，汩汩地流瀉出無窮無盡的笑料和幽默，皮裡陽秋，包藏著可悲可恨可鄙的內核，冷中有熱，熱中有冷，喜劇性和悲劇性難分難解。」[2] 實則，錢鍾書的散文更像一部禪機妙設的法書，圓通妙澈，思深意遠，令人悄焉動容，寂然寧慮，妄緣盡息。

---

[2] 柯靈，〈錢鍾書的風格與魅力：讀《圍城》《人獸鬼》《寫在人生邊上》〉，《讀書》，1983 年第 1 期，收錄於田蕙蘭等編，《錢鍾書楊絳研究資料》（北京：知識產權出版社，2010 年），頁 127。

26 挖掘農民生活的金夫子

—— 沙 汀

陳冠勳

一、生平與作品風格

　　沙汀（1904 年 12 月 19 日-1992 年 12 月 14 日），原名楊朝熙，又名楊子青、楊只青。曾在《申報·自由談》用過「尹光」這個筆名發表，其第一部短篇小說集《法律外的航線》出版時，原本署名作「沙丁」，「沙丁」即過去金廠中的沙班（金夫子），有期許自己做一名發掘社會生活的金夫子之意，最後接受艾蕪之建議改為「沙汀」，成為他最常用的筆名。

　　沙汀生於四川省安縣，其祖在寫字方面小有名氣。其父為家中長子，是清廩生，早逝，育有二子，沙汀為次子。沙汀的母親生於書香人家，在丈夫死後將希望寄託於沙汀兄弟身上，先後請了四、五位老師到家中講授傳統國學典籍。其舅父依靠姐姐（即沙汀母親）長大成人，後來成為當地袍哥會（即哥老會）的首領。沙汀在 12 歲時為幫舅父傳遞訊息而到處奔走，時間長達兩年，因而對於四川中下階層人民的生活情況有一定的瞭解，「袍哥」的寫作元素也時常出現在沙汀的作品當中。

　　沙汀在 1922 年進入四川省立第一師範學校,在求學期間,受到兩位同學的影響開始接觸五四新文化,一位是張君培、另一位則是艾蕪。尤其是艾蕪,雖兩人的創作風格不完全相同,但現代文學史上常將二人並提,他在沙汀日後的創作生涯占有頗重要的位子。1930 年與楊伯凱、任白戈等人開辦辛墾書店;次年開始從事寫作,曾與艾蕪聯名寫信給魯迅請教小說題材的問題,信中寫道:

　　　　我們曾手寫了好幾篇短篇小說,所採取的題材:一個是專就其熟悉的小資產階級的青年,把那些在現時代所顯現和潛伏的一般的弱點,用諷刺的藝術手腕表示出來;一個是專就其熟悉的下層人物,把那些生活重壓下強烈求生的欲望的朦朧反抗的衝動,刻畫在創作裡面,──不知道這樣內容的作品,究竟對現時代,有沒有配說得上有貢獻的意義?

二人得到魯迅的回應,魯迅回信說:

　　　　兩位是可以各就自己現在能寫的題材,動手來寫的。不過選材要嚴,開掘要深,不可將一點瑣屑的沒有意思的事故,便填成一篇,以創作豐富自娛。

　　兩人受魯迅的影響頗深。沙汀創作的初期,寫作經驗不豐,也缺乏實際的生活體驗,故描寫不夠深入,多以虛寫的方式來呈現,不容易使讀者有印象。1932 年沙汀參加左翼作家聯盟,同年出版了第一部短篇小說集《法律外的航線》。1935 年母親去世,沙汀回到了家鄉,寫作主題也因此轉向至他「所熟悉的四川農村去了」(〈沙汀短篇小說集·後記〉語)。

　　其文學作品包括報導文學、小說等等,前者如《隨軍散記》、《敵後瑣記》,後者的創作短篇、長篇皆有,短篇作品如〈在祠

堂裡〉、〈代理縣長〉、〈堪察加小景〉、〈在其香居茶館裡〉等等
共一百篇，長篇小說則有〈淘金記〉、〈困獸記〉、〈還鄉記〉三
篇。沙汀被楊晦稱為「農民詩人」，在其作品多描繪舊社會中四
川鄉鎮與農村的生活畫面，在 1949 年後的創作中，作品也反映
了新時代的農村生活。在眾多的作品當中，短篇的〈在其香居
茶館裡〉以及長篇的〈淘金記〉被認為是沙汀的代表著作。然
而就台灣的讀者而言，對沙汀是很陌生的，在學術論文中，也
幾乎沒有針對其作品進行研究的著作。

二、作品選讀與賞析

〈在其香居茶館裡〉（節選）

　　他佯笑著，而且裝做得很安靜。同么吵吵一樣，他也看出
了事情的諸般困難的，而他首先應該矢口否認那個密告的責
任。但他沒有料到，他把新老爺激惱了。

　　新老爺沒有讓他說完，便很生氣地反駁道。

　　「你這才會裝呢！可惜是大老爺親自聽兵役科說的！」

　　「方大主任！」么吵吵忽然直接地插進來了，「是人做出來
的就撐住哇！我告訴你：賴，你今天無論如何賴不脫的！」

　　「嘴巴不要傷人啊！」聯保主任忍不住發起火來。

　　他態度嚴正，口氣充滿了警告氣味；但是么吵吵可更加蠻
橫了。

　　「是的，老子說了：是人做出來的你就撐住！」

　　「好嘛，你多凶啊。」

「老子就是這樣！」

「對對對，你是老子！哈哈！……」

聯保主任響著乾笑，一面退回自己原先的坐位上去。他覺得他在全鎮的市民面前受了侮辱，他決心要同他的敵人鬥到底了。彷彿就是拚掉老命他都決不低頭。

聯保主任的幕僚們依舊各有各的主見。毛牛肉說：

「你愈讓他愈來了，是吧！」

「不行不行，事情不同了。」監爺歎著氣說。

許多人都感到事情已經鬧成僵局，接著來的一定會是謾罵，是散場了。因為情形明顯得很，爭吵的雙方都是不會動拳頭的。那些站在大街上看熱鬧的，已經在準備回家吃午飯了。

但是，茶客們卻誰也不能輕易動身，擔心有失體統。並且新老爺已經請了幺吵吵過去，正在進行一種新的商量，希望能有一個顧全體面的辦法。雖然按照常識，一個二十歲的青年人的生命，絕不能和體面相提並論，而關於體面的解釋也很不一致。

然而，不管怎樣，由於一種不得已的苦衷，幺吵吵終於是讓步了。

「好好，」他帶著決然忍受一切的神情說，「就照你哥子說的做吧！」

「那麼方主任，」新老爺緊接著站起來宣布說，「這一下就看你怎樣，一切用費麼老爺出，人由你找。事情也由你進城去辦；辦不通還有他們大老爺，——」

「就請大老爺辦不更方便些麼？」主任嘴快地插入說。

「是呀！也請他們大老爺，不過你負責就是了。」

「我負不了這個責。」

「甚麼呀？！」

「你想，我怎麼能負這個責呢？」

「好！」

新老爺簡捷地說，悶著臉坐下去了。他顯然是被對方弄得不快意了；但是，沉默了會，他又耐著性子重新勸說起來。

「你是怕用的錢會推在你身上吧？」新老爺笑笑說。

「笑話！」聯保主任毫不在意地答道，「我怕什麼？又不是我的事。」

「那又是甚麼人的事呢？」

「我曉得的呀！」

聯保主任回答這句話的時候，帶著一種做作的安閒態度，而且嘲弄似地笑著，好像他是甚麼都不懂得，因此甚麼也未覺得可怕；但他沒有料到么吵吵衝過來了。而且，那個氣得鬍子發抖的漢子，一把扭牢他的領口就朝街面上拖。

「我曉得你是個軟硬人！——老子今天跟你拚了！……」

「大家都是面子上的人，有話好好說啊！」茶客們勸解著。

然而，一面勸解，一面偷偷溜走的也就不少。堂館已經在忙著收茶碗了。監爺在四處向人求援；後頭昏油地胡亂打著漩子；而這也正證明著聯保主任並沒有白費自己的酒肉。

「這太不成話了！」他搖頭歎氣說，「大家把他們分開吧！」

「我管不了！」視學過往街上溜去邊說，「著血噴在我身上。」

毛牛肉在收撿著戒煙丸藥，一面咭咭咕咕嚷道：

「這樣就好！哪個沒有生得手麼？好得很！」

但當兒藥收撿停當的時候，他的上司已經吃了虧了。聯保主任不斷淌著鼻血，左眼睛已經青腫起來。他是新老爺解救出來的，而他現在已經被安頓在茶堂門口一張白木圈椅上面。

「你姓邢的是對的！」他摸摸自己的腫眼睛說，「你打得好！」

「你嘴硬吧！」幺吵吵氣喘吁吁地唾著牙血，「你嘴硬吧！」

毛牛肉悄悄向聯保主任建議，說他應該馬上找醫生診治一下，取個傷單；但是他的上司拒絕了他，反而要他趕快會雇滑桿。因為聯保主任已經決定立刻進城控告去了。

聯保主任的眷屬，特別是他的母親，那個以慳吝出名的小老太婆，早已經趕來了。

「咦，興這樣打麼？」她連連叫道，「這樣眼睛不認人麼？！」

邢幺太太則在丈夫耳朵邊報告著聯保主任的傷勢。

「眼睛都腫來象毛桃子了！……」

「老子還沒有打夠！」吐著牙血，幺吵吵吸口氣說。

別的來看熱鬧的婦女也很不少，整個市鎮幾乎全給翻了轉來。吵架打架本來就值得看，一對有面子的人物弄來動手動腳，自然也就更可觀了！因而大家的情緒比看把戲還要熱烈。

但正當這人心沸騰的時候，一個左腿微跛，滿臉鬍鬚的矮漢子忽然從人叢中擠了進來。這是蔣米販子，因為神情呆板，大家又叫他蔣門神。前天進城趕場，幺吵吵就托過他捎信的，因此他立刻把大家的注意一下子集中了。那首先抓住他的是邢幺太太。

這是個頂著假髮的肥胖婦人，愛做作，愛饒舌，渾名九娘子。她顫聲顫氣問那個米販子道：

「托你打聽的事情呢？……坐下來說吧！」

「打聽的事情？」米販子顯得見怪似地答道，「人已經出來啦。」

「當真的呀！」許多人吃驚了，一齊叫了出來。

「那還是假的麼？我走的時候，還在十字口茶館裡打牌呢。昨天夜裡點名，他報數報錯了，隊長說他投資格打國仗，就開革了；打了一百軍棍。」

「一百軍棍？！」又是許多聲音。

「不是大老爺面子大，你就再挨幾個一百也出來不了呢。起初都講新縣長屬害，其實很好說話。前天大老爺請客，一個人老早就跑去了：戴他媽副黑眼鏡子……」

米販子敘說著，而他忽然一眼注意到了幺吵吵和聯保主任。

「你們是怎麼搞的？你牙齒痛嗎？你的眼睛怎麼腫啦？……」

賞 析

《孔子家語》云：「入芝蘭之室，久而不聞其香。」沙汀小說的茶館以「其香」為名，但其中所發生的事情卻不若芝蘭一般。

〈在其香居茶館裡〉這篇小說描述的是聯保主任方治國與地方的土豪邢幺（或有版本作麼）吵吵[1] 兩人之間的衝突，這個地方的前任縣長因為壯丁問題而去職，所以新縣長上任後即揚言要整頓兵役，而聯保主任方治國即上了封密告，導致土豪邢幺吵吵已緩役四次的二兒子被抓了壯丁，於是邢幺吵吵就到「其香居茶館」裡質問方治國，二人在茶館裡布置講茶、公開爭論，當爭論越尖銳，乃至於大打出手，兩人都打得鼻青眼腫受了傷，然而最後沙汀筆鋒一轉：結局卻是想要整頓兵役的新

---

[1] 按：「幺」字、「麼」字的簡化字皆作「么」，故不同版本呈現不同的字形。筆者以為應作「幺」為是。

縣長「其實很好說話」，用排隊報錯數、沒有資格打國仗的理由，將邢幺吵吵的二兒子「開革」出來，上文所節錄的是這篇小說的後半段。

　　故事的主軸是兵役問題──地方基層官員收受賄賂隨意安排人入伍從軍──如故事中說：

　　因為以往抽丁，像他這種家庭一直就沒人中過簽。……他已經派了他的老大進城，而帶回來的口信，更加證明他的憂慮不是沒有根據。因為那捎信人說，新縣長是認真要整頓兵役的，他幾個有錢有勢的青年人都偷跑了……

　　「你怕我是聾子吧，」幺吵吵簡直在咆哮了，「去年蔣家寡母子的兒子五百，你放了；陳二靴子兩百，你也放了！你比土匪頭兒蕭大個子還要厲害。錢也拿了，腦袋也保住了，──老子也有錢的，你要張一張嘴呀？」

　　邢幺吵吵直指方治國藉職務之便中飽私囊，一般評論者皆認為是地方官員的腐敗導致，然方、邢二人的關係事實上是互利共生，從「以往抽丁像他這種家庭一直就沒人中過簽」、「幾個有錢有勢的青年人都偷跑了」等語皆可見端倪，身為地方官員收賄固然可惡，地方土豪仗著財勢規避兵役問題也是可恥。〈在其香居茶館裡〉一文作於 1940 年，國民政府在 1937 年 11 月宣布遷都重慶，從歷史與地理的角度來看，沙汀必定對於兵役問題有極深的感受，才將這些事化作書寫小說的元素。故兵役題材在沙汀的小說中屢見不鮮。〈替身〉一文中保長李天心為了無法湊足最後一名壯丁而焦急，只因沒有一個讓他好下手的：這些人「不是他的親戚，就是他的親戚的親戚，有的還同那些地位比他高得多的人有瓜葛。」最後被抓壯丁的卻是「一個過

路的老鹽商」，令人啼笑皆非。〈堪察加小景〉則是寫年輕流娼
筱桂芬的故事，她在小說中自述原本家中環境不差，但因阿哥
被抓壯丁、家庭生活無依而淪為流娼，她流落到另一個城鎮時
又遭到鄉長老婆的欺負，甚至被戴上刑具「腳柞」當眾受辱。

　　沙汀的小說不是將角色誇張化、漫畫化，他更擅長的是以
白描的手法，──刻畫人物的特色，使人物不再臉譜化、扁平
化，故事往往話鋒一轉，在意想不到之處結尾，進而達到諷刺
的效果。比如：雖然在〈在其香居茶館裡〉、〈聯保主任的消遣〉、
〈淘金記〉中都出現了「聯保主任」（按：聯保主任即現今的鄉
長）這個角色，且諸篇中的聯保主任大致上都會有相似的形象
與特質，但也有其相異之處，如〈淘金記〉中「龍哥」這個心
直口快、甚至有點粗魯的聯保主任，就與〈在其香居茶館裡〉
擅於心計以求自保的方治國不太相同。

　　小說中的方治國被稱為「軟硬人」，因為他「碰見老虎他是
綿羊，如果對方是綿羊呢，他又變成了老虎了」，這種投機性格
偶爾也是聰明反被聰明誤，如在整頓兵役這件事方治國就無法
猜透新縣長的心思。主角方治國這種懂得見風轉舵、懂得兩面
討好的性格，與另一位主角邢么吵吵直來直往的火爆性格形成
強烈的對比。沙汀透過兩人的爭吵，一方面讓故事發展明朗化，
另一方面則是讓讀者瞭解故事中角色的個性，而氣氛蘊釀至一
定程度後，安排陳新老爺出場，使故事不只是一場單純的吵架
鬧劇。

　　除了人物的生動刻畫外，在沙汀的小說以充滿濃厚的四川
色彩而著稱，在這篇短篇小說中亦看得到濃厚的四川文化，如
主角之一的「邢么吵吵」，就是一個有趣的四川名字，在明代曹
學佺《蜀中廣記》載：「蜀人親愛之辭曰么。」在沙汀小說中常

出現「幺」字作為人的稱呼，如本篇的邢幺吵吵、〈淘金記〉中的林幺長子等。此外，這篇文章中，就是以四川文化中的「吃講茶」作為背景，吃講茶又稱吃碗茶，在四川地區，當雙方有爭執時，就會在茶館裡請地方上有聲望的人進行仲裁，裁判後錯方要支付茶錢，並向對方道歉。當然，如果無法調解成功，也偶爾會演變成如這篇小說所描述的暴力衝突事件。

　　雖然沙汀和張天翼創作的共同點在於都以諷刺的筆法來寫故事，但沙汀相較於張天翼是以含蓄、深沉、凝重見長，不似張天翼作品的機智，且沙、張二人所描繪的對象也不完全相同。又沙汀常因為創作方法相同而與艾蕪並提，但二人作品前者冷靜、後者熱情，差異頗為分明。

27　孤獨、敏感的詩人 —— 馮　至

陳冠勳

一、生平與作品風格

　　馮至（1905 年 9 月 17 日-1993 年 2 月 22 日），原名馮承植，字君培。詩人在 1923 年曾於《創造季刊》上發表組詩〈歸鄉〉，所用的筆名就是「馮至」，是據本名中的「植」字諧音而來，後以筆名行於文壇。

　　馮至出生於直隸涿州（今河北涿州市），馮家原為天津鹽商，後因家道中落舉家遷居至涿州，故馮至生於涿州。馮至的童蒙時期是由雙親教他識字，8 歲則就讀叔祖所創辦的私立小學，所接觸到的都是唐詩或古文等古典篇章。9 歲時母親過世，此事對於馮至影響頗深，他曾自述：「那時我有三重被人蔑視的身分。一、年幼，二、喪母，三、家業衰敗。我終日獨來獨往，當時還不曉得這就是孤獨和寂寞。」所幸父親續絃，繼母朱氏對馮至照顧周到，馮至 12 歲時，朱氏力排眾多非議，送馮至到北京讀書，他考上北京市立第四中學。中學期間，國文老師潘云超、施天侔給馮至的啟發甚深；馮至自云，潘云超老師「豐富了我狹隘而淺陋的文學知識，使我知道在《古文觀止》、《古文釋義》之外還有那麼多好文章。」施天侔是潘云超的學生，

在施天侔老師的教導下，馮至對外國文學流派有了粗淺的了解。

　　1921 年，馮至考入北京大學預科，兩年後考入北京大學德文系本科。詩人在北大求學的期間，不斷吸收中、西文學的養料，使得他的作品中能看見深厚的傳統文學底蘊，也能夠運用西方文學的體式。1922 年，馮至將自己的詩作，請張鳳舉教授評閱，張鳳舉評價頗高，便選出部分詩作寄給上海的創造社，即上述所說的〈歸鄉〉組詩。事實上馮至在此之前已經創作了許多作品，但詩人對於這些作品並不滿意，毀棄了不少，〈歸鄉〉這一組詩，可能視為馮至早年詩作的代表。

　　由於〈歸鄉〉組詩的發表，馮至受邀加入了上海的文學團體「淺草社」，也陸續在《淺草季刊》、《文藝周刊》上發表作品。在淺草社解散後，在 1925 年和楊晦、陳翔鶴、陳煒謨創辦《沉鍾》周刊，也因此馮至等人被稱為「沉鍾社」。1927 年馮至自北大畢業，在畢業前出版了他的第一部詩集《昨日之歌》。畢業後的馮至任教於哈爾濱一中，其後留學德國，回國後先後在同濟大學、西南聯合大學任教，在昆明居住的期間是馮至創作的顛峰時期，包括：《十四行集》、歷史小說《伍子胥》、學術論著《杜甫傳》，還有許多翻譯作品，諸如：《審美教育書簡》等。自 1941 年《十四行集》完成後至 1949 年止，馮至的創作幾乎停擺，只有為數不多的詩作，1950 年至 1965 年寫了關於國際主義或和平運動的詩歌收錄在《西郊集》裡，又略有增刪，改稱《十年詩抄》。詩人自傳中提到：「自從寫了十四行詩以後，我很少寫詩。隨著中華人民共和國的成立，半封建、半殖民地的舊中國得到新生，每個人都感到自己的生活進入一個新的階段。我又起始寫詩，歌頌毛澤東，歌頌共產黨，歌頌祖國

的社會主義建設；⋯⋯如果說，《昨日之歌》與《北游及其他》
是我寫詩的第一個時期，《十四行集》是第二個時期，那麼《十
年詩抄》就是第三個時期了。」

　　馮至在自傳中提及，因為文化大革命，他在精神與物質兩
方面都受了難以補償的巨大損失。所以多數研究馮至的文章中
都會提到，馮至的影響與價值隨著時間的前進而不斷的修正。
如上所述，馮至最為人稱道的是新詩，此外也有雜文、小說及
學術論著，創作頗豐。新詩中，台灣的中學生幾乎都閱讀過〈蛇〉，
至於研究馮至學術論文方面，有針對《十四行集》的學位論文，
跟少數的期刊論文，研究者不甚多。

　　馮至在 18 歲（1923 年）即發表了組詩〈歸鄉〉，其後筆耕
不輟，在西南聯大任教、遷居至昆明時為創作巔峰，《十四行
集》、《山水》都是這個時期的作品，文革時期則詩作較少。

　　一般評論馮至的作品，皆稱其能融合中西文學的優點。馮
至早期的詩風確有濃厚的古典氣息。以〈帷幔〉為例，詩分 37
段，每段 4 行，大部分都在雙數句押韻；且詩中有許多對偶的
句子，如「爐煙縷縷地，催人睡眠，／春息薰薰地，吹入了窗
閣」、「梧桐的葉兒，依依地落，／楓樹的葉兒，淒淒地紅」等。
最為人傳頌的〈蛇〉，亦為此時期所創作。

二、作品選讀與賞析

　　（一）〈蛇〉

　　我的寂寞是一條長蛇，

冰冷地沒有言語——（按：或有版本作「靜靜地沒有言語——」）
姑娘，你萬一夢到它時，
千萬啊，莫要悚懼！

它是我忠誠的侶伴，
心裡害著熱烈的鄉思：
它在想著那茂密的草原——
你頭上的濃郁的烏絲。

它月光一般輕輕地，
從你那兒潛潛走過；
為我把你的夢境銜了來，
像一只緋紅的花朵。

賞　析

最為人傳頌的〈蛇〉，詩僅三段，每段四行，各段雙數句皆入韻，「語、懼」、「思、絲」、「過、朵」，詩人書寫寂寞，將抽象的寂寞與具體的蛇連結在一起，相似的原因在是「沒有言語」，栩栩如生地呈現出詩人寂寞時沉默的樣態；第二段用草比喻姑娘的秀髮，棲息與草叢間的蛇的「鄉思」就是詩人的「相思」；第三段，蛇為詩人銜來姑娘的夢境，以暖色系「緋紅」來形容，一改前面描述蛇的冰冷形象，或許期待對方給予自己正面的回應。

詩人晚年自述創作經過，是因為看到一幅「口中銜著花的蛇的畫」，詩人云：「蛇，無論在中國，或是在西方，都不是可

愛的生物，在西方，它誘惑夏娃吃了智果，在中國，除了白娘娘，不給人以任何美感。可是這條直挺挺，身上有黑白花紋的蛇，我看不出什麼陰毒險狠，卻覺得秀麗無邪。它那沉默的神情，像是青年人感到的寂寞，而那一朵花呢，有如一個少女的夢境。」如馮至所述，因為蛇是誘惑夏娃吃下禁果的動物，又佛洛依德的精神分析學派將蛇視為「性」的象徵，少數人會從這樣的角度解釋馮至的這首詩。

(二)〈一個消逝了的山村〉

　　在人口稀少的地帶，我們走入任何一座森林，或是一片草原，總覺得他們在洪荒時代大半就是這樣。人類的歷史演變了幾千年，它們卻在人類以外，不起一些變化，千百年如一日，默默地對著永恆。其中可能發生的事跡，不外乎空中的風雨，草裡的蟲蛇，林中出沒的走獸和樹間的鳴鳥。我們剛到這裡來時，對於這座山林，也是那樣感想，絕不會問到：「這裡也曾有過人煙嗎？」但是一條窄窄的石路的殘跡洩露了一些祕密。

　　我們走入山谷，沿著小溪，走兩三里到了水源，轉上山坡，便是我們居住的地方。我們住的房屋，建築起來不過二三十年，我們走的路，是二三十年來經營山林的人們一步步踏出來的。處處表露出新開闢的樣子，眼前的濃綠淺綠，沒有一點歷史的重擔。但是我們從城內向這裡來的中途，忽然覺得踏上了一條舊路。那條路是用石塊砌成，從距谷口還有四五里遠的一個村莊裡伸出，向山谷這邊引來，先是斷斷續續，隨後就隱隱約約地消失了。它無人修理，無日不在繼續著埋沒下去。我在那條路上走時，好像是走著兩條道路，一條路引我走近山居，另一條路是引我走到過去。因為我想，這條石路一定有一個時期宛

宛轉轉地一直伸入谷口，在谷內溪水的兩旁，現在只有樹木的地帶，曾經有過房屋，只有草的山坡上，曾經有過田園。

過了許久，我才知道，這裡實際上有過村落。在七十年前，雲南省的大部分，經過一場浩劫，回、漢互相仇殺，有多少村莊城鎮在這時衰落了。當時短短的二十年內，僅就昆明一個地方說，人口就從一百四十餘萬降落到二十五萬。這裡原有的山村，是回民的，可是漢人的，是一次便毀滅了呢，還是漸漸地凋零下去，我們都無從知道，只知它們是在回人幾度圍攻省城時成了犧牲。現在就是一間房屋的地基都尋不到了，只剩下樹林、草原、溪水，除卻我們的住房外，周圍四五里內沒有人家，但是每座山，每個幽隱的地方還都留有一個名稱。這些名稱現在只生存在從四鄰村裡走來的，砍柴、背松毛、放牛牧羊的人們的口裡。此外它們卻沒有什麼意義；若有，就是使我們想到有些地方曾經和人發生過關係，都隱藏著一小段興衰的歷史吧。

我不能研究這個山村的歷史，也不願用想像來裝飾它。它像是一個民族在世界裡消亡了，隨著它一起消亡的是它所孕育的傳說和故事。我們沒有方法去追尋它們，只有在草木之間感到一些它們的餘韻。

最可愛的是那條小溪的水源，從我們對面山的山腳下湧出的泉水；它不分晝夜地在那兒流，幾棵樹環繞著它，形成一個陰涼的所在。我們感謝它，若是沒有它，我們就不能在這裡居住，那山村也不會曾經在這裡滋長。這清冽的泉水，養育我們，同時也養育過往日那村裡的人們。人和人，只要是共同吃過一棵樹上的果實，共同飲過一條河裡的水，或是共同擔受過一個地方的風雨，不管是時間或空間把它們隔離得有多麼遠，彼此

都會感到幾分親切，彼此的生命都有些聲息相通的地方。我深深理解了古人一首情詩裡的句子：「日日思君不見君，共飲長江水。」

　　其次就是鼠曲草。這種在歐洲非登上阿爾卑斯山的高處不容易採擷得到的名貴的小草。在這裡每逢暮春和初秋卻一年兩季地開遍了山坡。我愛它那從葉子演變成的，有白色茸毛的花朵，謙虛地摻雜在亂草的中間。但是在這謙虛裡沒有卑躬，只有純潔，沒有矜持，只有堅強。有誰要認識這小草的意義嗎？我願意指給他看：在夕陽裡一座山丘的頂上，坐著一個村女，她聚精會神地在那裡縫什麼，一任她的羊在遠遠近近的山坡上吃草，四面是山，四面是樹，她從不抬起頭來張望一下，陪伴著她的是一叢一叢的鼠曲從雜草中露出頭來。這時我正從城裡來，我看見這幅圖像，覺得我隨身帶來的紛擾都變成深秋的黃葉，自然而然地凋落了。這使我知道，一個小生命是怎樣鄙棄了一切浮誇，孑然一身擔當著一個大宇宙。那消逝了的村莊必定也曾經像是這個少女，抱著自己的樸質，春秋佳日，被這些白色的小草圍繞著，在山腰裡一言不語地負擔著一切。後來一個橫來的運命使它驟然死去，不留下一些誇耀後人的事跡。

　　雨季是山上最熱鬧的時代，天天早晨我們都醒在一片山歌裡。那是些從五六里外趁早上山來采菌子的人。下了一夜的雨，第二天太陽出來一蒸發，草間的菌子，俯拾皆是：有的紅如胭脂，青如青苔，褐如牛肝，白如蛋白，還有一種赭色的，放在水裡立即變成靛藍的顏色。我們望著對面的山上，人人踏著潮濕，在草叢裡，樹根處，低頭尋找新鮮的菌子。這是一種熱鬧，人們在其中並不忘卻自己，各人盯著各人眼前的世界。這景象，在七十年前也不會兩樣。這些彩菌，不知點綴過多少民族童話，

它們一定也滋養過那山村裡的人們的身體和兒童的幻想吧。

　　這中間，高高聳立起來那植物界裡最高的樹木，有加利樹。有時在月夜裡，月光把被微風搖擺的葉子鍍成銀色，我們望著它每瞬間都在生長，彷彿把我們的身體，我們的周圍，甚至全山都帶著生長起來。望久了，自己的靈魂有些擔當不起，感到悚然，好像對著一個崇高的嚴峻的聖者，你若不隨著他走，就得和他離開，中間不容有妥協。但是，這種樹本來是異鄉的，移植到這裡來並不久，那個山村恐怕不會夢想到它，正如一個人不會想到他死後的墳旁要栽什麼樹木。

　　秋後，樹林顯出蕭疏。剛過黃昏，野狗便四出尋食，有時遠遠在山溝裡，有時近到牆外，作出種種求群求食的嗥叫的聲音。更加上夜夜常起的狂風，好像要把一切都給刮走。這時有如身在荒原，所有精神方面所體驗的，物質方面所獲得的，都失卻了功用。使人想到海上的颶風，寒帶的雪潮，自己一點也不能作主。風聲稍息，是野狗的嗥聲，野狗聲音剛過去，松林裡又起了濤浪。這風夜中的嗥聲對於當時的那個村落，一定也是一種威脅，尤其是對於無眠的老人，夜半驚醒的兒童和撫慰病兒的寡婦。

　　在比較平靜的夜裡，野狗的野性似乎也被夜的溫柔馴服了不少。代替野狗的是鹿子的嘶聲。這溫良而機警的獸，自然要時時躲避野狗，但是逃不開人的詭計。月色矇矓的夜半，有一二獵夫，會效仿鹿子的嘶聲，往往登高一呼，鹿子便成群地走來。……據說，前些年，在人跡罕到的樹叢裡還往往有一隻鹿出現。不知是這裡曾經有過一個繁盛的鹿群，最後只剩下了一隻，還是根本是從外邊偶然走來而迷失在這裡不能回去呢？反正這是近乎傳說了。這美麗的獸，如果我們在莊嚴的松林裡散

步，它不期然地在我們對面出現，我們真會像是 SaintEustache
一般，在它的兩角之間看見了幻境。

　　兩三年來，這一切，給我的生命許多滋養。但我相信它們
也曾以同樣的坦白和恩惠對待那消逝了的村莊。這些風物，好
像至今還在述說它的運命。在風雨如晦的時刻，我踏著那村裡
的人們也踏過的土地，覺得彼此相隔雖然將及一世紀，但在生
命的深處，卻和他們有著意味不盡的關連。

賞　析

　　〈一個消逝了的山村〉選自《山水》，是馮至居住於昆明時
期的作品，馮至說：「如果有人問我，『你一生中最懷念的是什
麼地方？』我會毫不遲疑的回答：『是昆明』。」昆明雖不是馮
至的故鄉，卻是他「闊別了許久的詩的故鄉」，且《山水》這部
散文集主要書寫作者旅歐時的遊記以及歸國後的上海、昆明，
雖不若新詩的名氣，卻也別具特色。

　　這篇文章名為「消逝了的山村」，描寫作者夫婦居住在山
上，從溪水、古道開始書寫，馮至並沒有探究山村為何消逝，
只是從歷史的滄桑轉而為自然景色的書寫，風景之中還有作者
豐富的想像。然馮至不只是描寫這樣的風景，文章最後一段的
描寫不只是呈現過去與現在交替的今昔之感，而是馮至對於時
間敏銳性，彷彿自己能夠打破時間的樊籬，人與這山光水色融
合為一。

　　這篇散文清麗、明淨而有情致，文章富含哲理，也顯示了
馮至散文創作的藝術高度。

28　永恆的自我探索者——穆　旦

朱湮

一、生平介紹

穆旦，本名查良錚，作為翻譯家筆名則為「梁真」。祖籍浙江海寧，民國 7 年（1918）生於天津。穆旦是武俠小說泰斗查良鏞（筆名金庸）的叔伯兄弟，清代詩人查慎行之後，祖父為清末官僚。清室覆亡，家道衰落，其父查厚垿乃於法院任小職員。

穆旦年幼即顯聰明，6 歲時發表習作〈不是這樣的講〉一文，曾刊載於劉清揚、鄧穎超在天津主辦的《婦女日報》副刊《兒童花園》上。民國 18 年（1929）考入南開中學，開始創作詩與散文，他將其姓氏「查」字一拆為二，以「慕」字（後改穆）諧音「木」，使用「慕旦」作為筆名，並在與周珏良合編的雜誌《南開高中生》上發表過八首詩作。時值日寇入侵，他寫下〈哀國難〉一詩，表現出青年的愛國熱情。

民國 24 年（1935），以優異成績進入清華大學地質系，後改讀外文。民國 26 年（1937）蘆溝橋事變，抗日戰爭全面爆發，北京大學、清華大學、南開大學合併南遷，穆旦隨校抵湖南長沙。隔年，臨時大學又西遷昆明，成立了「國立西南聯合大學」，

穆旦亦隨步行團前往。他在清華時喜愛雪萊等英國浪漫派詩人的作品，在長沙、西南聯大則開始聽英國教授燕卜蓀講授的英國當代詩歌，較系統接觸西方現代派詩歌理論，並結識甫至昆明任教的詩人馮至，創作日趨成熟。他在報刊上持續發表詩作，為大後方頗受矚目的青年詩人之一。

從西南聯大外文系畢業後，穆旦留校任教。民國 31 年（1942）2 月，毅然參加中國遠征軍，在緬甸抗日戰場擔任翻譯。經歷日軍炮火、傳染病、毒蛇猛獸及飢餓等種種險難，於 7 月隨軍退往英屬印度加爾各答，年末歸返昆明。1945 年他將此經驗寫成名作〈森林之魅——祭胡康河上的白骨〉，以紀念在野人山戰役中死難的兵士。

民國 32 年（1943）後，為維持家中生計，他輾轉於昆明、重慶、桂林、貴陽等地謀職，生活頗不安定，但仍持續寫作，並於民國 34 年（1945）由昆明文聚社出版第一部詩集《探險隊》，收錄〈野獸〉等 25 首詩。同年聞一多編選的《現代詩鈔》出版，收錄了他的詩作 4 篇（共 11 首）。

民國 35 年（1946），穆旦在失業後應時任二〇七師師長羅又倫的邀請，北上瀋陽任英文秘書，並主編《新報》，此前他曾代沈從文編過幾期《益世報》副刊，亦發表雜文〈回鄉記〉，頗得沈之器重。隔年 5 月，在瀋陽自費刊印《穆旦詩集（1939-1945）》，但《新報》卻因敢言而遭遼寧省政府無理查封，穆旦乃回到北平。

民國 37 年（1948）初，穆旦在上海、南京奔走，一面謀職，一面辦理留學手續。2 月，由上海文化生活出版社出版第三部詩集《旗》，亦是他生前最後出版的詩集。此時，穆旦作品常在上海《中國新詩》、《詩創造》等刊物發表，詩名遠播，這使他

身後因經典合選本《九葉集》的出版，而被目為「九葉詩派」
的重要詩人。1987 年，袁可嘉在〈詩人穆旦的位置：紀念穆旦
逝世十周年〉一文中，回溯上世紀 40 年代詩歌界「現代化」的
由來和發展，認為：「穆旦是站在 40 年代新詩潮的前列，他是
名副其實的旗手之一。在抒情方式和語言藝術『現代化』的問
題上，他比誰都做得徹底。」[1] 這一年的穆旦不過 30 歲。

　　民國 38 年（1949）8 月，他由曼谷登輪抵美，在芝加哥大
學研究生院英國文學系攻讀碩士。10 月，中華人民共和國成立。
12 月，與同在芝加哥大學攻讀生物學博士的周與良結婚。

　　穆旦在芝加哥大學除英國文學課程，還兼修俄國文學，俄
文功底甚深。在獲得文學碩士學位後，他亦開始在美國刊物上
發表詩作。他將自己的若干作品譯成英文，有兩首於 1952 年被
美國詩人赫伯特‧克里克莫爾編選入《世界名詩庫》中，同時
入選的中國詩人僅何其芳。

　　1952 年，周與良亦獲博士學位，夫婦倆前後謝絕了台灣大
學和印度德里大學的聘請，於 1953 年 1 月歸國，先經廣州抵上
海，不久北上入京。5 月，擔任天津南開大學外文系副教授。
1950 年代，穆旦開始從事翻譯工作，教學、寫作之餘，共翻譯
普希金、雪萊、拜倫、濟慈等人的詩集十餘種，在出版和文本
材料的取得，甚至物質生活上，都獲得巴金、蕭珊夫婦的幫助。
穆旦對譯事投入了極大心力，其譯詩的特色在以中國語言習慣
表現原作，不以韻害意，更因兼具詩人才性，故能較準確把握

---

1 袁可嘉，〈詩人穆旦的位置：紀念穆旦逝世十周年〉，收錄於杜運燮、袁
　可嘉、周與良編，《一個民族已經起來：懷念詩人、翻譯家穆旦》（南京：
　江蘇人民出版社，1987 年），頁 17。

原詩之風格、氣氛、色彩，[2] 語調亦甜美流暢，可說是現代中國不可多得的翻譯人才。

然而，自 1954 年起，穆旦即被捲入無止盡的鬥爭風暴之中。先是南開大學發生「外文系事件」，將他列為「反黨」的小集團成員；1955 年肅反運動中又遭到檢舉，甚至因擔任遠征軍翻譯之經歷而被質疑為國民黨員。1957 年因《人民日報》副刊主編袁水拍的約稿，他發表諷刺詩〈九十九家爭鳴記〉，被視為「向黨進攻」而遭批判。1958 年底，被以歷史反革命罪收審，開除公職，此後十餘年，他受到管制、批判、勞改，詩歌創作中斷，唯仍從事翻譯，即於文革期間亦堅持不輟。妻子周與良則因「美國特務嫌疑」被隔離審查。1976 年春天，他騎腳踏車時摔傷，竟造成右腿股骨頸骨折，傷勢不斷加劇，但譯詩工作卻未曾稍緩，同時亦重拾詩筆，完成晚年最後的二十多首詩作。

1976 年冬，「四人幫」被捕後，穆旦將耗費無數心血翻譯、修改、注釋的拜倫名作《唐璜》寄給人民文學出版社，但因「歷史問題」而未能出版，歲末寫下被認為是絕筆詩的〈冬〉。隔年春，住進天津總醫院，預備為傷腿開刀，不意手術前心肌梗塞發作，乃於 2 月 26 日凌晨離世，享年 60 歲。香港《大公報》及天津《新港》、《天津日報》等皆陸續刊載他的作品及相關評論。1980 年，其譯著《唐璜》終由人民文學出版社出版，了卻生前心願。

1981 年，即穆旦死後四年，南開大學舉行公開追悼，宣布平反，恢復了他的名譽，然而一代詩人已歸塵土，骨灰葬於北

---

2 參見馬文通，〈談查良錚的詩歌翻譯〉，收錄於杜運燮、袁可嘉、周與良編，《一個民族已經起來：懷念詩人、翻譯家穆旦》（南京：江蘇人民出版社，1987 年），頁 78-85。

京萬安公墓。

二、作品風格與藝術特質

　　穆旦是一位知性的冷靜詩人，詩句縱有感性強烈的字眼，也始終裹著理性的外衣，擅於在冷眼觀察中予人睿智的思考。從不同時期的創作主題來看，穆旦的寫作與生活之間始終具有著深刻的互動關係，他所選擇的藝術道路與自身的生存體驗是緊密結合的，即便是滿溢憤慨、看似向外投射的詩篇，也可能有著向內壓縮、省思自我的內蘊。[3] 他的創作約可分為兩個時期，一是上世紀 40 年代，二是文化大革命結束之後。

　　今日若要對穆旦詩歌進行一總體性的評價，則必離不開1940 年代。是時社會動盪不安，殘酷的戰爭帶來巨大的苦痛，迫使人們將強烈的情感透過理性處理與轉化，詩壇亦同時出現以知性抒情為主要特徵的詩歌思潮。年輕的穆旦在經歷緬甸戰場、熱帶雨林的生死考驗後，逐漸由一個狂熱敏感的文藝青年蛻變為沉靜內斂的詩人。他由卞之琳的《慰勞信集》，敏銳地意識並提出現代詩必須具有新的理性精神和抒情原則，[4] 他通過理性的介入達到情感的節制，主張理智向感覺凝聚而生發詩情。他親眼看見民族蒙難，看見瀕臨精神崩潰的人們，於是便從更高層次認識內在生命和外部事物，尋求人的內在解放。在那個風雲變幻、處處充滿黑暗的年代，他從壓抑、敏感、躁動的靈

3　參見易彬，《穆旦與中國新詩的歷史建構》（北京：中國社會科學出版社，2010 年），頁 3。

4　參見子張，《新詩與新詩學》，北京：中央編譯出版社，2010 年。

魂中提煉詩情，唱出了深沉雄健的生命之歌。可以說，1940 年代是穆旦詩歌創作的黃金時期。此後經歷文革，晚年的他雖握詩筆，卻已無意透過寫作掌握現實社會甚至「詩」的話語權，詩中不時呈現挽歌式的哀傷情調，有著揮之不去的死亡氣息。

　　在中國新詩史上，穆旦一直被視為是某種「中國式」現代主義的典範，他個人的生活與寫作都曾置身歷史的最前沿。[5] 同時代的袁可嘉在〈詩的新方向〉一文中，談到穆旦詩有「搏鬥的雄姿，拼命地思索，拼命地感覺」，且認為「他是這一代的詩人中最有能量的、可能走得最遠的人才之一」，[6] 這一判斷是否準確，隨著十年浩劫的發生，已無從驗證。我們只知道，荒謬的現實摧殘了穆旦的熱情與身體，天若有情天亦老，何況詩人，最終他的詩筆停在 1976 年的〈冬〉一首，這亦是詩人最後的冬天。

三、作品選讀與賞析

〈詩八首〉（節選）

一

你底眼睛看見這一場火災，
你看不見我，雖然我為你點燃；

5　參見姜濤，〈東北之行、報人視角與穆旦「內戰」時期寫作的重構〉，《中國現代文學》，第 28 期（2015 年 12 月），頁 117。
6　袁可嘉，〈詩的新方向〉，《論新詩現代化》（北京：三聯書店，1988年），頁 221。

唉，那燃燒著的不過是成熟的年代，
你底，我底。我們相隔如重山！

從這自然底蛻變底程序裡，
我卻愛了一個暫時的你。
即使我哭泣，變灰，變灰又新生，
姑娘，那只是上帝玩弄他自己。

　　二

水流山石間沉澱下你我，
而我們成長，在死底子宮裡。
在無數的可能裡一個變形的生命
永遠不能完成他自己。

我和你談話，相信你，愛你，
這時候就聽見我底主暗笑，
不斷地他添來另外的你我
使我們豐富而且危險。

　　六

相同和相同溶為怠倦，
在差別間又凝固著陌生；
是一條多麼危險的窄路裡，
我製造自己在那上面旅行。

他存在，聽從我底指使，

他保護，而把我留在孤獨裡，
他底痛苦是不斷的尋求
你底秩序，求得了又必須背離。

賞　析

穆旦曾翻譯過英國詩人奧登的〈太親熱，太含糊了〉（Too Dear, Too Vague）一詩，在譯注中他寫道：「愛情的關係，生於兩個性格的交鋒，死於『太親熱，太含糊』的俯順。這是一種辯證關係，太近則疏遠了。該在兩個性格的相同和不同之間找到不斷的平衡，這才能維持有活力的愛情。」寫在 1942 年的這組詩，正是他以自己的姿態闡述此一觀點，其命題方式頗類傳統舊詩中的「無題」。在這裡，詩人採用反浪漫的方法對愛情作出精細的分析，將易聚易散的「情緒」，轉化為一種可感可知的「經驗」，[7] 因此〈詩八首〉既是愛情詩，也是哲理詩，愛情是其顯在結構，哲理則是隱在結構。這組詩，原是一不可分割的整體，今限於篇幅，只能選錄當中的一、二、六，此 3 首，尚祈讀者原宥。

詩的開頭即由愛情的初戀階段寫起。愛情的發生宛如一場火災，引發火災的燃燒者是作為主體的「我」，而被愛的「你」所見則只是點燃（發生）著的愛情，卻非真實存在的「我」。當下的彼此，雖都處於渴望愛的「成熟的年代」（當指青春期），但終究是相互隔絕的個體，難以真正理解對方。愛是人類步入成熟的自然環節，人類透過對愛的認識與浸潤而蛻變，然而過程永遠像是場突發的災難，最終發現自己所愛的不過是「暫時

7　參見陳德錦，〈在溫暖的黑暗中體驗愛情：讀穆旦《詩八首》〉，《藍星詩刊》，第 32 期（1992 年 7 月），頁 54。

的你」，何其悲哀。結尾詩人控訴上帝（造物主、自然）的矛盾：
既創造人類災難式的愛情，卻又賦予從愛情灰燼中復生的能
力。表面看似嘲諷造物主的自我作弄，實則表達一種對「自然」
無可奈何的情緒。為求解脫，詩人開始發掘這一矛盾複雜的自
然現象，於是第二首詩的內蘊由此而生。

　　現代主義詩人特別強調自我的不可捉摸。在第二首中，詩
人以冷酷的語調揭示一切生命皆為「死」而孕育的事實。在水
流山石的自然中，我們不斷成長、學習，但這一切都在死亡預
設的既定時間之中。因此，有限的生命縱使有著無數的可能，
不斷變化的我們終究無法「完成自己」，我們只不過是自然界一
顆沉澱的細砂，如此微不足道。然而即便是細砂般、並向著死
亡前進的你我，也仍舊在不斷地變化。原來這一切皆是自然所
賜予（即便詩人用的是「暗笑」）的，透過相愛我們得以變化自
我，我們的生命亦因此「豐富而且危險」，而這一切仍是美好、
值得的，在第五首詩中，穆旦這樣寫道，「一切在它的過程中流
露的美／教我愛你的方法，教我變更」，即是此意。

　　由第四首詩開始，詩人娓娓述說著愛情的甜美、蛻變與痛
苦，而第六首無疑是全詩的關鍵，它集中探討愛情中永恆的矛
盾、最難解的課題，即兩個靈魂在求同和求異之間的試探、掙
扎與和解；過多的相同將「溶為怠倦」，使愛情逐漸冷卻，彼此
的個體差異卻又導致陌生，使愛情產生疏離感，即第一首所謂
「相隔如重山」。愛情的道路是如此危險而狹窄，詩人在 1975
年 9 月 9 日致郭保衛的信中曾談及此詩：「那是寫在我二十三四
歲的時候，那裡也充滿愛情的絕望之感。什麼事情都有它的時

期，過了那個時期，迫切感就消失了。」[8] 故在第二節中，詩人以「人格分裂」的手法，由「我」之中分裂出另一個外在的人格「他」，「他」即是在愛情裡尋求秩序的我（非本我），即便求得了，終將因第一節所闡述的矛盾而感到痛苦。穆旦用抽象的哲理議論，將人生（愛情）中種種的矛盾以辯證觀念的詩性呈現，往後的七、八兩首延續這樣的探索，在述說愛的孤獨與溫暖後，最終走向永恆（死亡）。

穆旦的詩有一種深沉的思想力，表現在為了自我的完成與自我的發展，經過無數自我分析後表現出的生命焦灼感，這亦是他詩的獨特魅力所在。前面曾談到袁可嘉以「拼命地思索，拼命地感覺」形容穆旦，唐湜亦評云：「讀完了穆旦的詩，一種難得的豐富，豐富到痛苦的印象久久在我的心裡徘徊。我想，詩人是經歷了一番內心的焦灼後才下筆的，甚至筆下還有一些掙扎的痛苦印記。他有一份不平衡的心，一份思想者的堅忍的風格，集中的固執，在別人懦弱得不敢正視的地方他卻有足夠的勇敢去突破。」[9]〈詩八首〉正是這種寫作精神的產物，香港作家梁秉鈞（筆名也斯）在〈穆旦與現代的「我」〉一文中，認為這組詩「可能是新詩中最好的情詩」[10]，應是深刻理解後所下的評論。

---

[8] 穆旦，〈致郭保衛二十六封〉，《穆旦精選集》（北京：北京燕山出版社，2006 年），頁 221。

[9] 唐湜，〈搏求者穆旦〉，《新意度集》（北京：三聯書店，1989 年），頁 103。

[10] 梁秉鈞，〈穆旦與現代的「我」〉，收錄於杜運燮、袁可嘉、周與良編，《一個民族已經起來：懷念詩人、翻譯家穆旦》（南京：江蘇人民出版社，1987 年），頁 51。

29　與歷史對話的藝術家

——茅　盾

李京珮

一、生平介紹

　　茅盾，原名沈德鴻，浙江嘉興人。光緒 22 年（1896）生於烏鎮，1981 年於北京逝世，享年 84 歲。父親為秀才，後來學習中醫，在烏鎮懸壺濟世，母親有舊學根柢，他自幼便接受良好的教育。民國 5 年（1916）自北大預科畢業後，進入上海商務印書館編譯所工作，並與孫毓修合作譯書。民國 7 年（1918）與孔德沚結婚。

　　五四運動後，茅盾受到啟發，開始大量翻譯和介紹外國文學作品，用白話翻譯契訶夫的小說和劇本，撰寫介紹托爾斯泰、蕭伯納的文章，發表於《時事新報·學燈》。他開始主持《小說月報》的「小說新潮欄」編務後，專以白話文翻譯介紹世界文學名著，接任主編後，放棄鴛鴦蝴蝶派文人的存稿，全部革新。他與周作人、朱希祖、葉聖陶等人成立文學研究會。民國 10 年（1921），改革後的《小說月報》發行。他在不署名的改革宣言中，提出文藝要反映國民性、重視介紹西洋文學，創造中國

的新文藝，開展文藝評論作為對創作的指導。

共產黨成立後，茅盾是首批黨員之一，此後為政治活動耗費大量時間與精力，也曾短暫任教於上海大學。北伐期間，擔任《民國日報》編輯。民國 16 年（1927）國共分裂，他隱居上海，以「茅盾」為筆名陸續發表長篇小說《幻滅》、《動搖》、《追求》等。次年赴日，與秦德君交往。其後，創作《從牯嶺到東京》，編著《現代文藝雜論》、《神話雜論》等。民國 19 年（1930）回到上海，加入「左聯」。民國 22 年（1933）出版長篇小說《子夜》、短篇小說集《春蠶》等。民國 24 年（1935）年參與了上海良友圖書公司《中國新文學大系》的編選工作，主編「小說一集」。

抗戰時期，茅盾先到漢口主編《文藝陣地》，也曾到延安魯迅藝術學院授課。民國 30 年（1941）赴香港，主編《筆談》、發表長篇小說《腐蝕》等。太平洋戰爭期間，由香港輾轉抵達桂林，民國 32 年（1943）出版長篇小說《霜葉紅似二月花》，反映辛亥革命到五四時期，江南一帶小縣城的社會生活。民國 34 年（1945）回到重慶，著有散文《時間的紀錄》、劇作《清明前後》等。抗戰勝利後，民國 35 年（1946）到蘇聯訪問。

1949 年，茅盾當選全國作協主席，也曾擔任政協常務委員、人大代表、文化部長等職。短篇小說〈林家鋪子〉，文革前由夏衍改編為電影。文革爆發，茅盾被指為資產階級權威，處境艱難，幾乎與外界隔絕。文革結束後，恢復多項被剝奪的政治權利，1979 年開始撰寫回憶錄，1981 年去世。茅盾作品很早就受到各國文學界注意，1930、40 年代就有多種文字的譯本。他是一位學者、評論家、作家、翻譯家，對於多種文學工作皆有傑

出貢獻。[1]

二、作品風格與藝術特質

　　茅盾的重要小說，題材往往涉及當時最新的議題，如同新聞報導，展現臨場感。他的寫實技巧，能客觀觀察舊社會，投以有情的眼光。王德威曾評述茅盾極力提倡「寫實／自然」主義的動機，是力斥中國小說流弊，企圖以嶄新的文學面貌針砭時事，描繪當代人生。他的文學史觀受到西方一些以達爾文進化論為基礎之文學史論的影響，〈自然主義與中國現代小說〉首論傳統小說之缺失，後續以自然主義之長處，主張中國小說家應學習「客觀描寫」、「實地觀察」。為何提倡自然派文學的初衷，是要透過忠實的揭露社會百態、民生疾苦，重新提升個人與社會間的道義關係。小說《蝕》作於國共合作崩潰、上海工人暴動、國民政府清黨等事件中，全書瀰漫悲觀消極氣氛，可直追左拉的部分小說。《虹》則是刻畫有關五四運動與五卅之間的女

1　茅盾生平資料，參考茅盾《我走過的道路》（香港：三聯書店，1980年）相關自傳性質文字，以及：萬樹玉，《茅盾年譜》，杭州：浙江文藝出版社，1986年。
　　沈衛威，《艱辛的人生：茅盾傳》，台北：業強出版社，1991年。
　　張放，〈茅盾的創作道路〉，收錄於周玉山編，《茅盾》（台北：光復書局，1990年），頁61-76。
　　陳信元，〈希望和幻滅的描繪者〉，收錄於周玉山編，《茅盾》（台北：光復書局，1990年），頁31-44。
　　秦賢次，〈年表〉，收錄於周玉山編，《茅盾》（台北：光復書局，1990年），頁61-76。

性,歷經革命洗禮的經過,表達了政治觀與文學觀的交融。[2] 茅盾的女主角們也許挫折多於成就,但比照其筆下的男性,她們代表一股源頭活水,為陳腐的社會注入新的可能。他擅於將女性感情問題與曖昧的政治活動揉合為一,有意將女性在傳統社會中次等地位與共產主義眼中普羅大眾的苦況等量齊觀,並由是引發出指涉繁複的政治論式。[3]

五四時期,作為革新後的《小說月報》主編以及文學研究會的發起人,廣泛的社會活動開啟了茅盾的文學視野,擴大了他的文學思想在新文學運動中的影響。他首先是以文藝理論家、文藝批評家的身分,出現在五四新文壇上,重視理論對於創作的指導作用。對外來文化的創造性轉化,構成他的文學思想經典性中最具歷史特色的內容。[4] 夏志清在《中國現代小說史》中,讚譽茅盾的《蝕》能反映當代歷史,洞察社會實況。其中《幻滅》以對比手法,勾勒革命經歷的輪廓:大動亂的形勢中,個人的努力微不足道,參加北伐的青年,都是為求取個人解放和效忠國家雙重理想而努力的。《動搖》則進一步探索革命的熱忱和現實的衝突,《追求》以細膩入微的心理剖析,烘托「造化弄人」的主題。他的第二篇長篇小說《虹》,是中國近代知識分子的寓言故事。《子夜》則偏重自然主義的法則,對 1930 年代的政治經濟形勢詳作報導,以小說手法反映中國近代史的一頁。《霜葉紅似二月花》對於中國人家庭的複雜性,作了徹底

---

2 王德威,〈茅盾的矛盾:小記一位三十年代作家的文學歷程〉,《中外文學》,第 13 卷第 10 期(1985 年 3 月),頁 92-103。

3 王德威,〈尋找女主角的男作家:茅盾、朱西寧、黃春明、李喬〉,《中外文學》,第 14 卷第 10 期(1986 年 3 月),頁 23-40。

4 楊揚,〈五四時期茅盾文學觀及其對文學史的影響〉,《上海社會科學院學術季刊》,1993 年第 4 期,頁 182-189。

而親切的探討，又懷舊式地呈現過去的許多重要課題和衝突。短篇小說集如《野薔薇》，題材範圍幾乎涉及國人生活的每一層面，早期作品的特色是絢爛中帶有哀傷，1930 年代後將筆鋒轉向國民黨壓迫下的農民和小店主。他受到俄國和法國小說薰染，用字華麗鋪陳，浪漫而強調感官經驗。他是重要的小說家，也是文學評論家，對於中國現代文學創作關懷備至。[5]

三、作品選讀與賞析

〈春蠶〉（節選）

　　老通寶心裡也著慌了，但是回家去看見了那些雪白發光很厚實硬鼓鼓的繭子，他又忍不住嘻開了嘴。上好的繭子！會沒有人要，他不相信。並且他還要忙著採繭，還要謝「蠶花利市」，他漸漸不把繭廠的事放在心上了。

　　可是村裡的空氣一天一天不同了。才得笑了幾聲的人們現在又都是滿臉的愁雲。各處繭廠都沒開門的消息陸續從鎮上傳來，從「塘路」上傳來。往年這時候，「收繭人」像走馬燈似的在村裡巡迴，今年沒見半個「收繭人」，卻換替著來了債主和催糧的差役。請債主們就收了繭子罷，債主們板起面孔不理。

　　全村子都是嚷罵，詛咒，和失望的歎息！人們做夢也不會想到今年「蠶花」好了，他們的日子卻比往年更加困難。這在

5　夏志清，〈第六章　茅盾〉，《中國現代小說史》（香港：香港中文大學，2015 年），頁 105-123。
　　夏志清，〈第十四章　資深作家〉，《中國現代小說史》（香港：香港中文大學，2015 年），頁 263-269。

他們是一個青天的霹靂！並且愈是像老通寶他們家似的，蠶愈養得多，愈好，就愈加困難，——「真正世界變了！」老通寶捶胸踩腳地沒有辦法。然而繭子是不能擱久了的，總得趕快想法：不是賣出去，就是自家做絲。村裡有幾家已經把多年不用的絲車拿出來修理，打算自家把繭做成了絲再說。六寶家也打算這麼辦。老通寶便也和兒子媳婦商量道：

「不賣繭子了，自家做絲！什麼賣繭子，本來是洋鬼子行出來的！」

「我們有四百多斤繭子呢，你打算擺幾部絲車呀！」

四大娘首先反對了。她這話是不錯的。五百斤的繭子可不算少，自家做絲萬萬幹不了。請幫手麼？那又得花錢。阿四是和他老婆一條心。阿多抱怨老頭子打錯了主意，他說：

「早依了我的話，扣住自己的十五擔葉，只看一張洋種，多麼好！」

老通寶氣得說不出話來。

終於一線希望忽又來了。同村的黃道士不知從哪裡得的消息，說是無錫腳下的繭廠還是照常收繭。黃道士也是一樣的種田人，並非吃十方的「道士」，向來和老通寶最說得來。於是老通寶去找那黃道士詳細問過了以後，便又和兒子阿四商量把繭子弄到無錫腳下去賣。老通寶虎起了臉，像吵架似的嚷道：「水路去有三十多九呢！來回得六天！他媽的！簡直是充軍！可是你有別的辦法麼？繭子當不得飯吃，蠶前的債又逼緊來！」

阿四也同意了。他們去借了一條赤膊船，買了幾張蘆席，趁那幾天正是好晴，又帶了阿多。他們這賣繭子的「遠征軍」就此出發。

五天以後，他們果然回來了；但不是空船，船裡還有一筐

繭子沒有賣出。原來那三十多九水路遠的繭廠挑剔得非常苛刻：洋種繭一擔只值三十五元，土種繭一擔二十元，薄繭不要。老通寶他們的繭子雖然是上好的貨色，卻也被繭廠裡挑剩了那麼一筐，不肯收買。老通寶他們實賣得一百十一塊錢，除去路上盤川，就剩了整整的一百元，不夠償還買青葉所借的債！老通寶路上氣得生病了，兩個兒子扶他到家。

　　打回來的八九十斤繭子，四大娘只好自家做絲了。她到六寶家借了絲車，又忙了五六天。家裡米又吃完了。叫阿四拿那絲上鎮裡去賣，沒有人要；上當鋪當鋪也不收。說了多少好話，總算把清明前當在那裡的一石米換了出來。

　　就是這麼著，因為春蠶熟，老通寶一村的人都增加了債！老通寶家為的養了五張布子的蠶，又採了十多分的好繭子，就此白賠上十五擔葉的桑地和三十塊錢的債！一個月光景的忍饑熬夜還不算！

賞　析

　　〈春蠶〉是茅盾 1932 年 11 月發表於《現代》第 2 卷第 1 期的短篇小說。本書節錄結局部分。這是他描寫農村生活的成功之作，農民典型人物「老通寶」率領全家，為了養蠶欠債、抵押土地，豐收卻導致負債的經歷。透過環境和人的關係，茅盾刻畫 1930 年代初期中國的蠶絲事業受到日本影響，江南農民的春蠶豐收成災事件。

　　小說的背景設定在一二八事件後，老通寶回憶過往，天氣變暖卻仍穿著冬天的舊棉襖，面對著火車和船，回想從前的生活，抗拒外來的新事物。他的祖先是勤勞的農民，有多年的養蠶經驗。他堅信今年能夠一切順利，但是自己家裡的桑葉不夠，

於是用土地抵押借錢，購買更多桑葉，全家熬夜合作，養了五倍的蠶。小說透過景物刻畫眾人緊張不安的心情，情景交融。個人的今昔對比，隱喻中國的過去與現在，透顯豐富的時代意義。

　　小說中巧妙穿插的意象，例如火車、洋貨，在老通寶的眼中，任何與「洋」相關的事物都是造成田裡的東西不值錢的原因。這些意象，暗指帝國主義的侵略。農民只相信過往的事物，不理解為何會被軍閥、地主、商人剝削。他們將命運歸咎於「老天爺的權柄」、求神問卜和種種迷信行為，都是理所當然。

　　人物方面，老通寶的兒子阿多，面對荷花以「沖剋」蠶寶寶作為對他家的報復，他不相信鬼神，放走荷花。阿多不迷信，認為只靠辛苦勞動絕對無法翻身，相對於父親的保守，他代表的是新的思想，展現反抗的可能。老通寶的兒媳四大娘，努力參與家中的工作甚至爭取「洋」種，衝撞公公抱持的舊觀念。老通寶的親家張財發，協助去借高利貸，間接加重了老通寶家的負債悲劇。

　　〈春蠶〉的主題是有意讓農民懂得：老通寶式的勞動致富是行不通的，新的道路必須從阿多的身上得到啟示。[6] 豐收成災，涉及事件背後不合理的稅收、社會政治情況的混亂、國際局勢問題，日本在國際市場上用強大的經濟力量占有紡織市場，中國的農民辛苦養蠶，卻不知道國際上發生的事，努力工作卻導致失敗，這並非個人問題而是時代社會的問題。〈春蠶〉代表的是茅盾歷史辯證的一部分，處理現代機械文明與地方手工業的矛盾、西方知識與本土價值觀的對立、資本主義獨霸與鄉村

---

6 劉煥林、李瓊仙，〈春蠶〉，見劉煥林、李瓊仙編，《中國新文學大師名作賞析：茅盾》（台北：海風出版社，1994 年），頁 216-217。

文化與社經自主權的衝突。他展現出寫實主義如何受政治歷史
因素的制約，顯示現實與文本之間的對話。小說的中心問題是
中國紡織業的未來，故事提出變化中的工作倫理、管理的觀念、
市場的策略，還有涉入各階段的人物所占據的位置。為了凸顯
政治與經濟劇變時代中傳統養蠶業的無助，茅盾一次一次地打
擊老通寶一家。故事中的絲廠多半因上海地區中日雙方的軍事
衝突而關閉，藉此描寫養蠶業時不我予的感觸，具有反諷的敘
事潛力，加強了歷史轉捩點上新與舊生產模式之間的緊張關
係。小說的題目亦上溯李商隱〈無題〉的「春蠶到死絲方盡，
蠟炬成灰淚始乾」，帶有浪漫傷感的暗示。[7] 處於半殖民地社會
中的茅盾，把批判的鋒芒指向西方帝國主義的經濟侵略，刻畫
了西方列強的經濟擴張如何導致底層農民的破產，時代的「進
步」與人民的幸福並不能簡單地畫上等號。茅盾控訴了這種畸
形的社會「進步」，以深厚的人道關懷與社會憂思，藝術化地表
現對於社會問題的獨特思索與感知。[8]

---

7 王德威，〈第二章　歷史的建構與虛構〉，《茅盾、老舍、沈從文：寫實
　主義與中國現代小說》（台北：麥田出版公司，2009 年），頁 82-86。
8 沈慶利，〈殖民剝削與「現代化」陷阱：呂赫若〈牛車〉與茅盾〈春蠶〉
　之比較〉，《台灣研究集刊》，2007 年第 1 期，頁 15-20。

30　永無止盡的跋涉者 ── 牛　漢

朱　澔

一、生平介紹

　　牛漢，本名史承漢（後改名「成漢」），蒙古族人。民國 12
年（1923）出生於山西定襄縣，為清貧農家之子。母親牛英鳳
性格勇敢倔強，是縣中第一位不纏足的女性。父親史步蟾畢業
於山西的農業中專，曾在北京大學旁聽兩年課，對革命懷抱過
熱情，後遠離政治，歸鄉耕地，並於縣立初中教史地和語文。
他能寫舊詩，擅吹笙，亦讀新文學刊物，頗具文藝氣質，其融
於生活的美感教育對牛漢影響極深。

　　民國 25 年（1936）秋，牛漢考入縣立中學，是年冬參加犧
牲救國同盟會。隔年，七七事變爆發，華北淪陷，中日全面開
戰，乃隨父離家逃難。11 月，由風陵渡過黃河，父子分散，因
所乘小船翻覆而遇溺，幸獲救，與父重聚，是船中唯一存活者。
民國 27 年（1938），流寓西安，其父往醴泉縣謀職，他則獨留
西安，以賣報維生。牛漢自小癡迷畫圖，在西安時曾到民眾教
育館報名學畫，老師當中有詩人艾青，從此結下師友之緣。

　　民國 27 年（1938）4 月，牛漢考入國立甘肅中學。他因崇
拜加入共產黨的三舅牛佩琮，乃於是年冬參加共產黨地下組織

「三人小組」。同時他開始關心詩歌,接觸了《七月》、《文藝陣地》等文學刊物及延安的《新中華報》,亦嘗試創作,初以「谷風」為筆名。其後,聽從書店經理薛天鵬的建議,由報刊中閱讀、學習艾青和田間的作品。民國 28 年(1939),獲甘肅省初中畢業會考第一名。

民國 29 年(1940),升入國立五中高中部。高中時期為牛漢創作的第一個高峰,幾乎日日寫詩,並開始向《隴南日報》文藝副刊投稿,但多為散文。此後又在蘭州《現代評壇》上發表短詩〈北中國歌〉,亦投稿過《民國日報》的文藝副刊《草原》,以及謝冰瑩主編的《黃河》。民國 30 年(1941),他加入牧丁主持的成都海星詩社,於《詩星》發表〈山城和鷹〉與詩劇〈智慧的悲哀〉,該劇曾於重慶藝專演出。同年,長詩〈草原牧歌〉刊於西安《匆匆詩刊》上。民國 31 年(1942),他在桂林《詩創作》、重慶《詩墾地》發表包括早年成名作〈鄂爾多斯草原〉等多首詩歌,各報刊亦時見其蹤影,詩人「谷風」之名漸為人所知。

民國 32 年(1943),牛漢考入國立西北大學外文系,選擇俄語組。他一生鍾愛俄國文學,尤喜萊蒙托夫的《童僧》。在西北大學時,他參加學生社團「星社」,並持續創作。民國 33 年(1944)冬,因拒絕參加青年軍,公費遭取消,乃決定休學,前赴延安。同時,與外文系同學吳平(原名吳海華)開始通信,不久交往。

牛漢在西安主編文藝期刊《流火》,以後又參加共產黨在西北大學發動的學運,很快遭國民黨青年軍逮捕,送入陝西省第二監獄關押,判刑兩年。入獄二十多日後,即民國 35 年(1946)5 月,在黨組織營救下獲釋,並與堅定陪伴他的吳平結婚。

　　出獄後，牛漢與吳平輾轉到開封，在朱晦生安排下宣誓入黨。不久派往嵩縣伏牛山區從事機密工作，以教師身分潛伏於潭頭鎮七七中學，事發後險遭國民黨部隊槍斃，幸得校長柴化周相救，得免一死。為避國民黨追捕，他前赴上海，並結識七月派詩人冀汸。民國 36 年（1947）3 月，長女史佳出生，是年冬寄寓上海交通大學，創作甚豐。次年，他寄詩給素所仰慕的胡風，雙方開始通信。與胡風來往直接導致他在 1955 年「胡風反革命集團案」後遭受的苦難。

　　民國 37 年（1948），偕妻女進入華北解放區。胡風推薦其長詩〈彩色的生活〉，在北京《泥土》雜誌上發表，並首次使用「牛漢」一名。牛為母姓，漢取自本名「成漢」。此外，艾青曾說過他是「長牛角的漢子」。

　　1949 年後，他擔任華北大學校長成仿吾的業務秘書，韓戰爆發時曾赴朝鮮前線，之後在人民文學出版社任編輯。建國初期，牛漢的詩集《彩色的詩集》、《在祖國的面前》、《愛與歌》相繼出版，編輯工作亦表現出色。

　　中共對胡風展開了徹底的批判。1955 年牛漢被拘捕，過去他即對毛澤東著名的〈在延安文藝座談會上的講話〉感到過懷疑，不贊同毛澤東否定人性與個性的「工具論」，這成為了他第一條罪狀。事實上他與胡風僅是詩友關係，從未參與過「胡風集團」的任何文藝爭論，但他性格剛直，在審查過程中亦不曾出賣其他被牽連的詩人，甚至 1965 年的審判會還忍不住為胡風辯護，胡風過世前曾評價他是個可信賴的人，原因在此。

　　1957 年牛漢被釋放，唯仍須看管，同年開除黨籍。他被判定為胡風反革命分子，降級任用，恢復編輯職務，但此後為作家所編選的詩集皆不得署名。

　　文革爆發，牛漢的處境日益艱難。1960 年代初，他先被安排在人民文學出版社東郊平房農場勞改，暇餘撰寫過兩部小說《分水嶺》、《趙鐵柱》，但文革時被抄，原稿至今不知去向。1969 年，被遣往湖北咸寧文化部「五七幹校」勞動，直至 1974 年底返京，在艱苦歲月中持續寫詩。這是他創作的第二個高峰，如〈華南虎〉、〈悼念一棵楓樹〉等，在 1980 年代皆獲獎。

　　1975 年他被分配在人民文學出版社資料室抄寫卡片；1979 年參加創辦《新文學史料》工作，之後於 1983 至 1997 年間擔任主編，並為此刊長期顧問，這一年他亦恢復黨籍。1985 年丁玲創辦並主編《中國》文學雜誌，牛漢擔任執行副主編兼編輯部主任，《中國》扶持新生代作家，在當時頗具承上啟下的作用，丁玲去世後即被迫停刊。雖僅辦了兩年，但影響力甚大，牛漢曾自豪建國後所編的兩個刊物皆不執行為政治服務的方針，只登作家的好作品，今日來看實屬難能。

　　獲得平反後，牛漢仍筆耕不輟，詩集陸續出版，如 1984 年的《溫泉》、1985 年的《海上蝴蝶》、1986 年的《蚯蚓和羽毛》等，此外尚有多種詩選集。1990 年代初他開始撰寫散文，成就亦不低，有《滹沱河和我》、《螢火集》等。

　　2013 年牛漢病逝北京，享壽 90 歲，晚年曾獲馬其頓作家協會設立的文學節杖獎、中國首屆「新詩界國際詩歌獎」的北斗星獎。[1]

---

1 牛漢之生平，參考牛漢口述，何啟治、李晉西編撰，《我仍在苦苦跋涉：牛漢自述》，北京：三聯書店，2008 年。

二、作品風格與藝術特質

在現代詩史上，牛漢是作為七月派成員而嶄露頭角的。早期作品體現對共產主義的認同，以建立新中國的強烈願望為其核心精神。然而自 1950 年代中期，受胡風案件牽連，經歷入獄、開除黨籍、強迫勞動等，前後二十年風霜摧折，屈辱與苦難刺激他重新省察自身，由悲憤的心靈中提煉詩性，使他得以克服外在環境的枷鎖，重登藝術創造的高峰。與之同時的詩人，浩劫餘生後多已衰殘老病，不復過往孜孜創作的活力，正如曾卓〈從詩想起的……〉一文所說：「當我真正懂得人生的嚴肅和詩的莊嚴時，卻幾乎無力歌唱了。」而有著強韌體格及意志，且相對年輕的牛漢，則就此脫穎，在新時代繼續唱出他的歌聲。

審美方面，牛漢對粗礦、豪放，乃至於帶有創傷性的情感表達有著特殊地喜好，[2] 如自芒刺構築的巢穴中誕生的鷹（〈鷹的誕生〉）、遭閃電劈去一半依然屹立的樹（〈半棵樹〉）、被囚禁在鐵籠中的老虎（〈華南虎〉），他以自然界生命隱喻那個時代人們痛苦而崇高的精神面貌，是對人生一步一滴血般真誠的思考及探索，並追求情境與意象的相融合。

蔡莉莉〈牛漢詩歌的現代性精神分析〉一文指出，牛漢的詩歌具有鮮明的現代性精神，在不同階段有特定的內涵、表現，但貫串其創作始終的是一股生命的力量，一種對人的正常、自由的生存狀態和精神狀態的渴求。[3] 他的詩具有生命激盪與衝

2 姜玉琴，〈游牧與夢游：牛漢詩歌的藝術風格〉，《詩探索》，2003 年第 3-4 輯，頁 72。
3 蔡莉莉，〈牛漢詩歌的現代性精神分析〉，《燕山大學學報（哲社版）》，第 7 卷第 2 期（2006 年 5 月），頁 80-83。

擊的美感，隱含著與蠻荒搏鬥的野性與蒙古族裔的游牧情結，曾云：「我是個有著游牧習慣的人，但我知道，這並不完全由於我的血液裡有蒙古人的遺傳基因的緣故。不論生活，還是創作，我都如此：逐水草而遠牧，無定居的意向。」[4] 按他自己的話說，游牧即不斷超越貧乏的自己，往遠方拓荒，追求豐美境界的創造精神。他不希望自己的詩在成熟與定型中衰老和死亡，寧願在追求詩的道路上走不到盡頭，這就是牛漢，一個永遠苦苦跋涉的虔誠詩人。

三、作品選讀與賞析

〈華南虎〉

在桂林
小小的動物園裡
我見到一隻老虎。

我擠在嘰嘰喳喳的人群中，
隔著兩道鐵柵欄
向籠裡的老虎
張望了許久許久，
但一直沒有瞧見
老虎斑斕的面孔
和火焰似的眼睛。

4　牛漢，〈通往詩的途中〉，《詩探索》，第 16 輯（1994 年第 4 期），頁 1。

籠裡的老虎
背對膽怯而絕望的觀眾，
安詳地臥在一個角落，
有人用石塊砸它
有人向它厲聲呵喝
有人還苦苦勸誘
它都一概不理！

又長又粗的尾巴
悠悠地在拂動，
哦，老虎，籠中的老虎，
你是夢見了蒼蒼莽莽的山林嗎？
是屈辱的心靈在抽搐嗎？
還是想用尾巴鞭擊那些可憐而又可笑的觀眾？

你的健壯的腿
直挺挺地向四方伸開，
我看見你的每個趾爪
全都是破碎的，
凝結著濃濃的鮮血，
你的趾爪
是被人捆綁著
活活地鉸掉的嗎？
還是由於悲憤
你用同樣破碎的牙齒

（聽說你的牙齒是被鋼鋸鋸掉的）
把它們和著熱血咬碎……

我看見鐵籠裡
灰灰的水泥牆壁上
有一道一道的血淋淋的溝壑
閃電那般耀眼刺目，
像血寫的絕命詩！

我終於明白……
羞愧地離開了動物園。
恍惚之中聽見一聲
石破天驚的咆哮，
有一個不羈的靈魂
掠過我的頭頂
騰空而去，
我看見了火焰似的斑紋
火焰似的眼睛，
還有巨大而破碎的
滴血的趾爪！

1973 年 6 月，咸寧

賞　析

〈華南虎〉創作於 1973 年，時值文化大革命，詩人已年過半百，正於湖北咸寧的五七幹校勞動。這是一首備受讚譽的名篇，甚至被認為是牛漢文革時期的代表作。身處那個囚禁生命、

戕害生靈的年代，大自然的創傷與痛苦觸動詩人的心靈，按照他自己的說法，這是一首「情境詩」，特指此一特殊時期所創作，不能離開其人生境遇而孤立欣賞的作品。在當時寫這樣的作品，所面對的是「無產階級專政」的恐怖統治，同時的詩人很少願意如此冒險，但牛漢義無反顧。他在自己詩選的序中曾云：「詩在拯救我的同時，也找到了它自己的一個真身（詩至少有一千個自己）。於是，我與我的詩相依為命。」因此，他比任何人都更堅定地在詩的道路上跋涉。

詩的開頭是平鋪直敘式的，他只是一名在動物園觀覽的遊客。他見到華南虎在嘰喳喧嘩中安詳臥於角落，「又長又粗的尾巴／悠悠地在拂動」，面對人們各種「攻勢」牠一概不理。華南虎的泰然自若與「膽怯而絕望」的人形成強烈對比，石塊、厲聲與勸誘不過凸顯人的無知與恐懼。華南虎與詩人一樣，都是被現實牢籠給囚禁的生命，在扭曲的環境中飽受欺凌，「你是夢見了蒼蒼莽莽的山林嗎？／是屈辱的心靈在抽搐嗎？／還是想用尾巴鞭擊那些可憐而又可笑的觀眾？」對華南虎的連番設問，同時是詩人對自己心靈的拷問。

第五、六節以下，先寫牠破碎而滴血的趾爪和牙齒，所欲呈現的是華南虎肉體承受的磨難。牠用已然破碎的趾爪在水泥牆上刨出「血淋淋的溝壑」，那一道道血痕展現的是牠嚮往自由的靈魂。我們終於明白，華南虎便是詩人精神性格的自我寫照，是他在困境中不屈的人格及對自由的渴望。此外，本節最後一句「像血寫的絕命詩！」是詩人在 1997 年據當年札記所添，更增淒愴之情。

詩人究竟明白了什麼？為何而羞愧？詩中沒有解釋，他同時寫的散文〈桂林的大蟒和老虎〉，談到與華南虎的邂逅時，也

說了「羞愧得無地自容」[5]，而沒有其他說明。這場屬於靈魂的抗爭，並不須用任何文字交待，它只是讓讀者在這裡稍作停頓，去思索生命的意義，思索存在。詩中「我」的羞愧離去，同時也是詩人靈魂的覺醒，華南虎則成為這種意識覺醒的符號，牠從未泯滅的山林之心，與詩人遭受迫害卻仍欲追求真理的初衷合而為一。最後，「恍惚之中聽見一聲／石破天驚的咆哮，／有一個不羈的靈魂／掠過我的頭頂／騰空而去」，肉體或許能被囚禁與蹂躪，但是精神的自由與人格尊嚴卻永遠無法被剝奪、摧毀。火焰似的斑紋與眼睛，還有巨大、破碎的滴血的趾爪，在驚心動魄的情境中，詩人畫下了句點，而讀者因牠震懾天地的精神力量獲得啟發。

在口述的回憶錄中，牛漢談到在湖北咸寧的歲月，曾表示：「咸寧寫的詩是我的全部生命；不是一部分，而是全部。這是我的性格。每一首詩在什麼地方寫的，什麼情況下寫的，非常清楚。每一首詩都灌注著我全部的生命力。」[6] 在困境中感受生命本身的美好、尊嚴和強悍，是他在文革時獲得的珍貴體驗，進一步領悟到人與自然的相契，包含這首〈華南虎〉在內，詩使他的精神逐漸從被囚禁、被侮辱而得到解脫，使他重獲力量及對自由的渴求，這種力量和渴求正是現代人生命意志覺醒的頑強表達，是其詩歌現代性精神最為突出之處。

---

[5] 牛漢，〈桂林的大蟒和老虎〉，收錄於牛漢著，劉福春編，《牛漢詩文集，第 3 冊》（北京：人民文學出版社，2010 年），頁 127。

[6] 牛漢口述，何啟治、李晉西編撰，《我仍在苦苦跋涉：牛漢自述》（北京：三聯書店，2008 年），頁 181-182。

31　傳統與現代的調和——田　漢

蔡孟文

一、生平與作品風格

「起來！不願做奴隸的人們！把我們的血肉，築成我們新的長城！中華民族到了最危險的時候……」這是中華人民共和國國歌〈義勇軍進行曲〉的歌詞。填詞人田漢（1898-1968），原名田壽昌，1932 年加入中國共產黨。1949 年中共建國後，曾任黨政要職。文化大革命期間，遭受批鬥。以上是許多台灣人所知的「田漢」。

田漢生於晚清維新變法的時代，幼時家境貧寒，1912 年考入長沙師範學校。由於童年時代就相當喜愛皮影戲、木偶戲等民間戲曲藝術，因此他在師範就讀期間即開始嘗試京劇創作。就和許多影響中國文學、歷史進程的人相似，1916 年田漢前往日本留學，就讀東京高等師範學校，期間參加少年中國學會，爾後又與郭沫若、成仿吾等人籌組創造社，開啟他的新劇創作之路。伊藤虎丸曾將中國留日學生區分為兩種類型，認為魯迅（1881-1936）、周作人（1885-1967）兄弟身上彰顯的是明治精神；創造社作家則是「大正時期『都市文化』的產

物」[1]。我們從田漢的日記《薔薇之路》、小說〈上海〉中，都能夠看到他對於東京現代性的體驗與嚮往。

　　1922 年田漢回到中國，任上海中華書局編輯一職。1924年創辦了《南國半月刊》，先後組織南國電影劇社、南國藝術學院、南國社。在他加入中國共產黨、積極參與政治活動前，所發表的新劇劇本主要有：〈梵峨嶙與薔薇〉、〈咖啡店之一夜〉、〈獲虎之夜〉、〈湖上的悲劇〉、〈南歸〉、〈名優之死〉等。田漢早期劇作中，對於藝術家、詩人在現實社會的處境相當關注，劇中不乏精神與物質的衝突、藝術與現實的矛盾。年輕的田漢為這些角色安排出路，幾無例外地獻身於藝術或某種意欲捍衛的形而上價值。

　　在 1920 年代的中國新劇發展的脈絡中，由《新青年》引領的反省與揚棄曾經一度使舊戲與新劇站在決然對立的兩端，然而中國新劇畢竟在西化路線與保存傳統的對立下找尋到一條折衷的生存之道。田漢的劇作就展現了舊與新調和後的成果。作品中所顯現的思考高度、關懷視野與語言藝術亦顯示了中國新劇路線的再確立。1930 年代，中日戰火方熾，田漢另闢戰場，以筆抗敵，完成了《盧溝橋》、《秋聲賦》等劇作，這些作品的戰鬥意識、愛國主義都十分鮮明。田漢晚期的新劇作品，則以《關漢卿》最具代表性，同樣顯現他新舊調和，浪漫主義與寫實主義交融又互不衝突的特色。

　　除了新劇方面卓然有成，田漢更以話劇劇作家的身分，改革傳統戲曲，兼顧理論和實踐。對於舊劇改革提出方向，並賦

---

1 伊藤虎丸著，白木石譯，〈創造社和日本文學〉，收錄於伊藤虎丸著，孫猛等譯，《魯迅、創造社與日本文學：中日近現代比較文學初探》（北京：北京大學出版社，1995 年），頁 199。

予戲曲新穎豐沛的生命力，為傳統戲曲在現代開創新的發展路線。1950 年代的《白蛇傳》、《西廂記》，是其代表作。

二、作品選讀與賞析

《名優之死》第三幕（節選）

大京班後台。

……

楊大爺：（好像在商量衣料）你還是要件紅的呢？淺綠的呢？

劉鳳仙：是料子不是，還是粉紅的吧。可是我又喜歡那小藍花兒的。

楊大爺：那麼，回頭我叫泰豐給你送幾匹花綢來隨便你揀得了。

〔劉振聲憤然作色。〕

何景明：（對劉振聲）您上次的信上不是說要上煙台去嗎？

劉振聲：一時還走不動。（但聽得楊大爺的話氣極了，意殊不屬，以拳擊桌。）

左寶奎：（見機）楊大爺，謝老闆在找您呢！（推去）

楊大爺：那麼，我一會兒就來了。（由左下場）

〔內白：「曉得了，有請師父。」〕

〔管場：「左老闆上了。」〕

〔左寶奎急下，在內白：「好吃，好喝，好睡覺，聽說相打我先跑。徒弟們什麼事……」〕

何景明：我好久沒有看見你的戲了。今天很巧，碰上你的雙出好戲。

劉振聲：看看戲吧。阿蓉帶何先生到前台去，關照案目一聲。

何景明：那麼回頭見。

劉振聲：（點頭）回見。

〔何景明下。〕

〔劉振聲與劉鳳仙對看。〕

劉振聲：（憤怒的沉默）忘恩負義的東西！出賣自己的東西！

劉鳳仙：我怎麼出賣了自己了？

劉振聲你自己想一想。

〔劉鳳仙哭。〕

〔楊大爺匆匆上場。〕

楊大爺：（獨罵）左寶奎這個壞蛋，有什麼謝老闆找我！（急到劉鳳仙前，見她哭）鳳仙，你怎麼哭？你為什麼哭？（望望劉振聲）難道誰還敢欺負你嗎？

〔劉鳳仙愈哭。〕

楊大爺：你說什麼人敢欺負你，哪一個雜種敢欺負你。

劉鳳仙：沒有人欺負我，是我自己心裡難受。

楊大爺：剛才好好的，誰讓你心裡難受來著，快說！

劉振聲：（擊桌）什麼東西！

楊大爺：（勃然）哈！你罵誰？

劉振聲：我罵你！

楊大爺：你認得我嗎？

劉振聲：我認得你，你是渾蛋，你是孬種，你是我們梨園

行的敵人！

　　楊大爺：你敢罵我！你……（伸出手杖要打劉振聲）

　　劉振聲：我不但是罵你，我，我還要揍你。（氣極了，搶過手杖，很熟練地給他一推）

　　楊大爺：（摔在地下）好，你敢打我……好，……

　　〔內四小教師白：「此話怎講。」大教師白：「湊膽子走。」〕

　　〔左寶奎聽得聲音匆匆上，後台聞聲者同上，拉住兩人。〕

　　楊大爺：（再起要打）好，你敢打我。……大不了一個臭唱戲的，好大的狗膽，看你還敢在我們這碼頭混。

　　左寶奎：（急勸止）有話好說，怎麼動手動腳的，老闆快上了，我們台上的人，犯不著和人家爭台下的事，還是愛重自己的玩意兒吧，好的玩意兒是壓不下的！

　　劉振聲：好。（凝凝神，立歸平靜，勉強登場）

　　楊大爺：好，好的玩意兒是壓不下的。（欲下）

　　〔劉鳳仙拉著楊大爺的袖，楊大爺將劉鳳仙一摔，急步下場。〕

　　左寶奎：真是怎麼鬧的。

　　〔大家緊張。〕

　　〔內劉振聲唱：「昨夜晚，吃酒醉，和衣而臥。」〕

　　左寶奎：鳳仙！你真能夠離開你的先生嗎？

　　劉鳳仙：（自捶其胸）我不是人了，我不是人了。

　　〔內唱：「稼場雞，驚醒了夢裡南柯。」〕

　　左寶奎：（注意聽劉振聲的唱腔）哎呀，劉老闆的嗓子氣壞了。

　　劉鳳仙：（擔心）怎麼辦！

　　〔內劉振聲唱：「二賢弟在河下相勸於我。他勸我，把打魚

的事一旦丟卻，我本當，不打魚，家中閒坐。怎奈我家貧窮，
無計奈何……」〕

左寶奎：好。

〔大家很擔心的聽，仍有許多人叫好，大家安心。〕

〔劉振聲唱到「清晨起開柴扉，烏鴉叫過，……」嗓子忽
啞。〕

〔台底下有人叫，倒彩連起，「好呀！」「通！」「滾下去！」
之聲。〕

〔內聲：「哎呀，不得了，劉老闆倒了。」〕

〔後台的人都一齊擁到前台。〕

〔一時大家把麵如白紙的劉振聲扶到後台他的戲房。〕

劉鳳仙：先生，先生！

左寶奎：老闆，老闆！

經理：劉老闆，劉老闆！

眾人：劉老闆，劉老闆！

〔何景明急上。〕

何景明：劉老闆呢？……（見劉振聲）劉老闆，振聲！振
聲！

〔內鬧聲大起：「打死那喊倒采的人！」「哪來的混帳東西！」
「打死這批壞蛋！」〕

〔經理急奔下。〕

何景明：振聲！掙扎呀！掙扎呀！你犯得著這樣犧牲嗎？

〔蕭郁蘭戲裝趕來。〕

蕭郁蘭：老爺子，老爺子，你怎麼啦？怕他們幹嘛？咱們
跟那些壞蛋幹到底。掙扎呀！掙扎呀！

〔劉振聲慢慢有些轉動。〕

　　劉鳳仙：（哭）先生！先生！只要你轉來，我以後隨你把我怎麼樣！先生呀。

賞　析

　　在 1920 年代中國新文學運動的創作題材裡，關懷社會現實，處理新與舊的矛盾、衝突，是主流的議題。田漢的〈名優之死〉也是這個時代、熱議下的產物。在這部作品中，田漢試圖為新舊的衝突尋找原因，或許也在某種程度上以他的角度循循善誘，當中難免有規範、教誨的成分。顯示田漢思索新劇在社會體制中的積極意義，這多少是和「將戲劇作為改善人生的工具」[2] 之精神相關聯的。

　　例來詮釋〈名優之死〉的三位要角劉振聲、劉鳳仙、楊大爺之間的關係大致如此：名優劉振聲是一個堅持藝術至上的老藝人，楊大爺是壓迫藝人的舊社會惡勢力代表。劉振聲因為大有前途的弟子劉鳳仙被土豪劣紳般的楊大爺引誘腐蝕，憤而與楊大爺抵抗至死。由此宣示了正／邪二元對立的觀點，被壓迫者與壓迫者的鬥爭。由此觀點切入，剖析〈名優之死〉中隱喻的對立與鬥爭大致如上所述。

　　在〈名優之死〉中，田漢刻畫了劉振聲這樣一位戲曲藝人。他對藝術有所追求，亦有所堅持：「咱們吃的是台上的飯，玩意兒可比性命更要緊啊！」[3] 在他心目中「玩意兒」就是畢生的

2　此一主張為《新青年》於 1917 年前後的「舊劇評議」建立起來的新劇觀。一般皆以思想啟蒙、反應現實作為概括此一主張之內涵。錢理群、溫儒敏、吳福輝共同撰寫的《中國現代文學三十年》關於此論點建立之脈絡有精闢而詳實之介紹。參見錢理群、溫儒敏、吳福輝，《中國現代文學三十年》（台北：五南圖書出版公司，2002 年），頁 182。

3　田漢，〈名優之死〉，收錄於徐其超、鄧時忠選編，《現代戲劇電影文學選》（北京：太白文藝出版社，2004 年），頁 65。

志業，幾乎是他生命頻遭挫敗唯一的慰藉。體弱多病、債台高築、抱病登台遂成為他晚年生命歷程中的惡性循環。然而這樣一位懷抱著理想卻屢屢遭受現實檢驗的老藝人，卻沒有因為現實生活的困頓對戲曲藝術失去熱情，或與流俗妥協，他對待戲曲藝術的嚴肅認真幾乎達到偏執的地步：「他對玩意兒太認真了。因為認真所以他無論什麼戲不肯不賣力怠慢觀眾，也不肯太賣力討好觀眾。」劉振聲代表的，正是傳統梨園中性格剛強、戲德高尚的風骨典範，在表演的天平上他沒有妥協的空間。換言之，作為一個觀眾，要欣賞「劉老闆」，你必須要懂得這般不溫不火演出的妙處，你得具備相當的「程度」，才能明白其中精微的地方。因此，這位梨園導師顯得更落拓憂鬱了，世俗和藝術彷彿沒有交集的兩條平行線，割裂了劉振聲和「平庸」的觀眾，使他的處境、心理狀態越往眾人所不及之處去構築圍城。在這個庸眾的時代，覓得一二知音，將衣缽傳承下去則成為他僅餘的自我救贖：「我只想多培養出幾個有天分的，看中玩意兒的孩子，只想在這世上得一兩個實心的徒弟。」由此我們不難理解，劉振聲的個人困境恐怕也是當時戲曲藝人的困境。林葉青於其文中如是說：

> 《名優之死》中的劉振聲，是以晚清名鬚生劉鴻聲的真實遭遇為原型的。這位曾名重一時的藝術家到了晚年，「不像當年走紅，唱雙齣好戲的日子座位還是坐不滿，據說他在第一齣戲完了換上衣安排扮第二齣戲的時候，掀開門簾望了望台下，長嘆一聲就那麼坐在衣廂上死了。」[4]

---

4 林葉青，〈從《梵峨璘與薔薇》到《關漢卿》：論田漢描寫戲曲藝藝人的四部劇作〉，《藝術百家》，1994 年第 2 期，頁 34。引號內文為田漢

　　由於鄙視「太賣力討好觀眾」的媚俗演出，不得不為了自我肯定與實現，尋求更高層次的認同，而自身處的社會現實中疏離。劉振聲的形象就如中國抒情傳統[5]當中那許多感士之不遇的文人，抑鬱、敏感、懷才不遇或有著偶發性的暴怒。因而，我們或許可以由與世俗社會疏離的「不遇者」來述說劉振聲的晚景；要指出的是由於文本缺乏具體描寫，促使他人生理想落空的外力或歷史條件而顯得稍欠說服力，事實上不只是劉振聲，也包括文本中諸多角色。舉例來說，劉振聲的堅持無法被理解的社會是怎麼樣的社會？劉鳳仙選擇同楊大爺親近有沒有更深一層的，基於其本位思考的原因？左寶奎、蕭郁蘭兩人在原著中與劉鳳仙幾乎沒有任何互動，何以言詞中卻充滿敵視意味？這些付之闕如的背景交代與去脈絡化的敘述是田漢有意或無意的經營？我在此試著為此一現象權作解釋。在彼時文本的閱讀或觀覽（端看參與的形式決定）群眾乃是和作者同一時代的人，在接受層次上或許較諸後來者深刻。再者，把背景問題留給同時代的人領會，就「寫實」意義上說，這未嘗不是一種表現方式，因為它同時還是個「當代劇場」，搬演著台下眾人生活中發生的時／實事，觀眾實際上也是這個「大型演劇」的參與者。文本中「不遇者」游離於社會之外，或可將其視為呼應文本結構的設計；即以「不遇者」而言，這些外在於人的力量是既定而無可反轉的，那麼詳述其處境的社會場景或非劇作家所著力之處。

為《田漢戲曲集》第四集所寫的序文。

5　筆者此處中國抒情傳統之概念係由呂正惠教授撰寫《抒情傳統與政治現實》一書而來。呂教授書中對於中國文學傳統中遇或不遇的知識分子心態及其詩歌的抒情特質、表現，有相當犀利獨到之見解，詳請參酌該書。呂正惠，《抒情傳統與政治現實》（台北：大安出版社，1989 年），頁 209-236。

　　知音難覓，步履維艱，劉振聲的不遇看來既是必然也是當然。田漢賦予他新時代下的舊精神，注定要成為一種失敗的理想主義。儘管在面對充滿功利、現實的社會時，他的信仰就要幾乎遭受無情的摧殘；但是就〈名優之死〉而言，失敗並非全然絕望的。最終文本雖安排這個「舊時代」的落幕，卻不只是句點。左寶奎和何景明在談論到關於劉振聲的批評報導時說：

> 他時常把一些不合適的詞兒給改了，台底下年輕的
> 觀眾很歡迎。守舊的先生們就不大贊成。壞蛋們就利用
> 這些不明白的先生們來反對他，說他不守規矩，破壞老
> 戲。[6]

　　對角色詮釋幾近潔癖般堅持，不願刻意造作的劉老闆，似乎也有一套因時制宜的「生存之道」。這種對於戲劇語言加以反省的思索，看似與人物執拗之性格相互矛盾，實則不然，反而增添了人物的多面性。劉振聲試圖為傳統戲曲進行革新、尋訪出路的嘗試性作法，我們也可將其視為作者在劉振聲人生絕崖之前的思索。儘管如此的新意也為劉振聲招來同行之間的惡評，使他處境越發不堪，卻顯現他並非死守舊制，全然拒絕革新的頑固分子，他是有所為有所不為的。而除了改變老戲的語言文字，以為京劇開發年輕的觀眾之外，〈名優之死〉也透過劉振聲和張琴師之口肯定丑行、占行組織聯合會的想法：

> 從前咱們唱戲的靠大人先生們保護，可他們總是嘴
> 裡說得好，骨子裡看不起咱們，吃咱們的。現在該咱們
> 聯合起來保護自己了。[7]

---

6 田漢，〈名優之死〉，收錄於徐其超、鄧時忠選編，《現代戲劇電影文學
　選》（北京：太白文藝出版社，2004 年），頁 66。
7 田漢，〈名優之死〉，收錄於徐其超、鄧時忠選編，《現代戲劇電影文學
　選》（北京：太白文藝出版社，2004 年），頁 55。

　　劉振聲的梨園導師形象於此更具有現實意義，一方面來自他對於戲曲傳統的堅持，另一方面則來自於他不自我設限的想法，從而顯現出在繼承中尋求進步之新觀念。就此而言，我認為田漢至少是在舊與新的拔河之間指出了中國戲劇藝術的一種進路，對憂心忡忡，不知道傳統戲劇該往何處去的戲曲藝人而言，他們仍有機會在「不變」與「變」中認同自我身分，而無須自傷自憐，鬱鬱以終。於是我們才看到文本中寫何景明安慰劉振聲說的話：

　　　　會有一天這世界變了，唱玩意兒的也翻了身，該唱
　　的時候盡情的唱，該休息的時候舒舒坦坦地休息。[8]

　　這也許是長久以來視戲曲為生命的劉老闆的願望，亦或是一種對於梨園先輩生存之道的追求願景。是故，我想對於今日已然翻了身恐怕卻更顯寂寞的「玩意兒」表演者、研究者、觀眾，在認同（或同情？）的理解之餘，無論我們的理解是否將戲曲推向更學院化更孤芳自賞的道路，我想對於站在新、舊戲劇發展路口深切思索的田漢，該是擺脫意識指引的宣傳或神話，而還原其作為一個劇場作家的身分。透過舊與新的角度閱讀，我們見到一個劇場作家對傳統戲曲藝術的苦惱，而劇本中的人物應該也找到他們身為梨園子弟的生存之道。

---

[8] 田漢，〈名優之死〉，收錄於徐其超、鄧時忠選編，《現代戲劇電影文學選》（北京：太白文藝出版社，2004 年），頁 68。

32 熱情的詩人 —— 聞一多

陳冠勳

一、生平與作品風格

聞一多（1899 年 11 月 24 日-1946 年 7 月 15 日），原名聞亦多，族名聞家驊，字益善，號友三、友山。其名典出《論語》：「益者三友，友直、友諒、友多聞。」就讀清華學校後，曾寫過自傳〈聞多〉，並以「聞多」為名，並取消了友三、友山的號。到五四運動後，才改名為今人所熟知的「聞一多」。

生於湖北省黃岡市浠水縣，因家學淵源，自幼學習國學與西學，1912 年考入北京清華學校中等科一年級。其後，在新文學運動的影響之下，開始了新詩的寫作，在 1920 年 9 月，發表了第一首新詩〈西岸〉。雖然聞一多開始從事新文學的創作，但是並不會將文言文視為白話文的對立。

1922 年的 7 月，赴美攻讀藝術。此時期為聞一多創作最豐富的階段，1923 年出版了第一本詩集《紅燭》、1928 年則出版第二本詩集《死水》。1925 年返國後，即在大學任教，除了新文學的創作外，也配合在大學中所教授的課程，開始研究《詩經》、《楚辭》，乃至於唐詩等傳統國學的領域。1944 年聞一多加入了「中國民主同盟」，這個團體具有左翼的色彩。1946 年，

「中國民主同盟」發起人之一的李公樸遭到暗殺,而三天後,
聞一多在李公樸的追悼會上發表了〈最後一次演講〉,當日下午
亦遭到暗殺。1948 年,《聞一多全集》出版,由朱自清主編。

　　聞一多是新月派的代表人物之一,著名的成員如徐志摩、
聞一多、朱湘等人。新月派又被稱為格律詩派,從這名稱可知
新月詩派著重於新詩的格律,而聞一多更是著墨於詩的理論與
創作上,聞一多在〈答吳景超書〉中即指出詩的四大原素是:
「幻象、感情、音節、繪藻」。又在 1925 年發表了〈詩的格律〉
一文,在文中更明白指出詩要包括「音樂的美(音節)、繪畫的
美(詞藻)、建築的美(節的勻稱和句的均齊)」,聞一多除了理
論的強調之外,亦能實踐於其作品中。

　　就台灣的讀者而言,聞一多不是一位令人陌生的作家;再
就研究論著而言,更多關注的是其傳統國學上的成就。聞一多
古典、現代皆有成就,不偏廢的態度是讓人佩服的。

二、作品選讀與賞析

(一)〈死水〉

這是一溝絕望的死水,
清風吹不起半點漪淪。
不如多扔些破銅爛鐵,
爽性潑你的剩菜殘羹。

也許銅的要綠成翡翠,

鐵罐上鏽出幾瓣桃花；
再讓油膩織一層羅綺，
黴菌給他蒸出些雲霞。

讓死水酵成一溝綠酒，
漂滿了珍珠似的白沫；
小珠們笑聲變成大珠，
又被偷酒的花蚊咬破。

那麼一溝絕望的死水，
也就誇得上幾分鮮明。
如果青蛙耐不住寂寞，
又算死水叫出了歌聲。

這是一溝絕望的死水，
這裡斷不是美的所在，
不如讓給醜惡來開墾，
看他造出個什麼世界。

賞　析

　　如前所述，聞一多是「新月派」的代表人物之一，新月派詩作特色有三：繪畫美（詞藻）、音樂美（音節）、建築美（節的勻稱、句的均齊），且聞一多也能在其詩作上實踐這些理論。以〈死水〉一詩為例，此詩共分五節，每節有四行，句式整齊，又如〈我要回來〉，此詩分為四節，每節都用「回來」為始末，中間三句皆以「乘你」開頭，句子整齊，這些都符合聞一多所

說的「建築美」。

　　而〈死水〉的這二十行中，每行都是 9 個字，即 9 個音節。漢字是單音節的文字，聞一多借鑑了西方十四行詩（商籟體）中的「音步」，提出「音尺」的概念，「音尺」由音節組成，以〈死水〉第一節為例：

> 這是 ／ 一溝 ／ 絕望的 ／ 死水，
> 清風 ／ 吹不起 ／ 半點 ／ 漪淪。
> 不如 ／ 多扔些 ／ 破銅 ／ 爛鐵，
> 爽性 ／ 潑你的 ／ 剩菜 ／ 殘羹。

　　每一行皆是三個二字尺與一個三字尺：第一行是 2232，後三行都是 2322，雖第一行的音尺排序與後三行不同，但都是由四個音尺組成，所以句子讀來在變化中又能保持整齊，也能達到強化節奏的效果。此外，〈死水〉各節讀來也有押韻，第一節的「水」與「鐵」、「淪」與「羹」，以及第五節「水」、「在」、「界」等字的發音位置相近，第二節的「花」與「霞」、第三節的「沫」與「破」、第四節的「明」與「聲」押相同的韻。在〈也許〉一詩中，韻腳為「累」、「睡」、「飛」、「眉」、「水」、「美」等字，這些押韻、音尺、音節，即聞一多寫詩所要求的「音樂美」。

　　而繪畫美即是寫詩時所要求的詞藻華美，一樣以〈死水〉為例，詩中以「漪淪」、「翡翠」、「桃花」、「羅綺」、「雲霞」等漂亮詞彙來形容這灘臭不可聞的死水，銅鏽的綠變成青翠的顏色，又把鐵鏽的暗紅，轉變成桃花的粉紅，油膩、黴菌也都變成了美好的羅綺與雲霞，都是使用映襯的修辭，以「美」來強化「醜惡」的程度。「繪畫美」的理論也實踐在其他詩作中，如

「在這裡我將作個無名的農夫，但我將讓閒惰底蕪蔓／蠶食了我的生命之田」（〈劍匣〉）、「讓我醉死在你音樂底瓊醪裡！讓我悶死在你呼吸底馥郁裡！」（〈死〉）。詩作中更多的是早年受國學教育時所汲取的養分，詩中有許多傳統典籍的詞彙，如〈淚雨〉中「滂沛」一詞典出《楚辭》、篆煙（〈劍匣〉、〈紅豆〉）一詞典出宋詞〈御街行〉、〈死水〉中「漪淪」一詞則典出宋詩〈泛照湖游天章〉，〈傷心〉中有「肥了綠的，瘦了紅的」之句，明顯脫胎自李清照的〈如夢令〉，〈紅豆〉這一組詩更是明白的使用了王維〈紅豆〉詩中「此物最相思」的古典意象，在詩中運用這些優美的詞彙，都符合聞一多所提出的「繪畫美」理論。

文字傳達訊息，詩人會透過文字，有意無意地將個人的思想、情緒透露於作品之中，作品中的顏色詞彙尤其是如此，故顏色詞除了使詩詞更具美感外，還能夠反映出詩人的情緒。如《色彩心理學》即認為：「色彩在心理上的影響，可說是相當科學、相當真實的一件事，……（色彩）是一種我們可以用來改變我們心情，並解讀他人心情的一種工具。」

在聞一多的詩作中，有一項很明顯的特色，即是在作品中所用的顏色詞彙豐富且用色鮮明。如〈死水〉中的「讓死水酵成一溝綠酒，／漂滿了珍珠似的白沫」；〈劍匣〉中的「我將描出白面美髯的太乙／臥在粉紅色的荷花瓣裡，／在象牙雕成的白雲裡飄著。／我將用墨玉同金絲／製出一隻雷紋商嵌的香爐」、「晨雞驚聳地叫著，／我在蛋白的曙光裡工作，／夜晚人們都睡去，我還作著工——／燭光抹在我的直陡的額上，／好像紫銅色的晚霞／映在精赤的懸崖上一樣。」；〈我是一個流囚〉中的「幸福底朱扉已向我關上了，／金甲紫面的門神／舉起寶劍來逐我；／我只得闖進縝密的黑暗，／犁著我的道路往前

走。」或更直接以〈色彩〉為題寫詩：

> 生命是張沒有價值的白紙，
> 自從綠給了我發展，
> 紅給了我熱情，
> 黃教我以忠義，
> 藍教我以高潔，
> 粉紅賜我以希望，
> 灰白贈我以悲哀，
> 再完成這幀彩圖，
> 黑還要加我以死。
> 從此以後，
> 我便溺愛於我的生命，
> 因為我愛他的色彩。

　　從首句「生命是張沒有價值的白紙」可知，詩人將顏色與其生命做聯結。紅色為暖色系，詩人以熱情為概念，綠是大地的顏色，由草的滋長聯想到生命的發展；藍色是天空的顏色，由湛藍的顏色表示詩人生命的高潔；黃色則是古代帝王喜好的顏色，用以表對生命的忠誠；夢幻的粉紅色讓人充滿希望、無色調的灰白是悲哀、黑則是死亡。人的一生中的確會出現各種喜怒哀樂、悲歡離合，透過悲哀與死亡的對比，熱情、忠義、高潔等顯得更有價值，而且要完成人生的彩圖，灰白與黑是必然存在的，於是才有了最後「溺愛於我的生命」這個結語。
　　一般評論者認為聞一多是位愛國詩人，聞一多也的確寫了許多針砭時事的詩作，如〈死水〉一詩中，即描繪一灘毫無生

機的死水，死水中有許多醜惡腐敗之物，還豢養了蚊蠅，青蛙
卻為這灘死水歌唱，更甚之詩人以鮮艷的顏色去突顯這些醜陋，
詩人最後以「不如讓醜惡去開墾，看他造出個什麼世界」做結。
聞一多將當時的社會比喻為這灘不堪聞問的死水，唱歌的青蛙
象徵歌功頌德、粉飾太平之徒，面對這樣的情況，身處其中的
聞一多，應該如何自處？雖結語看似要放棄這個已然無可救藥
的腐敗社會，然卻並非真心希望這個社會越來越沉淪、這個國
家越來越墮落，事實上詩人是憤怒、輕蔑的，所呈現出來的是
一種憂國憂民卻無能為力的焦慮。

（二）〈我要回來〉

我要回來，
乘你的拳頭像蘭花未放，
乘你的柔髮和柔絲一樣，
乘你的眼睛裡燃著靈光，
我要回來。

我沒回來，
乘你的腳步像風中蕩槳，
乘你的心靈像癡蠅打窗，
乘你笑聲裡有銀的鈴鐺，
我沒回來。

我該回來，
乘你的眼睛裡一陣昏迷，
乘一口陰風把我燈吹熄，

乘一隻冷手來撥走了你，
我該回來。

我回來了，
乘流螢打著燈籠照著你，
乘你的耳邊悲啼著莎雞，
乘你睡著了，含一口沙泥，
我回來了。

賞　析

　　聞一多的詩作大致可以分為幾個題材，包括抒發愛國情志、書寫愛情、熱愛生命與少部分哀悼女兒的作品。

　　聞一多曾寫過三首哀悼女兒的詩作，這三首詩有一說是〈也許〉、〈我要回來〉、〈忘掉她〉，又有一說並非〈也許〉而是〈往常〉。

　　聞一多的女兒聞立瑛 4 歲即早夭，聞立瑛過世時，聞一多因工作而不在女兒身邊，得知消息後立刻趕回家，〈我要回來〉一詩即寫出了聞一多內心的曲折，從「我要回來」的焦急，「我沒回來」、「我該回來」的自責，到「我回來了」的悔恨。詩人用「拳頭像蘭花未放」、「柔髮和柔絲」、「笑聲裡有銀的鈴鐺」等等文字展現出無限的溫柔，又以「眼睛裡一陣昏迷」、「陰風把我燈吹熄」、「冷手來撥走了你」以及「你睡著了，含一口沙泥」婉轉的寫出女兒已經死亡的事實，也透露了詩人不得不接受的心情。

（三）〈紅豆〉（節選）

三

意識在時間底路上旅行：
每逢插起一杆紅旗之處，
那便是——
相思設下的關卡，
擋住行人，
勒索路捐的。

四

嬝嬝的篆煙啊！
是古麗的文章，
淡寫相思底詩句。

六

相思是不作聲的蚊子，
偷偷地咬了一口，
陡然痛了一下，
以後便是一陣底奇癢。

七

我的心是個沒設防的空城，
半夜裡忽被相思襲擊了，
我的心旌
只是一片倒降；

我只盼望——
他恣情屠燒一回就去了；
誰知他竟永遠占據著，
建設起宮牆來了呢？

十

我倆是一體了！
我們的結合，
至少也和地球一般圓滿。
但你是東半球，
我是西半球，
我們又自己放著眼淚，
做成了這蒼莽的太平洋，
隔斷了我們自己。

十二

我們有一天
相見接吻時，
若是我沒小心，
掉出一滴苦淚，
潰痛了你的粉頰，
你可不要驚訝！
那裡有多少年底
生了鏽的情熱底成分啊！

十四

我把這些詩寄給你了，
這些字你若不全認識，
那也不要緊。
你可以用手指
輕輕摩著他們，
像醫生按著病人的脈，
你許可以試出
他們緊張地跳著，
同你心跳底節奏一般。

三六

當我告訴你們：
我曾在玉簫牙板，
一派悠揚的細樂裡，
親手掀起了伊的紅蓋帕；
我曾著著銀燭，
一壁擷著伊的鳳釵，
一壁在伊耳邊問道：
「認得我嗎？」
朋友們啊！
當你們聽我講這些故事時，
我又在你們的笑容裡，
認出了你們私心的豔羨。

四一

有酸的，有甜的，有苦的，有辣的。
豆子都是紅色的，
味道卻不同了。
辣的先讓禮教嘗嘗！
苦的我們分著囫圇地吞下。
酸的酸得象梅子一般，
不妨細嚼著止止我們的渴。
甜的呢！
啊！甜的紅豆都分送給鄰家作種子罷！

賞　析

　　以愛情為題材的的詩作如〈紅豆〉，〈紅豆〉是由 42 首小詩所組成的組詩，圍繞著「相思」二字，詩人以相當直率的筆法，用各種譬喻、轉化、誇飾的修辭技巧，來描寫對於妻子的想念之情。如其六「相思是不作聲的蚊子」，把相思譬喻為捉摸不定的蚊子，將相思的神出鬼沒表現的淋漓盡致；其三「意識在時間底路上旅行：／每逢插起一杆紅旗之處，／那便是──／相思設下的關卡，／擋住行人，／勒索路捐的。」則將意識形象化、相思擬人化，寫詩人意識（思考）受阻時，便是相思之因，詩人的相思之狀躍然紙上；其十二「若是我沒小心，／掉出一滴苦淚，／漬痛了你的粉頰，／你可不要驚訝！」則以誇飾手法描寫詩人的苦淚之重、相思之深。

　　詩人與妻子相隔兩地，在詩作中不難看出兩人一水之隔的痕跡，如其十。作品中描述自己與妻子是一體的，卻又將彼此

形容為東、西半球，中間阻礙他們的海洋，又如同他們的相思淚。看似相合（一體）又相反（兩個半球）的寫法讓聞一多心中的矛盾心情相當明顯。

　　相思之情並非一定要以文字來傳達，如其十四。兩人的情感，可以透過其他的媒介來傳遞，甚至是以手指觸摸著文字就能夠感受到對方的心跳，思念之情溢於言表。

　　綜上所述，不論聞一多的詩作題材為何，詩中的文字與詞彙所呈現出的都是一種相當直率、熱情的態度，也在詩壇上留下燦爛的光芒。

33 大堰河之子──艾 青

朱 澐

一、生平介紹

　　艾青，原名蔣正涵，字養源，號海澄，因浙江話「海澄」與「艾青」同音，故用為筆名。清宣統 2 年（1910）生於浙江金華，父親為地主紳士，但出生後算命先生斷其為「剋父母命」，故交由貧苦農婦「大堰河」撫養至 5 歲。[1] 這段窮苦農村生活的記憶，賦予他憨厚、純樸的氣質，以及善良富於同情的心腸，[2] 卻也造成他與父母關係的疏遠。

　　5 歲後，艾青返回了家中。在父親嚴厲要求下，自幼即研讀英文，較早接觸到西洋詩。民國 17 年（1928）初中畢業，先考入杭州國立藝術院繪畫系，不久輟學，翌年，赴法國巴黎。當時家中僅提供路費，此後便斷絕一切經濟供給，他在法國乃勤工助學，自學繪畫，兼習法文，但從未進入過任何正規大學。這段遊學歲月，使他能學習雷諾瓦、梵谷的繪畫，康德、黑格

---

1 本為「大葉荷」，金華土音「大堰河」與之相似，艾青幼時只聽口音，乃寫作「大堰河」，其早年成名作〈大堰河：我的褓姆〉即在追念這位帶養他的農婦。

2 略參蔡登山，〈詩人本是多情種：艾青的感情生活〉，《國文天地》，第 15 卷第 5 期（1999 年 10 月），頁 54。

爾、馬克思的哲學思想，並大量閱讀俄國小說、詩歌和一些法文版現代詩，更深受比利時法語詩人維爾哈倫的影響。

　　民國 21 年（1932），艾青乘船歸國，5 月在上海加入「中國左翼美術家聯盟」，和畫家江豐等創建「春地美術研究所」（又名「春地畫會」），受到魯迅的支持。7 月，與江豐、力揚等十餘人被視為共黨或「暴亂煽動者」，遭法租界警察逮捕入獄。

　　在法國時艾青已嘗試寫詩，三年的牢獄生活使他更加潛心文藝，早年重要詩作多完成於此時。1936 年，他自刊出版《大堰河》詩集，收錄包括獄中所寫長篇敘事詩〈大堰河：我的褓姆〉等 9 首作品，博得熱烈的迴響，令他在文壇上一鳴驚人。

　　民國 24 年（1935），艾青出獄，在父親斡旋之下，他與遠房表妹張竹茹結婚。之後，進入常州武進女子師範學校任教，僅半年便回到上海。他持續寫作，並與胡風、田間等詩人結交，組織過一個以馬克思美學思想為主要觀點的詩社，研究無產階級詩歌的創作風格。民國 26 年（1937），抗日戰爭開始，他離開上海，輾轉於武漢、山西、西安等地，從事抗日文化宣傳。民國 27 年（1938），他攜眷赴廣西桂林，受聘《廣西日報》文藝副刊主編，並將副刊命名「南方」。民國 28 年（1939），自費印行第二本詩集《北方》，收錄抗戰後小部分詩作。

　　在桂林，艾青先後與《救亡日報》女記者高灝、常州武進女子師範學生韋嫈相戀，不久向張竹茹提出離婚。1939 年他與韋嫈結婚，婚後育有二子二女。

　　民國 29 年（1940），艾青轉赴重慶，擔任育才學校文學系主任。次年春，皖南事變發生，在周恩來幫助下他前往延安，確定了左傾的政治取向。抗戰前後正值他創作的顛峰，繼《北方》後，《他死在第二次》、《向太陽》、《曠野》、《火把》、《黎明

的通知》（後改名《願春天早點來》）、《反法西斯》、《雪裡鑽》、
《獻給鄉村的詩》等詩集陸續出版，抗戰題材以及對土地和人
民的關愛，使他的作品具有著時代氣氛與強烈的感染力。民國
30 年（1941），他在桂林出版以格言形式寫成的《詩論》，提出
有價值的作品應當擁抱民族愁苦，更感動不少當時的文藝青
年。可以說，他的文學聲譽、作品的影響力都使中共文化宣傳
的力量大為提升。

　　在延安一段時日，艾青逐漸察覺中共對文學創作自由的限
制，並正面抨擊過中共的文藝政策，但最終他仍接受毛澤東的
建議，改變了立場，開始學習馬克思的歷史唯物主義，終在 1943
年正式成為共產黨員。

　　民國 34 年（1945）日本投降，艾青率華北文藝工作團赴張
家口，直到國共內戰結束為止，期間作品收入 1950 年出版的《歡
呼集》中。1949 年共軍占領北平，艾青參加了全國文藝工作者
第一次會議。此後，他成為中國文藝界的標竿人物，曾任全國
文聯委員、《人民文學》創刊副主編等，在當時皆是顯貴的職務。
1950 年他訪問蘇聯，旅居四個月，期間作品收入《寶石的紅星》。
1955 年他把在舟山群島接觸漁民的經驗寫成敘事長詩，出版詩
集《黑鰻》，接著又完成了《春天》、《在海岬上》，雖多是政治
抒情詩，稍乏真情實感，但創作仍顯活躍。

　　家庭方面，艾青與第二任妻子韋熒在 1955 年離婚，並認識
在北京中國作家協會工作的高瑛，兩人於 1956 年登記結婚。有
二子，即著名藝術家、異議人士艾未未與作家艾丹。

　　1957 年，中共發起反右運動，艾青因替時已失勢的丁玲說
話，不但被「錯劃」為右派，在延安的舊帳亦成了批鬥他的絕
好材料。中共撤銷他一切職務，並開除黨籍。隔年，他與馮雪

峰、丁玲等流放北大荒，落戶勞改，後轉押至新疆。文化大革
命起，他又多次被批鬥，一直到「粉碎四人幫」，在 1979 年獲
得平反為止，前後囚禁放逐 21 年，其創作亦因之中斷了 21 年。

　　此時的艾青已是華髮老人，恢復了黨籍，當選中國作家協
會副主席，且重拾詩筆。1980 年他將復出後的創作結集為《歸
來的歌》，1983 年出版《雪蓮》，分別獲中國作家協會第 1 屆及
第 2 屆全國優秀新詩獎。1985 年獲得法國文化藝術最高勳章。
1991 年，《艾青全集》出版，共 5 卷，收詩作四百六十餘首及
其《詩論》、《綠洲筆記》、書信、散文等，全集由四子艾丹編輯。

　　1996 年 5 月 5 日，艾青病逝於北京協和醫院，終年 86 歲。
智利外交官與著名左翼詩人聶魯達，曾在回憶錄中稱艾青是「中
國詩人中的佼佼者」[3]，他在抗戰時期的文學成就，確實足以作
為一個時代的象徵。然而，晚年他成了中共對外宣傳的樣板作
家，這無疑是詩人艾青的悲劇。

二、作品風格與藝術特質

　　艾青的詩歌創作約可分為三期，自 1932 年發表第一首詩
〈會合〉開始，至 1945 年抗戰勝利為止，是為第一期；1945
年他率華北文藝工作團赴張家口，至 1957 年被錯劃為右派，則
屬第二期；經歷二十年苦難折磨，自 1977 年起重握詩筆，並於

3　過去聶魯達回憶錄的譯本往往將之譯為「中國詩壇泰斗」，2015 年南海
　　出版社出版全譯本《我坦言我曾歷盡滄桑》，將聶魯達對艾青的稱呼譯為
　　較貼近原句的「老共產黨員和中國詩人中的佼佼者——令人心醉的艾青」，
　　從中可見兩人情誼。

1978 年在上海《文匯報》發表〈紅旗〉一詩，宣告復出，便進入最後的第三期。

1930 年代，艾青的作品以獄中詩為代表。腳鐐和鐵窗只能囚禁他的身體，他嚮往自由的靈魂、堅定的抗爭意志及對苦難大眾的憐憫情懷，透過尚顯生澀的筆觸，逐步構築起詩人獨有的精神世界。他沒有深厚的傳統文學功底，曾自言所受文學教育多是五四新文學和外國文學，故早期作品明顯受到法國象徵主義和現代主義影響。獄中他翻譯維爾哈倫的作品，從這位帶著純樸鄉土氣息而走向現實主義創作道路的卓越詩人身上，找到了自己藝術的座標。敏感、憂鬱與抗議，日常口語與歐化的新文學語言巧妙融合，形成艾青特殊的詩歌風格。[4] 抗戰期間，他將作品以所擅長的散文句法用更為精鍊的方式演示，對讀者情緒的掌握亦達到爐火純青之境，因而名篇迭出，甚至被認為是中國抗戰時詩歌的最高水平。

艾青喜歡明朗的語言，即便他的藝術實踐是嚴肅而艱苦的，他的詩中有國族的苦難與個人的沉鬱，但絕不晦澀，那是他所極力避免的。他追求健康並且美的思想與情感的裸露，以發自內心的謳歌唱出鮮活氣息。雖然，中晚期的政治抒情詩不免有單向輸出意識型態導致詩味減弱的缺陷，詩人瘂弦直言：「艾青作品的致命傷，是他總不忘在藝術的外衣下包藏紅色的政治訊息，這對他作品的純粹性與藝術性，的確構成很大的傷害。」[5] 但總體而言，他還是保有現實主義詩人的反抗精神，對詩歌功利性的追求並未抹滅他質樸的性格。馮雪峰曾評論：

---

4 參考瘂弦，〈艾青：中國早期詩人小傳之三〉，《現代詩》，復刊第 4 期
  （1983 年 7 月），頁 117。
5 同上註。

「他的詩的外表自然是極知識分子式的，但他的本質和力量卻建築在農村青年式的真摯、深沉和愛的固執上，艾青的根是深深地植在土地上。」[6] 正說明他創作的重要靈感源泉和思想基礎，仍來自成長過程對農村的深厚情感，進一步說，是對勞苦人民悲慘遭遇的深切同情。

三、作品選讀與賞析

（一）〈手推車〉

在黃河流過的地域
在無數的枯乾了的河底
手推車
以唯一的輪子
發出使陰暗的天穹痙攣的尖音
穿過寒冷與靜寂
從這一個山腳
到那一個山腳
徹響著
北國人民的悲哀

在冰雪凝凍的日子
在貧窮的小村與小村之間

---

6 馮雪峰，〈論兩個詩人及詩的精神和形式〉，《文藝陣地》，第 4 卷第
　10 期（1940 年 3 月 16 日）。

手推車
以單獨的輪子
刻畫在灰黃土層上的深深的轍跡
穿過廣闊與荒漠
從這一條路
到那一條路
交織著
北國人民的悲哀
一九三八年初

賞　析

　　抗戰開始後，艾青曾應李公樸之邀，前往山西民族革命大學任教。在隴海路的沿線，在北國寒冬中，他寫出第二部詩集《北方》的諸多名篇，如〈乞丐〉、〈駱駝〉、〈補衣婦〉及代表性長詩〈北方〉。〈手推車〉亦是同期作品，艾青以詩人而兼畫家的獨到眼光，極其敏銳地補捉了這一北方常見的小型運輸工具——獨輪手推車，並對它進行了速寫式的文字刻畫。

　　我們知道，意象是感知經驗在感官上的印象，它不是思想，而是知覺再現的片斷，不能單獨構成一首詩。然而當詩人將手推車作為主題意象，將它置於「黃河流過的地域」、「冰雪凝凍的日子」時，便賦予了它象徵中國北方人民苦難的獨特意義。在一片陰寒蕭條中，詩人透過手推車「唯一的」、「單獨的」輪子所發出「使陰暗的天穹痙攣的尖音」，與碾過「灰黃土層」所留下的「深深的轍跡」，從聽覺、視覺上進行藝術的渲染與鋪陳。這輛笨重、古老且落後的手推車，似乎正訴說著舊中國的陳腐與衰朽，在乾涸的河底、窮苦的村落之間，它帶給北方（中國）

人民的，僅僅只有苦難和悲哀。獨輪的手推車緩緩前行，穿過
寒冷與靜寂、廣闊與荒漠，由此山到彼山，由此路到彼路，但
詩人卻不是歌詠它所表現的堅韌意志，而完全是書寫著一種永
無止境的苦難延續。

　　本詩在音節的安排和意境的營造上運用複沓手法，簡單反
復的結構不但強化了詩的節奏感，更使所欲傳遞的思想、情感
得以突出，主意象「手推車」的造型語言洗練而有力度，其形
象的塑造、勾勒更展現詩人的敏銳和功力。

　　生活實感與詩性思維，對苦難者的深切關懷，是艾青一生
寫作的泉源，他同情並信賴一切的不幸者，認為詩人應「永遠
和人民群眾在一起，了解他們靈魂的美，只有他們才能把世界
從罪惡中拯救出來。」[7] 從這首深沉而凝重的小詩中，我們彷
彿能看到北國人民艱苦推車的疲憊身影，以及在寒風中凝視著
的那雙憂傷眼眸。

（二）〈礁石〉

> 一個浪，一個浪
> 無休止地撲過來
> 每一個浪都在它腳下
> 被打成碎沫，散開……
>
> 它的臉上和身上
> 像刀砍過的一樣
> 但它依然站在那裡

---

7 艾青，〈詩人論〉，《詩論》（北京：人民文學出版社，1980 年），頁
　219。

　　含著微笑，看著海洋

一九五四年七月二十五日

賞　析

　　〈礁石〉是艾青詩歌創作第二期的作品，為一首詠物詩，寫於遙遠的南美。1954 年 7 月，他接受智利眾議院議長的邀請，參加了詩人聶魯達的五十誕辰活動，兩人為一生摯友。

　　本詩以旁觀者的視角，將沒有生命的物體——礁石，作為一切被壓迫者的象徵。詩的第一節由層層疊疊無休止襲來的海浪寫起，詩中用一個動詞「撲」將海浪擬人化，洶湧的浪潮所比喻的，或許是帝國主義侵略者，或許是無窮無盡的舊勢力，但每一個浪最終都化為了碎沫，宣告著礁石的勝利。這狂濤中巍然屹立的礁石，儘管在頑強搏鬥後已留下無法復原的傷痕，但面對漫無邊際的「海洋」，卻始終保持著微笑，這是詩人所賦予人格精神上的美。在詩人筆下，浪花彷彿有了意志，與之相抗的主意象「礁石」，亦成為有著堅強毅力與信心的「人」，而它所代表的被壓迫者，究竟是歷經人生挫折的詩人自己，抑或是近代受盡苦難的中華民族，讀者可以自己體會。

　　瘂弦曾指出，艾青作品的兩大長處，一是善於情緒的渲洩，一是善於以客觀描繪構成的動態場景，後者當來自其繪畫藝術根柢。[8] 艾青擅於在藝術渲染中突出形象，詩中以無數浪花被打碎的動態畫面，突出礁石的凝立不動，不但有著高度的象徵意味，且使本詩具備哲理化抒情的色彩。

---

[8]　參考瘂弦，〈艾青：中國早期詩人小傳之三〉，《現代詩》，復刊第 4 期（1983 年 7 月），頁 118。

　　周燕芬認為，生硬和強制性的自我改造程度不同地損傷了艾青的創作成就和藝術品格，導致他 1940 年代後期詩歌質量的降低。然而，他的苦難意識與人民意識貫穿於創作的不同時期，[9] 使他終究得以跨越變動的時代，永遠保持自我主體與時代精神的契合，〈礁石〉所蘊藏的生命力與無窮鬥志，或許正是艾青所以是艾青，最好的註腳。

（三）〈牆〉

一堵牆，像一把刀
把一個城市切成兩半
一半在東方
一半在西方

牆有多高？
有多厚？
有多長？
再高、再厚、再長
也不可能比中國的長城
更高、更厚、更長
它也只是歷史的陳跡
民族的創傷

誰也不喜歡這樣的牆
三米高算得了什麼

---

[9] 參考周燕芬，〈艾青：七月詩派的現實主義導向〉，《大海洋詩雜誌》，第 67 期（2003 年 5 月），頁 135。

五十厘米厚算得了什麼
四十五公里長算得了什麼
再高一千倍
再厚一千倍
再長一千倍
又怎能阻擋
天上的雲彩、風、雨和陽光？

又怎能阻擋
飛鳥的翅膀和夜鶯的歌唱？
又怎能阻擋
流動的水和空氣？

又怎能阻擋
千百萬人的
比風更自由的思想？
比土地更深厚的意志？
比時間更漫長的願望？

一九七九年五月二十二日　波恩

賞　析

1970 年代末，艾青復出詩壇後，於 1979 年 5 月隨訪問團赴歐洲，參訪德、奧、義三國。在東柏林，他目睹了將德意志剖為兩半的柏林圍牆，於是寫下這首名作，並在慕尼黑的歡迎會上親口朗誦。

　　自 1961 年東德政府開始修築，經過多次翻修後，柏林圍牆長度超過 140 公里，屬北大西洋公約組織的西柏林地區有如孤島，被封鎖在屬華沙條約國組織的東德境內，雙方陷入冷戰長達數十年。

　　本詩的開頭，詩人用銳利的刀比喻把城市硬生生割裂的「牆」。他以冷淡卻隱含悲憤的語調，為讀者揭示此一殘酷事實，接著筆鋒忽轉，將它與中國的萬里長城比較。舉世皆知，長城是為了抵禦塞北遊牧民族的侵略而建造，這堵高度、厚度、長度均不及長城的「牆」，不是為外敵而建，卻是一道使自我分裂的「民族的創傷」。詩人的聯想並非一味炫耀，而是透過兩道「牆」存在的精神底蘊，引導讀者進行反思。第三段後，詩人直接展開對「牆」意義的破壞，他以反詰句不斷質問，列舉雲彩、風、雨、陽光等大自然力量，以浪漫唯美的筆觸，將「飛鳥的翅膀」、「夜鶯的歌唱」，甚至「流動的水」和我們賴以生存的「空氣」給一併囊括。冷硬的「牆」阻擋不了自然事物，這一連串的不能阻擋，皆是為結尾鋪墊。最終，他用極為堅定的語氣，將「人」的力量置諸自然之上，那並不是一人之力，而是千萬人的共同思想、意志與願望，何其宏大，何其深刻，何其震懾人心。

　　此詩體現了詩人對社會以至對全人類命運的關懷，雖過度口語化致使詩味略減，但情感深沉渾厚，是歷經磨難、步入晚年的艾青在寫作精神上的昇華。他忠實於時代，忠實於勞動人民的苦難，忠實於自己的情感，「他們說：我們是人類從今天到明天的橋樑；我們從現在帶記憶給未來，又從未來帶消息給現在；我們是人類的鏡子，從我們，人類可以看見自己的悲哀；我們也是人類的鞭子，我們的存在，可以鞭策人類向輝煌的遠

方、美好的彼岸……」[10]，這是詩人獨負的使命感，不是一切思想的牢籠所能拘禁的。

[10] 艾青，〈詩人論〉，《詩論》（北京：人民文學出版社，1980 年），頁 219。

34 人民作家——巴 金

蔡孟文

一、生平與作品風格

　　巴金（1904-2005），四川成都人，出身官僚家庭，原名李堯堂。曾留學法國，年輕時嚮往無政府主義，試圖透過社會運動改革中國，後轉向文學創作。曾任《收獲》雜誌主編、中國作家協會主席等重要職務。2003 年 11 月，中國國務院授予巴金「人民作家」的稱號。就和許多知識分子一樣，巴金在文革時期遭受迫害，妻子蕭珊也在此時罹癌去世。全面反省、見證文革，是巴金晚年的心願，他曾多次爭取設立文化大革命博物館，至今未能實現。

　　自 1929 年發表第一部小說《滅亡》起，巴金持續筆耕，質量俱佳。他的長篇小說有《激流三部曲》、《愛情三部曲》、《火》、《寒夜》。另有中篇小說、短篇小說、散文、翻譯等數十種。

　　處女作《滅亡》描寫青年人反抗軍閥統治，進行革命運動。小說飽含正義感與獻身精神，對黑暗壓迫下，人的前途和未來有樂觀的鼓舞作用。《愛情三部曲》仍是青春物語，巴金透過各種思想性格的青年群像，表達當時整個青年世代的處境、思

想、心理狀態,深受讀者歡迎。《家》是《激流三部曲》之中最閃亮的傑作,描寫封建家庭的腐敗破落,是巴金在青春浪漫與革命激情以外,開拓出的家族題材。將封建家族的遺毒予以揭穿,小說中勇於暴露其專制性之缺失,試圖為當代圍於制度下的年輕靈魂尋找出路。《家》描寫的人物多達數十位,個個有其面目、思想、性格,人物形象突出,情感豐富,是其特色。《憩園》雖然仍是批判封建制度的作品,但是在人性與人情世事的經營更為圓熟,增加了小說人物的複雜度,同時在藝術手法方面鎔鑄契訶夫(Anton Chekhov)、中國古典文學的美學追求,形成鮮明的結構形式。《寒夜》則是他更為成熟的代表作,寫於中日戰爭期間。描繪知識分子如何在現實生活的重重壓力下破滅,青春幻影、理想消逝、人性扭曲、成人世界的悲哀⋯⋯,構成此作主要的訴求議題。支撐巴金小說血肉的,除了一個個性格刻畫深刻的人物、深刻的議題性、現實關懷之外,是他對於中國命運的思索,更是他對於國家民族展現的情思。

　　巴金和台灣的因緣,可以從 1947 年訪台起算。據 1947 年《台灣文化》8 月號所載:「作家巴金於六月二十五日由滬來台觀光,現暫寓于渠之友人並擬作環島旅行云。」[1] 而除了戰後初期頗盛的祖國旅台風氣外,巴金是為了開設文化生活出版社的台北分社前來。後來雖因為各種因素未能設置,但巴金和當時寓居台灣者如:黎烈文(《台灣新生報》副社長)、索非(開明書店、台灣書店)、朱洗(台大動物系教授)、陳暉(大業書店)、吳克剛(省立圖書館館長)等人頗有往來,惜因海峽兩岸政治因素中斷通訊。

---

1 轉引自許俊雅,〈巴金與黎烈文的交往與友誼〉,《文訊》,第 380 期(2017年 6 月),頁 142。

　　戒嚴時期，巴金的小說、文學作品雖未能在台流傳，但是他的譯作卻透過匿名出版傳世。依賴慈芸考據，1970年代帕米爾書店出版有《人生哲學：其起源及其發展》（原書名：《倫理學的起源和發展》）、《我底自傳》（原書名：《克魯泡特金自傳》）、《麵包與自由》。[2] 對台灣讀者而言，巴金曾是個神祕又充滿禁忌的名字，不論「李費甘」或「巴克」，都是這個匿名機制下的保護傘。而台灣讀者則在這些隱微、曲折的路徑上，透過被遮蔽的譯者姓名，理解、想像做為無政府主義者的巴金。

二、作品選讀與賞析

《寒夜》（節選）

　　緊急警報發出後快半點鐘了，天空裡隱隱約約地響著飛機的聲音，街上很靜，沒有一點亮光。他從銀行鐵門前石級上站起來，走到人行道上，舉起頭看天空。天色灰黑，像一塊褪色的黑布，除了對面高聳的大樓的濃影外，他什麼也看不見。他呆呆地把頭抬了好一會兒，他並沒有專心聽什麼，也沒有專心看什麼，他這樣做，好像只是為了消磨時間。時間彷彿故意跟他作對，走得特別慢，不僅慢，他甚至覺得它已經停止進行了。夜的寒氣卻漸漸地透過他那件單薄的夾袍，他的身子忽然微微抖了一下。這時他才埋下他的頭。他痛苦地吐了一口氣。他低聲對自己說：「我不能再這樣做！」

2　賴慈芸，〈巴金譯作在台灣〉，《文訊》，第 380 期（2017 年 6 月），頁 149。

「那麼你要怎樣呢？你有膽量麼？你這個老好人！」馬上就有一個聲音在他的耳邊反問道。他吃了一驚，掉頭往左右一看，他立刻就知道這是他自己在講話。他氣惱地再說：

「為什麼沒有膽量呢？難道我就永遠是個老好人嗎？」

他不由自主地向四周看了看，並沒有人在他的身邊，不會有誰反駁他。遠遠地問起一道手電的白光，像一個熟朋友眼睛的一瞬，他忽然感到一點暖意。但是亮光馬上滅了。在他的周圍仍然是那並不十分濃的黑暗。寒氣不住地刺他的背脊。他打了一個冷噤。他搓著手在人行道上走了兩步，又走了幾步。一個黑影從他的身邊溜過去了。他忽然警覺地回頭去看，仍舊只看到那不很濃密的黑暗。他也不知道他的眼光在找尋什麼。手電光又亮了，這次離他比較近，而且接連亮了幾次。拿手電的人愈來愈近，終於走過他的身邊不見了。那個人穿著灰色大衣，身材不高，是一個極平常的人，他在大街上隨處都可以見到。這時他的眼光更不會去注意那張臉，何況又看不清楚。但是他的眼睛仍然朝那個人消失的方向望著。他在望什麼呢？他自己還是不知道。但是他忽然站定了。

飛機聲不知道在什麼時候消失了。他這一刻才想起先前聽到那種聲音的事。他注意地聽了聽。但是他接著又想，也許今晚上根本就沒有響過飛機的聲音。「我在做夢罷，」他想道，他不僅想並且順口說了出來。「那麼我現在可以回去了，」他馬上接下去想道。他這樣想的時候，他的腳已經朝著回家的路上動了。他不知不覺地走出這一條街。他繼續慢慢地走著。他的思想被一張理不清的網裏住了。

「我賣掉五封雲片糕、兩個蛋糕，就是這點兒生意！」一個沙啞的聲音從牆角發出來。他側過臉去，看見一團黑影蹲在

那兒。

「我今晚上還沒有開張。如今真不比往年間，好些洞子都不讓我們進去了。在早我哪個洞子不去？」另一個比較年輕的聲音接著說。

「今晚上不曉得炸哪兒，是不是又炸成都，這們（麼）久還不解除警報，」前一個似乎沒有聽明白同伴的話，卻自語似地慢慢說，好像他一邊說一邊在思索似的。

「昨天打三更才解除，今晚上怕要更晏些，」另一個接腔道。

這是兩個小販的極不重要的談話。可是他忽然吃了一驚。昨天晚上……打三更！……為什麼那個不認識的人要來提醒他！

昨天晚上，打三更……究竟發生了什麼事情？了解除警報，他跟著眾人離開防空洞走回家去。

昨天那個時候，他不止是一個人，他的三十四歲的妻子，他的十三歲的小孩，他的五十三歲的母親同他在一起。他們有說有笑地走回家，至少在表面上他們是有說有笑的。

可是以後呢？他問他自己。

他們回到家裡，兒子剛睡下來，他和妻談著閒話，他因為這天吃晚飯時有人給妻送來一封信，便向妻問起這件事情，想不到惹怒了她。她跟他吵起來。他發急了，嘴更不聽他指揮，話說得更笨拙。他心裡很想讓步，但是想到他母親就睡在隔壁，他又不得不顧全自己的面子。他們夫婦在一間較大的屋子裡吵，他母親帶著他兒子睡在另一間更小的屋裡。他們爭吵的時候他母親房門緊閉著，從那裡面始終沒有發出來什麼聲音。其實他們吵的時間也很短，最多不過十分鐘，他妻子就沖出房去了。

他以為她會回來。起初他賭氣不理睬，後來他又跑下樓去找她，他不僅走出了大門，並且還走了兩三條街，可是他連一個女人的影子也沒有看見，更不用說她。雖說是在戰時首都的中心區，到這時候街上也只有寥寥幾個行人，街兩旁的商店都已關上舖門，兩三家小吃店裡電燈倒燃得雪亮，並且有四五成的顧客。他在什麼地方去找她呢？這麼大的山城他走一晚都走不完！每條街上都可以有她，每條街上都可以沒有她。那麼他究竟在哪裡找得到她呢？

　　不錯，他究竟在哪裡找得到她呢？他昨天晚上這樣問過自己。今天晚上，就在現在他也這樣問著自己。為什麼還要問呢？她今天不是派人送來一封信嗎？可是信上就只有短短的幾句話，措辭冷淡，並且只告訴他，她現在住在朋友家裡，她請他把她隨身用的東西交給送情人帶去。他照樣做了。他回了她一封更短更冷淡的信。他沒有提到他跑出去追她的事，也不說請她回家的話。他母親站在他的身邊看他寫信，她始終不曾提說什麼。關於他妻子「出走」的事（他在思想上用了「出走」兩個字），他母親除了在吃早飯的時候用著憐惜的語調問過他幾句外，就沒有再說話，她只是皺著雙眉，輕輕搖著頭。這個五十三歲的女人，平素多憂慮，身體不太好，頭髮已經灰白了。她愛兒子，愛孫兒，卻不喜歡媳婦。因此她對媳婦的「出走」，雖說替她兒子難過，可是她暗中高興。兒子還不知道母親的這種心理，他等著她給他出主意，只要她說一句話，他就會另外寫一封熱情的信，懇切地要求他妻子回來。他很想寫那樣的一封信，可是他並沒有寫。他很想求他妻子回家，可是他卻在信裡表示他妻子回來不回來，他並不關心。信和箱子都被人帶走了，可是他同他妻子中間的隔閡也就增加了一層。這以後，他如果不改變

態度寫信到他妻子服務的地方去（他不願意到那裡去找她），他們兩個人就更難和解了。所以他到這時候還是問著那一句老問話，還是找不到一個滿意的答覆。

「說不定小宣會給我幫忙，」他忽然想道，他覺得鬆了一口氣，但是也只有一分鐘。以後他又對自己說：「沒有用，她並不關心小宣，小宣也不關心她。他們中間好像沒有多大的感情似的。」的確小宣一清早就回到學校去了。這個孩子臨走並沒有問起媽，好像知道了昨天晚上發生的事情似的。無論如何，向父親告別的時候，小宣應該問一句關於媽的話。可是小宣並沒有問！

他在失望中，忍不住怨憤地叫道：「我這是一個怎樣的家呵！沒有人真正關心到我！各人只顧自己。誰都不肯讓步！」這只是他心裡的叫聲。只有他一個人聽見。但是他自己並沒有注意到這一點，他忽然以為他囔出什麼了，連忙掉頭向四周看。四周黑黑的，靜靜的，他已經把那兩個小販丟在後面了。

「我站在這裡幹什麼呢？」這次他說出來了，聲音也不低。這時他的思想完全集中在「自己」兩個字上面，所以他會這樣發問。這句問話把他自己驚醒了。他接著就在想像中回答道：「我不是在躲警報嗎？——是的，我是在躲警報。——我冷，我在散步。——我在想我跟樹生吵架的事。——我想找她回來——」他馬上又問（仍然在思想上）：「她會回來嗎？我們連面都見不到，我怎麼能夠叫她回家呢？」

沒有人答話。他自己又在想像中回答：「媽說她自己會回來的。媽說她一定會回來的。」接著：「媽顯得很鎮靜，好像一點也不關心她。媽怎麼知道她一定會回來呢？為什麼不勸我去找她呢？」接著：「媽現在在什麼地方？是不是媽趁著我出去的時

候到那裡去了呢？說不定現在她們兩個在一塊兒躲警報。那麼
什麼問題都解決了。我在警報解除後慢慢走回家去，就可以看
見她們在家裡有說有笑地等著我。——我對她先講什麼話呢？」
他躊躇著。「隨便講兩句她高興聽的話，以後話就會多起來了。」

　　他想到這裡，臉上浮出了笑容。他覺得心上的重壓一下子
就完全去掉了。他感到一陣輕鬆。他的腳步也就加快了些。他
走到街口，又轉回來。

　　「看，兩個紅球了！快解除了罷？」這不是他的聲音，講
話的是旁邊兩個小販中的一個，他們的談話一直沒有中斷，可
是他早已不去注意他們了，雖然他幾次走過他們的身邊。他連
忙抬起頭去看斜對面銀行頂樓上的警報台，兩個燈籠紅亮亮地
掛在球竿上。他周圍沉靜的空氣被一陣人聲攪動了。

　　「我應該比她們先回去，我應該在大門口接她們！」他忽
然興奮地對自己說。他又看了球竿一眼。「我現在就回去，警報
馬上就會解除的。」他不再遲疑，拔步往回家的路上走了。

　　街道開始醒轉來，連他那不注意的眼睛也看得見它的活
動。雖然那一片墨黑的夜網仍然罩在街上，可是許多道手電光
已經突破了這張大網。於是在一個街角，有人點燃了電石燈，
那是一個賣「嘉定怪味雞」的攤子，一個夥計正忙著收拾桌面，
另一個在發火，桌子前聚集了一些人，似乎都是被明亮的燈光
招引來的。他側過頭朝那裡看了兩眼，他也不知道自己為什麼
要看那個地方。他又往前面走了。

　　他大約又走了半條街的光景。眼前突然一亮，兩旁的電燈
重燃了。幾個小孩拍手歡叫著。他覺得心裡一陣暢快。「一個夢！
一場噩夢！現在過去了！」他放心地想著。他加快了他的腳步。

　　不久他到了家。大門開著。圓圓的門燈發射出暗紅光。住

在二樓的某商店的方經理站在門前同他那個大肚皮的妻子講話。廚子和老媽子不斷地穿過彈簧門，進進出出。「今晚上一定又是炸成都，」方經理跟他打了招呼以後，應酬地說了這一句。他勉強應了一聲，就匆匆地走進裡面，經過狹長的過道，上了樓，他一口氣奔到三樓。借著廊上昏黃的電燈光，他看見他的房門仍然鎖著。「還早！」他想道，三樓的廊上只有他一個人。「他們都沒有回來。」他在房門前站了一會兒。有人上來了。這是住在他隔壁的公務員張先生，手裡還抱著兩歲的男孩。孩子已經睡著了。那個人溫和地對他笑了笑，問了一句：「老太太還沒有回來？」他不想詳細回答，只說了一句：「我先回來。」那個人也不再發問，就走到自己的房門口去。接著張太太也上來了。她穿的那件褪色的黑呢大衣，不但樣式舊，而且呢子也磨光了。永遠是那張溫順的瘦臉，蒼白色，額上還有幾條皺紋，嘴唇乾而泛白。五官很端正，這一個二十六七歲的女人，現在看起來，還是不難看。她一路喘著氣，看見他站在那兒，向他打個招呼，就一直走到她丈夫的身邊。她俯下頭去開鎖，她小聲同她丈夫說話。門開了，兩個人親密地走了進去。他目送著他們。他用羨慕的眼光看他們。

　　然後他收回眼光，看看自己的房門，看看樓梯口。他並沒有看出什麼來。「怎麼還不回來？」他想，他著急起來了。其實他忘記了他母親往常出去躲警報，總是比別人回家晚一點，她身體不太好，走路慢，出去時匆匆忙忙，回來時從從容容，回到家裡照例要倒在他房間裡那把藤躺椅上休息十來分鐘。他妻子有時同他母親在一塊兒。有時卻同他在一塊兒。可是現在呢？……

　　他決定下樓到外面去迎接他母親，他渴望能早見到她，不，

他還希望他妻子同他母親一塊兒回來。

　　他轉身跑下樓去。他一直跑到門口。他朝街的兩頭一望，他看不清楚他母親是不是在那些行人中間。有兩個女人遠遠地走過來，其實並不遠，就在那家冷酒館前面。高的像他妻子，也是穿著青呢大衣；矮的像他母親，穿一件黑色棉袍。一定是她們！他露出笑臉，向著她們走去。他的心跳得很厲害。

　　但是快要挨近了，他才發覺那兩個人是一男一女，被他誤認作母親的人卻是一個老頭兒。不知道怎樣，他竟然會把那個男人看作一個上了年紀的女人，他的眼睛會錯得這樣可笑！

　　「我不應該這樣看錯的，」他停住腳失望地責備自己道。「並沒有一點相像的地方。」

　　「我太激動了，這不好，等會兒看見她們會不會又把話講錯。——不，我恐怕講不出話來。不，我也許不至於在她面前講不出話。我並沒有對不起她的地方。不，我怕我會高興得發慌。——為什麼要發慌？我真沒有用！」

　　他這樣地在自己心裡說了許多話。他跟自己爭論，還是得不出一個結論。他又回到大門口。他聽見有人在叫他的名字：「宣。」他抬起頭。他母親正站在他的面前。

　　「媽！」他忍不住驚喜地叫了一聲。但是他的喜色很快地消失了。接著他又說：「怎麼你一個人——」以後的話他咽在肚裡去了。

　　「你還以為她會回來嗎？」他母親搖搖頭低聲答道，她用一種憐憫的眼光看他。

　　賞　析

　　「沒有人是局外人！」這是楊雅喆以《血觀音》獲得第 54

屆金馬獎最佳劇情片，在頒獎典禮上提出的呼籲，申明政治對我們的深刻影響。在巴金的《寒夜》那裡，我們也看見，中日戰爭、國民黨統治下的中國社會，是怎樣的一種社會。《寒夜》並不是歷史大河或革命英雄的故事，但是透過小家庭、個人的刻畫，這些沒有真正上戰場，在大敘述不會留下任何聲音的小人物，實實在在地反應戰爭和政治以另一種形式深入家庭、波及個人的身心。

《寒夜》描述一個現代三代四口之家的改變，側寫中國抗日戰爭期間，社會的變化。我們雖然看不到外在因素如何直接地發生作用，巴金總是輕描淡寫地處理戰爭的陰影；這陰影卻像一張似疏實密的網無處不在。正是以這種平凡的日常，托出生活、社會之實相，更顯得《寒夜》與巴金的可貴。那必定是飽嚐人生滋味以後的體會，亦是遍歷戰爭烽火的餘生所發出的低吟。

而小說中最豐富飽滿的人物，該是樹生。巴金用兩個完整章節處理這個人物的心理狀態。有別於傳統社會對女性在家庭中的期待，樹生厭倦了那個令人窒息陰暗無生氣的家，厭倦了和保守封建的惡婆婆爭奪病弱的丈夫，厭倦了只是教育兒子沒有自我的生活。因而我們看到可能是 1940 年代最反叛的書寫，她拋棄兒子、丈夫、婆婆，為的是追求個人的自由和幸福。要理解這個人物，我們還是得回到中國的社會裡去思索，回到近代中國的脈絡來理解。樹生所期待的自由和快樂是什麼？是單純的婚姻倦怠？是逃離家庭賦予的責任？她所處的時代，正是社會風氣發生急劇轉變的時代，新女性受到五四新文化運動的啟蒙，舊時代的保守勢力仍然具有影響力，身處其中，自然受到兩者之間的拉扯，產生羈絆、摩擦。因而她的個人幸福，也

烙上鮮明的時代印記。如果說，封建時代的女性必須遵循父母之命、媒妁之言，只能是家族條件交換的配角，沒有左右自己命運的權力。那麼，接受良好教育、戀愛結婚的樹生應該非常「幸福」了。但是樹生顯然並不以此滿足，她想要在兩種價值衝突中走在更前面，更主動掌握「自己」的命運。縱然小說末尾，她回到那個曾經的「家」，丈夫已經過世，婆婆和兒子則不知去向。但這終究是一種對於舊社會的挑釁，她踏過傳統中國社會的女性，世世代代跨不出去的舊門檻。

　　《寒夜》創作於中日戰爭期間，在那些衝突、對話、質問背後，它所回應的時代，和今日台灣、大陸面對的時代條件已經很不相同。但是，巴金在描寫婚姻中男女的微妙心理、婆媳之間的相處模式，非常細膩寫實，任何年代的男女都可能處在類似情境下。這或許是《寒夜》得以穿越時間之水，至今仍對許多人產生特別意義的原因罷。

35　沉鬱含蓄的詩人──卞之琳

陳冠勳

一、生平與作品風格

　　卞之琳（1910 年 12 月 8 日-2000 年 12 月 2 日），曾用過的筆名甚多：季陵、林子、人也、麼哥、C-、林遲、林達、薛鄰、薛林、大雪、薛理安、阮竿，多以本名卞之琳活躍於文壇。1910 年出生於江蘇海門湯家鎮，祖籍為江蘇溧水（今江蘇溧水）。

　　卞之琳在湯家鎮私立國民小學、鎮北公立第七國民小學完成初級小學教育，私立小學仍用文言文的課本，其後進入滸通鎮袁氏國文專修學校，卞之琳在這所變相的私塾中讀《孟子》、《左傳》等經典書籍。1922 年進入麒麟鎮啟秀小學（高級小學），該所小學使用的是白話文課本，卞之琳在隔年購得冰心的詩集《繁星》，自此對新詩產生了興趣。在初中時期，因國文老師楊宗時的介紹，讀到魯迅的《吶喊》，並郵購到初版的《志摩的詩》。高中時期就讀私立浦東中學，這所中學的英語教學頗為嚴格，所以卞之琳在中學時期就已經選修了莎士比亞戲劇課、讀了原版《威尼斯商人》、翻譯了柯立芝敘事長詩〈古舟子之詠〉，並自言是自己從事文學翻譯的開始。

　　1929 年夏天，卞之琳考上了北京大學英文系，並於秋天進

入北大就讀。1931 年修英詩與翻譯課時，受到徐志摩的讚賞，徐志摩將卞之琳的作品以本名發表於《詩刊》等刊物上，並預計將他的作品編輯成書、請沈從文寫附記，並取名《群鴉集》，然此事卻因徐志摩不幸遇難而無疾而終。因為徐志摩與沈從文，卞之琳與新月派的一些作家如聞一多、葉公超等人交往，受新月派影響，但並非典型的新月派詩人，卞之琳寫詩是吸取法國象徵主義的技巧，但又與現代派的各家不完全相同，而形成自己的風格。

張曼儀研究卞之琳的詩歌發展有四個時期，包括抗戰前、抗戰時期、解放後至文革前及近期。張曼儀以為第一期詩作的質、量都是最好的，對文壇影響也是最大的；抗戰時期因內容為國家民族之大事，風格轉為淺白明朗；第三時期，因題材須扣緊政治社會運動，且讀者群擴大，風格通俗平易，但詩作數量較少；近期則有點回復早期的風格，不寫社會而只是抒發個人感受。

《雕蟲紀歷》是卞之琳最具代表性的詩歌選集，除了上述所提包括詩作、詩論與文學翻譯，此外也有部分的散文及小說；散文、小說數量雖少，但對於解讀卞之琳的詩作是有幫助的，如散文〈尺八夜〉與新詩〈尺八〉、散文〈煤窯探勝〉與新詩〈一處煤窯的工人〉。

對於台灣的讀者而言，中學時期大多或深或淺地讀過〈斷章〉一詩，所以對於卞之琳這個名字應該不太陌生，亦可知〈斷章〉一詩膾炙人口的程度；然除了〈斷章〉之外，對於卞之琳的其他訊息就不甚瞭解；在研究論著方面，台灣目前無針對卞之琳作品的學位論文，單篇論文也偏少；目前研究資料相對完整的是香港張曼儀所編的《卞之琳》選集。

　　卞之琳寫詩啟蒙於徐志摩、聞一多等人，又與新月派詩人來往，如〈寒夜〉：

> 一爐火。一屋燈光。
> 老陳捧著個茶杯，
> 對面坐的是老張。
> 老張銜著個烟捲。
> 老陳喝完了熱水。
> 他們（眼皮已半掩）
> 看著青烟飄蕩的
> 消著，又（像帶著醉）
> 看著煤塊亮黃的
> 燒著，他們是昏昏
> 沉沉的，像已半睡……
> 哪來的一句鐘聲？
> 又一下，再來一下……
> 什麼，有人在院內
> 跑著：「下雪了，真大！」

　　全篇每行皆為 7 個字，形式整齊，讀來有韻：光、張；捲、掩；醉、睡、內；下、大，句中亦有「消著」、「燒著」、「跑著」等內韻。雖後期詩作的風格轉向象徵主義，然不論何種詩風，卞之琳對於詩的格律都是非常重視的。

二、作品選讀與賞析

（一）〈斷章〉

你站在橋上看風景，
看風景人在樓上看你。

明月裝飾了你的窗子，
你裝飾了別人的夢。

賞　析

　　〈斷章〉是卞之琳讓人討論最多的一首詩，全詩僅 4 行、34 字，甚至有人為了其中一句，下了數萬字的注解。李健吾（劉西渭）認為〈斷章〉全詩在「裝飾」二字上作詩，說明人生不過是相互裝飾，所蘊含的情懷是無奈可悲的；卞之琳本人也有自己的說明，詩人自述這首詩是深置心中那一點詩的苗頭，偶然迸發而成，決不是寫眼前事物，也非觸景生情，也因未足成為一首較長的詩，故取名〈斷章〉。只是李健吾沒有注意此詩兩節的對稱安排，又由貶意去解釋「裝飾」一詞，所以引發了爭辯。

　　〈斷章〉從結構來看，呈現勻稱之感，前兩行「你」、「風景」二詞的迴環往復，從「你」為視角時，眼中所見皆為風景；當樓上的人為視角時，「你」自然也溶為了風景的一部分，後兩行的「你」與「明月」亦同，或主或客。於是眾家從美學、哲學等各種角度去解釋。關於李健吾與詩人之間解讀的分歧，李氏以為：「我的解釋並不妨害我首肯作者的自白，作者的自白也並不妨害我的解釋，與其看做沖突，不如說做有相成之美。」

若從讀者反映理論來切入，羅蘭・巴特認為「作者已死」，亦能作為李氏回應卞之琳的註腳。至於〈斷章〉屬不屬於情詩，也只能是各自有各自的解讀了。

（二）〈無題四〉

隔江泥銜到你樑上，
隔院泉挑到你杯裡，
海外的奢侈品舶來你胸前：
我想要研究交通史。

「昨夜付一片輕喟，
今朝收兩朵微笑，
付一枝鏡花，收一輪水月……」
我為你記下流水帳。

　　關於情詩，聞一多曾當面誇讚卞之琳不寫情詩，然卞之琳自述只是怕寫自己的私生活。其後詩人在《雕蟲紀歷》附記二中明確指出曾經寫過的幾首〈無題〉詩是寫給才女張充和的；〈無題〉讓人直接聯想到晚唐詩人李商隱，無題詩儼然成為愛情詩的代名詞，李義山詩的諱莫如深與卞之琳難解卻令人回味再三的情詩有異曲同工之妙，〈無題四〉中前三句：樑上、杯裡到你胸前，由遠而近，最後卻天外飛來一筆「我想要研究交通史」。奢侈品自遙遠的海上來，來到離你心最近的地方，這段交通路徑或許就是情感發展的歷程。第二段的昨夜、今朝，心緒起伏甚大，由嘆息轉而為笑，也許下一秒又因為對方轉變情緒，而不論如何，這些生活的枝枝節節，詩人都願意為對方記下；

這首詩將沉浸於戀愛者心中的患得患失，描述的十分適切，而那些「流水帳」也會是愛情中最值得回憶的部分。

（三）〈金麗娟三獻寶〉[1]

白金圈想白皮松枝，
紅燈籠需要紅寶石，
喜事靠乾淨的山河：
金麗娟獻訂婚戒指。

人像樣靠祖國像樣，
樹上要開花根要長，
房門與國門統一：
金麗娟送愛人上前方。

前後方一個大家庭，
傷號的枕頭要鋪平，
女子也用得著上前線：
金麗娟自己再報名。

賞析

〈金麗娟三獻寶〉寫於 1950 年，屬於解放後至文革前的作品，卞之琳自言是以敘述方式歌頌青年男女，而且主旨不在於寫愛情；此詩除了格律之外，風格內容與早期詩風有相當大的

---

1 這裡寫的並非真人真事，當時確實有類似的情況。

差異。〈金麗娟三獻寶〉很明顯是首政治詩，詩中有「喜事靠乾淨的山河」、「人像樣靠祖國像樣」、「房門與國門統一」之語，犧牲小我的獻訂婚戒指、獻愛人，最後無私的奉獻自己，為完成大我的愛國女青年形象非常鮮明。詩的語言詞彙平易、通俗，適合一般大眾閱讀，有人稱讚卞之琳是積極響應當時的藉文藝為群眾服務的；反之，亦有評論者認為卞之琳抗戰至解放的詩只是「簡單地回應了時代的要求，卻缺乏與之相稱的嚴肅而廣泛的生命體驗和承當」，批評〈金麗娟三獻寶〉等詩已經流於「媚俗」了，筆者以為也是一種思考的方向。

（四）〈尺八〉

像候鳥銜來了異方的種子，
三桅船載來了一枝尺八，
從夕陽裡，從海西頭。
長安丸載來的海西客
夜半聽樓下醉漢的尺八，
想一個孤館寄居的番客
聽了雁聲，動了鄉愁，
得了慰藉於鄰家的尺八，
次朝在長安市的繁華裡
獨訪取一枝淒涼的竹管……
（為什麼霓虹燈的萬花間
還飄著一縷淒涼的古香？）
歸去也，歸去也，歸去也——
像候鳥銜來了異方的種子，
三桅船載來一枝尺八，

尺八乃成了三島的花草。

（為什麼霓虹燈的萬花間

還飄著一縷淒涼的古香？）

歸去也，歸去也，歸去也——

海西人想帶回失去的悲哀嗎？

賞　析

作者另有散文〈尺八夜〉來描述寫此詩的經過，自言或可稱為詩注、詩序。是以，此詩將與下段選文一併賞析。

（五）〈尺八夜〉（節選）

我第一次聽到尺八是在去春三月底一個晚上，在東京。

那時候我正在早稻田附近一條街上，在若有若無的細雨中，正在和朋友 C 以及另一位朋友一塊兒走路。我到日本小住，原是出於一時的興致，由於偶然的機會，事先沒有學過一點日文日語，等輪船「長安丸」一進神戶，一靠碼頭，就把自己完全交給了為我作嚮導的 C，緊接著發現，也就交給經常監視他的一個便衣警察。他們現在正要帶我老遠的去一家吃茶店。我卻不感覺興趣，故意（小半也因為累了）落在他們後面，走得很慢，心中怏怏的時候，忽聽得遠遠的，也許從對街一所神社吧，送來一種管樂聲，如此陌生，又如此親切，無限淒涼，而彷彿又不能形容為「如怨如慕如泣如訴」。我不問（因為有點像簫）就料定是所謂尺八了，一問他們，果然不錯。在茫然不辨東西中，我悠然想起了蘇曼殊的絕句：

春雨樓頭尺八簫，

何時歸看浙江潮。
芒鞋破缽無人識，
踏過櫻花第幾橋。

　　這首詩雖然沒有什麼了不得，記得自己在初級中學的時候
卻讀過了不知多少遍，不知道小小年紀，有什麼不得了的哀愁，
想起來心裡真是「軟和得很」。我就在無言中跟了他們轉入了燈
光疏一點的一條僻街。
　　……
　　第二天我告訴 C 說我要寫一篇散文，記昨夜。我說尺八這
種樂器想來是中國傳來的吧。C 是學歷史的，也注意東西交通
史的，他答應替我查一查，可是手頭沒有什麼可參考的書。結
果我們還是止步於《辭源》上的這一條：
　　呂才制尺八，凡十二枚，長短不同，與律諧契。見唐書。
　　這自然不能使我滿足，寫文章的興致也淡下去了。
　　過了一個月光景，不知道怎麼一回事，竟寫了一首短詩，
設想一個中土人在三島夜聽尺八，而想像多少年前一個三島客
在長安市夜聞尺八而動鄉思，像自鑒於歷史的風塵滿面的鏡子。
寫成後自己覺得很好玩，於可解不可解之間，加上了一個題辭。

正是江南好風景
落花時節又逢君

　　寫詩的日期，現在看稿後注的是六月十九夜，記得第二天
我很高興的告訴了 C。可是一盆冷水——他笑我這首詩正好配
我那張花八十錢買來的廉價品樂片《荒城之月》，名為「尺八獨

奏」，其實是尺八與曼陀鈴吉達等的海派雜湊。這張樂片曾拿到樓下房東處請教過，結果被笑為尺八不像尺八，《荒城之月》不像《荒城之月》。我這首詩裡忽而「長安丸」，忽而「孤館」，忽而「霓虹燈」，也是瞎湊。給 C 一說，彷彿也真有點如此，大為掃興。過了一些日子，我又釋然了，一想這首詩不是音樂，雖然名為《尺八》，而意不在詠物，而且一縷「古香」飄在「霓虹燈的萬花間」也不見得不自然。周作人先生說得好，「我們在日本的感覺，一半是異域，一半卻是古昔，而這古昔乃是健全地活在異域的，所以不是夢幻似的虛假，而亦與高麗、安南的優孟衣冠不相同也。」「健全地活在異域」，不錯，也可說活在現代世界。恰好北平朋友來信催稿，我雖然已不大喜歡這首詩了，終於把它打發了回去。

再過一個月，我因事也動身回國了。C 把我送到了船上。我回到北平不久，接到他的信，說是他那天下午獨自回到住地，淒涼滿目，狀況就像當年在家裡送了喪。在朋友們眼中看來比出國前反而消瘦了許多，也蒼老了許多，我回到故國，覺得心裡十分空虛。讀信又非常懷念那邊，想仍然回到那邊去，彷彿那邊又是我的歸宿了。自然，以後又一切都淡了下去。

《尺八》這首詩呢，已經在印刷所排好，尚未印出，我越看越不喜歡，結果用另一首詩換了出來，然而後來因為《大公報》詩特刊需稿，沒有法子又寄了去。登出後有些師友說好，我自己則不覺得如何高興，而且也未證明從中國傳去這個假設為憾。雖然早想問周作人先生，自己不大放在心上，懶懶的一直拖延到今春才寫信去問，然後得到了一個使我相當高興的答覆：

尺八據田邊尚雄云起於印度，後傳入中國，唐時有呂才定

為一尺八寸（唐尺），故有是名。惟日本所用者尺寸較長，在宋理宗時（西曆 1285）有法燈和尚由宋傳去云。

　　雖然傳往日本是在宋而不在唐，雖然法燈和尚或者不是日本人，已沒有多大關係了。

　　本來只打算給詩作一條小注，後來又打算寫一篇千八字的附記，而現在寫成了這樣一篇似可獨立的散文了，離初意越遠，但反而實踐了聽尺八夜次朝的心願，雖然寫得如此蕪雜，不免也有點暫時的高興，我要欣然告訴 C 了，如果他在這裡。本來他說要來此地看我的，可是現在早該是他回國的時候了，竟一春無消息，以至我此刻不知道他已到了哪裡。啊，我將向何方寄我的繫念，風中的一縷游絲？時候不早了。嗚呼，歷史的意識雖然不必是死骨的迷戀，不過能只看前方的人是有福了。時候不早了，願大家今夜好睡，為了明朝有好精神。夜安！

賞析

　　王佐良認為〈尺八〉是卞之琳成熟時期最好的作品，作者還寫了散文〈尺八夜〉來描述寫詩的經過，自言或可稱為詩注、詩序。〈尺八〉詩中有海西客、番客，或能透過〈尺八夜〉一文，將海西客判斷為詩人自己。海西客搭乘長安丸來到異鄉，又聯想到千年前或許也有三島客在長安市，與自己一樣聽到尺八而思鄉。除了思鄉外，尺八原是由中國傳至日本，卻在日本發揚光大，詩人在自己的故鄉反而少見了。由此，詩人的情感由個人思鄉轉而成為文化乃至於整個國家的思考，故詩人自述道，這首詩有「對祖國式微的哀愁」。

36　守護童心的文學爐火

——冰　心

朱　澐

一、生平介紹

　　冰心，原名謝婉瑩，福建長樂人。清光緒 26 年（1900）生於福州，1999 年卒於北京，享壽 98 歲。冰心父親謝葆璋為海軍軍官，頗具愛國思想，其家庭與基督教會關係密切，自幼即受博愛精神的濡染，加以雙親寵溺，同三位胞弟亦手足情篤，此皆造就她日後以「愛的哲學」為核心的文學思想。

　　冰心出生後即隨父母離鄉至上海，四歲居山東煙台，波瀾壯闊的大海將自然之美滲入她的心靈，成為其一生反復吟頌的題材。辛亥革命起，冰心隨家南返，考入福州女子師範學校預科。進入學堂前，她已廣泛接觸中國古典文學名著，並讀過狄更斯的《塊肉餘生錄》。民國 2 年（1913），謝葆璋出任國民政府海軍部軍學司長，冰心隨父遷居北京，次年就讀美國基督教公理會所創建的貝滿女中。民國 7 年（1918）畢業，進入協和女子大學理科。冰心初因母親體弱多病，一心嚮往從醫，但隔年五四運動發生，翻天覆地的文化變革促使她決心轉入文學

系，以滿腔愛國熱血投身學運。

　　五四時期，她從《新潮》、《新青年》等雜誌中讀到了胡適、陳獨秀、劉半農的新文學理論，以及魯迅的〈狂人日記〉。因表兄劉放園當時在《晨報》擔任編輯，她亦嘗試投稿，發表第一篇文章〈二十一日聽審的感想〉，隨後以筆名「冰心」連載小說〈兩個家庭〉。之後，她寫出〈斯人獨憔悴〉、〈去國〉、〈超人〉等小說，皆受到讀者歡迎，並因詩哲泰戈爾影響而仿作無題小詩，完成《繁星》與《春水》兩部最早的詩集。

　　新文藝創作蓬勃開展，但女作家仍屬罕見，冰心以其洗鍊優美的文字，震動了當時的文學界。民國 10 年（1921），經由許地山、瞿世英推薦，她列名茅盾、鄭振鐸等發起的文學研究會。民國 12 年（1923），她自教會學校合併後的燕京大學畢業，赴美國波士頓衛斯理學院攻讀英國文學，同年，她將旅途見聞、異國感受及對往事的追憶，以寫給孩童書信的形式，將 29 篇通訊在《晨報》副刊「兒童世界」欄內發表，之後結集收入《寄小讀者》一書。此書發行過數十版，曾被譯為英、法、德、日等語言，享譽國外，是中國早期較具代表性的兒童文學。民國 15 年（1926）冰心獲碩士學位歸國，先後任教於燕京大學與清華大學女子文理學院。在美期間，她與留學生吳文藻結識，進而相戀，兩人於民國 18 年（1929）結婚，育有一子二女。

　　國民革命軍北伐的戰火，使冰心對社會現實有更為成熟的思索，1930 年代初期，她創作了〈分〉、〈冬兒姑娘〉等小說代表作，以及散文〈南歸〉，並翻譯敘利亞詩人凱羅·紀伯倫的《先知》。此時茅盾撰有〈冰心論〉，是研究冰心早期文學思想轉變的一篇重要評論。民國 27 年（1938），值抗戰之際，冰心舉家遷往昆明，時因經濟稍窘，吳文藻同學劉英士在重慶辦《星期

評論》，亦力邀撰稿，乃決定以筆名「男士」發表文章，後收入
《關於女人》。

抗戰勝利之後，吳文藻擔任中國駐日代表團政治組長，冰
心於是隨赴日本。1949 年起於東京大學中國文學系授課，為最
早進入東大的女教師，時亦在日本報刊、雜誌上發表短文。

中華人民共和國成立，冰心於 1951 年秋天歸國，定居北京。
1950 年代，她與多數知識分子一樣，積極參與各種社會活動，
多次被選為全國人民代表大會代表。此時她創作了不少反映中
學生與兒童生活的小說和散文，如 1957 年的〈小橘燈〉及 1958
年的《再寄小讀者》，皆引起廣大的迴響。冰心晚期創作以散文
為主，相繼出版《歸來以後》、《我們把春天吵醒了》、《櫻花
贊》、《拾穗小札》等。1966 年文化大革命開始，過去為中國語
言革命身體力行的知識分子，絕大多數成為語言暴力下的犧牲
品，身心皆受到侵害。冰心亦不能免，她在 1970 年被下放至湖
北「五七幹校」進行勞動改造。1971 年，美國總統尼克森將訪
華，她與吳文藻返回北京，接受政府交付的翻譯工作，合譯尼
克森的《六次危機》、歷史學家海斯、穆恩、韋蘭合著的《世界
史》，英國文豪威爾斯的《世界史綱》等。此外，冰心亦翻譯過
不少泰戈爾的著作。

經歷十年浩劫，邁入晚年的冰心仍筆耕不輟，1978 年她在
《兒童時代》開始發表《三寄小讀者》；1980 年出版《晚晴集》；
1981 年以〈空巢〉獲全國優秀短篇小說獎；自 1984 年起，更
以七年時間完成散文集《關於男人》，其寫作能量與熱情俱令人
驚嘆。[1]

1　關於冰心生平資料，參考冰心〈自傳〉、〈我的故鄉〉、〈我的童年〉、
　〈歸來以後〉等相關自傳性質文字，以及范伯群，〈冰心生平年表〉，收

　　1999 年 2 月 28 日，冰心病逝於北京醫院，幾與世紀同壽，超過七十年的創作生涯，令她晚年被尊稱為「文壇祖母」。

二、作品風格與藝術特質

　　冰心的作品飽含真摯與活力，側重於情感書寫，其筆名取自唐人王昌齡「一片冰心在玉壺」詩意，文筆亦如玉壺之冰，清澈無垢，玲瓏剔透，李希同在《冰心論·序》的評價是：「雅淡的、簡煉的、融會了古人之詩文的。」[2] 這是冰心寫作的基調，她熔鑄文言文精華與白話文語感，兼有婉約典雅、輕靈流暢的特點，早年已自成一格，曾有「冰心體」之譽。

　　冰心初期創作以小說為主，她注視現實，提出問題，並企圖給予解答，但不偏不激的中庸思想亦對她有所限制。其後小說體裁對社會現象的反映及人生問題的探討，不斷衝擊她圍繞母愛、童心與自然美的「愛的哲學」，其寫作遂轉入詩與散文上。冰心詩以〈繁星〉及〈春水〉兩部早期詩集為主，語言溫柔、細膩，微帶著憂愁與哲理，形式短小而意味深長，明顯受到了泰戈爾的影響，若用她自己的話說，是「把自己平時寫在筆記本上的三言兩語——這些『零碎的思想』，收集在一個集子

　　錄於范伯群編，《冰心研究資料》（北京：知識產權出版社，2009 年），頁 7-26。

2　李希同認為：「冰心只是冰心，不是任何其他人。她的作品裡，內容是愛母親，愛小孩，愛海，愛朋友，愛小生物，基調是愛；她的文筆是雅淡的、簡煉的、融會了古人之詩文的。——這一切形成了冰心特有的作風，使她成為現代中國女作家的第一人。」見李希同編，《冰心論》，北京：北新書局，1932 年。

裡。」[3] 今日普遍認為冰心的文學成就以散文為最高，她在〈關於散文〉中亦曾經表示：「散文是我最喜愛的文學形式。」除本身的喜愛，其懇切溫婉、柔美優雅的語言特色在此一形式上亦最為突出，中晚期創作更以散文占較大比率。

　　作為現代中國文學史上的首位著名女作家，「愛」是冰心一切創作的信念與泉源，她的赤子之心、真誠與溫情，對美善的永恆嚮往，使其作品的一字一句皆閃爍著人性光輝。邁入中年後，她在人生、世事上雖有更深入、透徹的見解，但創作支點始終不離「愛的哲學」。她的文字美感與博愛精神有著緊密的聯繫，從她歌頌母愛、手足之情，到對兒童毫不掩飾的喜愛，對大自然——特別是海的濃厚情懷，冰心將女性特有在心靈深處蘊藏的細膩情感，提煉為對生命的熱愛，佐以清新明麗的語言與委婉細膩的筆觸，將之注入於小說、詩及散文中，唱出一支支動人的愛之頌歌，更構築她作品獨樹一幟的藝術風格。

三、作品選讀與賞析

〈小橘燈〉（節選）

　　我又回到裡屋去，把報紙前前後後都看完了，又拿起一本《唐詩三百首》來，看了一半，天色越發陰沉了，我的朋友還不回來。我無聊地站了起來，望著窗外濃霧裡迷茫的山景，看到那棵黃果樹下面的小屋，忽然想去探望那個小姑娘和她生病

---

3 冰心，〈從「五四」到「四五」〉，《文藝研究》，1979 年第 1 期，頁23。

的媽媽。我下樓在門口買了幾個大紅橘子，塞在手提袋裡，順著歪斜不平的石板路，走到那小屋的門口。

我輕輕地叩著板門，剛才那個小姑娘出來開了門，抬頭看了我，先愣了一下，後來就微笑了，招手叫我進去。這屋子很小很黑，靠牆的板鋪上，她的媽媽閉著眼平躺著，大約是睡著了，被頭上有斑斑的血痕，她的臉向裡側著，只看見她臉上的亂髮，和腦後的一個大髻。門邊一個小炭爐，上面放著一個小沙鍋，微微地冒著熱氣。這小姑娘把爐前的小凳子讓我坐了，她自己就蹲在我旁邊，不住地打量我。我輕輕地問：「大夫來過了嗎？」她說：「來過了，給媽媽打了一針……她現在很好。」她又像安慰我似的說：「你放心，大夫明早還要來的。」我問：「她吃過東西嗎？這鍋裡是什麼？」她笑說：「紅薯稀飯──我們的年夜飯。」我想起了我帶來的橘子，就拿出來放在床邊的小矮桌上。她沒有作聲，只伸手拿過一個最大的橘子來，用小刀削去上面的一段皮，又用兩隻手把底下的一大半輕輕地揉捏著。

我低聲問：「你家還有什麼人？」她說：「現在沒有什麼人，我爸爸到外面去了……」她沒有說下去，只慢慢地從橘皮裡掏出一瓣一瓣的橘瓣來，放在她媽媽的枕頭邊。

爐火的微光，漸漸地暗了下去，外面變黑了。我站起來要走，她拉住我，一面極其敏捷地拿過穿著麻線的大針，把那小橘碗四周相對地穿起來，像一個小筐似的，用一根小竹棍挑著，又從窗台上拿了一段短短的洋蠟頭，放在裡面點起來，遞給我說：「天黑了，路滑，這盞小橘燈照你上山吧！」

我讚賞地接過，謝了她，她送我出到門外，我不知道說什麼好，她又像安慰我似的說：「不久，我爸爸一定會回來的。那

時我媽媽就會好了。」她用小手在面前畫一個圓圈，最後按到我的手上：「我們大家也都好了！」顯然地，這「大家」也包括我在內。

我提著這靈巧的小橘燈，慢慢地在黑暗潮濕的山路上走著。這朦朧的橘紅的光，實在照不了多遠，但這小姑娘的鎮定、勇敢、樂觀的精神鼓舞了我，我似乎覺得眼前有無限光明！

我的朋友已經回來了，看見我提著小橘燈，便問我從哪裡來。我說：「從……從王春林家來。」她驚異地說：「王春林，那個木匠，你怎麼認得他？去年山下醫學院裡，有幾個學生，被當作共產黨抓走了，以後王春林也失踪了，據說他常替那些學生送信……」

當夜，我就離開那山村，再也沒有聽見那小姑娘和她母親的消息。

但是從那時起，每逢春節，我就想起那盞小橘燈。十二年過去了，那小姑娘的爸爸一定早回來了。她媽媽也一定好了吧？因為我們「大家」都「好」了！

賞　析

〈小橘燈〉是冰心 1957 年 1 月 19 日為《中國少年報》寫的一篇短文，是時春節將屆，故文章開頭與結尾都提到了春節，題目也是春節常見的「燈」。作品以第一人稱為敘述觀點，故事則發生在 12 年前，即 1945 年除夕，背景是重慶郊外的歌樂山。抗戰期間，冰心曾在那裡住了四年多時間。本書節選作品的第二大段至結尾。

故事從訪友不遇開始，冰心於朋友所住屋子裡，意外結識一位僅八、九歲的小姑娘，她「瘦瘦的蒼白的臉，凍得發紫的

嘴唇，頭髮很短，穿一身很破舊的衣褲，光腳穿一雙草鞋，正在登上竹凳想去摘牆上的聽話器」。透過簡短的攀談，得知她因母親生病且嘔血，想打電話請醫生赴家中診視。在這裡，小姑娘窮苦的形象與其條理清晰的說話，形成了鮮明對比，冰心則因此得知她父親名叫「王春林」，還有她在「山窩那棵大黃果樹下面」的家。

第二大段便由冰心百般無聊中寫起，她掛念小姑娘與她的母親，決定前往探視，在下樓時買了幾個大紅橘子，走過石板路到達小姑娘家門口。下面的敘述皆圍繞著這位聰明慧穎的女孩，從她的微笑、將爐前的小凳子讓予冰心等表現，顯示了兒童的純真與家庭教養；她覺察到冰心擔憂的情緒，反過來以言語安慰眼前大人，成熟敏銳得令人讚嘆，亦令人心疼。在冰心欲歸，天色漸暗之際，她運用針線、橘皮、洋蠟頭及小竹棍，作了一盞小橘燈給冰心照亮歸途，這短短的百餘字，既寫她的手巧，更寫心靈。對她美好品格的書寫最終收束在分別時那句「我們大家也都好了」，至此，小姑娘人物的神采躍然紙上。

文章最末，冰心透過朋友之口，瞭解到小姑娘的父親被認定為共產黨支持者而遭國民黨員逮捕。抗戰期間，國、共兩黨表面雖維持一致抗日局面，檯面下則持續對立。小橘燈那朦朧微光照亮的，實乃當時所謂「白色恐怖」下中國社會的黑暗陰霾。

兒童是民族振興及社會進步的基石，從五四時期開始，以魯迅為首的文學家在強調個性解放與人性覺醒的同時，亦呼籲人們對兒童教養方式的重視。冰心比任何人都珍視純真的童心，她在《寄小讀者·通訊二十五》曾表示：「我愛小孩子。我寫兒童通訊的時節，我似乎看得見那天真純潔的對象。我行

雲流水似的，不造作，不矜持，說我心中所要說的話。」〈小橘
燈〉裡這位小姑娘，無疑是冰心內心對兒童的愛及真善美的具
現，她的鎮定、勇敢、樂觀，不僅鼓舞人心，甚至能照亮整個
時代。此外，文中對小女孩的關心可視為母愛的一種表現，母
愛本是冰心作品反復吟詠的主題，寫作這篇短文時已為母親的
她，更將對母愛的頌讚提煉為具有時代精神的人文關懷。

　　冰心在〈關於散文〉中曾談到，散文短小自由，是「拈得
起放得下的最方便最鋒利的文學形式，最適宜於我們這個光彩
輝煌的躍進時代」，而〈小橘燈〉可說是最能體現此一精神的散
文精品。雖屬懷想式的散文，但在人物刻畫、事件描寫上亦明
顯運用了小說的技法，在 1979 年的〈漫談〈小橘燈〉的寫作經
過〉一文中，冰心即承認「我的朋友」是個虛構人物，可見經
過了刻意的安排。總之，縱使以極短篇小說的標準衡量，本篇
仍堪稱精采之作。

　　〈小橘燈〉有著冰心早期文字的特點，細膩、溫婉，更兼
具中晚期流暢清新的長處。作為主題的「小橘燈」本身亦煥發
詩意，其描述頗有意在言外的含蓄之美，隱喻了作者思想。台
灣學者林于弘認為：「本篇在文學藝術的表現技巧是無庸置疑，
但是對於『因為我們「大家」都「好」了』的『反諷意旨』，卻
不免要留下一個更寬廣的思考空間了。」[4] 雖然，據冰心自述，
其本意當是以想像的美好將小姑娘的樂觀和信心傳遞給讀者，
但由於政治、歷史認知的歧異，同樣一句話或許對兩岸讀者將
產生迥然不同的觀感。無論如何，我們仍能從文字脈絡中，讀
出那屬於舊時代的哀傷。

---

4 林于弘，〈照亮希望的溫熱與冰冷：試論冰心的〈小橘燈〉〉，《中國語
　文》，第 533 期（2001 年 11 月），頁 80。

37 暈染著神祕色彩——穆時英

楊　明

一、生平介紹

穆時英（1912 年 3 月 14 日－1940 年 6 月 28 日）是上海新感覺派的代表作家之一，雖然他二十幾歲便離開了人世，但是說起在當時以寫實主義為主流的文壇中異軍突起，風格主題都明顯不同的新感覺派小說時，一定不會漏了穆時英這一員大將。

穆時英出生於上海，家境富裕，他在〈舊宅〉中所描寫的別墅就是他出生的地方，坐落在老上海的淡水路。根據穆時英的描述，院子裡有八棵玫瑰，兩棵菩提，每天早上醒來，臥室窗前的一根電線上總站滿了麻雀。在他的回憶裡，那時候的自己有一顆清靜的心，一間清淨的，奶黃色的小房間。當他寫著關於舊宅的回憶時，他清楚記得那個掛念著寂寞的人魚公主，孤獨的小鉛兵將會有何遭遇的童稚期自己，但是奶黃色房間裡有著清淨的心的孩子，卻不知道自己長大後所將經歷的波折，招來的流言蜚語，以及邁向生命終點時的謎團。

從穆時英的描述可知相較於同時代其他作家童年時更多受到傳統章回小說的影響，出生上海的穆時英童年生活相對西化。

他的父親經商，家中生意上應酬往來的朋友，客廳裡喝著白蘭地杯觥交錯的客人，讓他從小認識到十里洋場的繁華，以及商場上人走茶涼的現實面。他在散文中回憶當父親生意成功時，家中客人對於父親的種種逢迎：父親喜歡喝白蘭地，客人們也全表示喜歡喝白蘭地；父親喜歡看電影，他身邊的人也全喜歡看電影；父親相信八字算命，大家全都懂得看八字。不但如此，他們還從穆時英的八字裡邊看出他有總統命。寫作此文時已經在文壇有了名氣的穆時英，意識到自己不復孩提時的天真單純，恐怕是有些遺憾的吧，或者也預示了他後來的人生。其後穆家曾搬至海寧路，再搬到虹口區七浦路的石庫門房子，房子不但大而且講究，過慣了富裕的生活，穆時英小說裡的人物經常流連聲色場所，在他真實的人生裡又何嘗不是如此。

　　1929 年穆時英考入光華大學（今華東師範大學）西洋文學系，也是這一年他開始從事文學創作，很快的他就在文壇受到矚目，從小跟著父親上電影院的穆時英，喜歡寫作，也熱衷於電影，抗戰爆發後，他到香港大鵬影片公司擔任導演，拍攝電影《夜明珠》，電影講的是一個舞女遇上了一個真心愛她的男人，可是這段情愛卻不見容於社會，最後舞女含恨而終，在那個年代可以說是常見的故事，身分地位的差異使得有情人無法成眷屬。故事並無太多新意，比較特別的是拍電影時，穆時英真的愛上了一個大他六歲的舞女，電影裡的愛情沒能相伴相守，真實裡的人生穆時英倒是最終和所愛的舞女結了婚。

　　然而，大膽追求愛情的穆時英在香港的生活並不順利，因為不會講廣東話，他找工作十分困難，也難以融入當地的生活。結婚後，穆時英和妻子曾住在九龍一條僻靜的街上，房子裡陳設十分簡陋，前去探望的朋友透露屋內連床都沒有，此時的他

早已不是那個在奶黃色房間睡醒後，望著窗外麻雀不識生活艱
辛的孩子。相較於他過往在上海錦衣玉食的生活，在香港的日
子，他的經濟窘迫，即使已經是成名作家，穆時英也不得不到
處拜託朋友幫忙謀職，他曾在《星島日報》的副刊上尋了一個
編輯職位，但不知何故，做的時間並不長，反而是不時出入賭
場，使得他的生活狀況雪上加霜。穆時英在香港寫的散文〈無
題〉（載於 1938 年 11 月 25 日《蜜蜂》創刊號）中他抒發自己
對上海的懷念之情時，寫著：「幾時才能回到誕生我的都市裡
去呢？如果我將老死在這裡，那我想，我的生命實在是一個悲
劇。只要能再看見黃浦江的濁水，便會流下感激的淚來吧。」
這是穆時英客居香港時的心情，然而他一定未能料到，當他終
於回到上海，生命卻在上海街頭畫上了句號。[1]

二、作品風格與藝術特質

　　1930 年穆時英發表第一部小說〈咱們的世界〉，刊載於 2
月 15 日《新文藝》第 1 卷第 6 號上，當時的編輯施蟄存曾用「使
我非常驚異」來描述這篇小說帶給他的震撼，還向讀者特別推
薦，認為穆時英這個名字雖然是讀者所陌生的，但是他的作品
卻能使那些徒有虛名無真材實料的「老大作家」感到羞愧。在

---

1 穆時英生平參考：
　　蔡登山，《叛國者與「親日」文人》，台北：獨立作家，2015 年。
　　李歐梵，〈中國現代小說的先驅者：施蟄存、劉吶鷗、穆時英作品簡介〉，
　　收錄於李歐梵編選，《上海的狐步舞：新感覺派小說選》（台北：允晨文
　　化，2001 年），頁 7-21。
　　穆時英，《穆时英全集》，北京：北京十月文藝出版社，2008 年。

施蟄存對穆時英的激賞下，穆時英正式登上文壇嶄露頭角，穆
時英早期作品描寫的多為社會中底層人民的生活，突顯貧富不
均的現象，如《黑旋風》、《南北極》、《咱們的世界》等，因此
曾被稱為「普羅文學之白眉」。1930 年 10 月，穆時英以自己大
學時的一段戀愛經歷為原型寫作了中篇小說〈被當作消遣品的
男子〉，這篇小說運用了意識流的描寫技巧，與他過去發表的
小說風格迥異，因此遭到左翼作家的猛烈批判。當時左翼作家
批評穆時英是所謂「第三種人」，以「紅蘿蔔」名之，意謂表面
看起來皮是紅的，裡面卻是白的，還說：「表面作你的朋友，實
際是你的敵人，這種敵人自然更加危險。」此後來自左翼的批
判聲一直伴隨著穆時英隨後的創作生涯。[2]

　　擅長描寫大都市裡寂寞、孤獨、疏離、虛無的人，為穆時
英取得「新感覺派聖手」稱號，他結合意識流的手法描繪自己
熟悉的都市面貌，探索都市人糾葛的內心，以及生活在繁榮上
海各色人等的惶惑、疲倦、矛盾的微妙心理，字裡行間營造出
五光十色的繽紛亮麗，卻也籠罩著一層傷感的氛圍。如〈公墓〉、
〈上海的狐步舞〉、〈夜總會裡的五個人〉、〈CRAVEN 'A'〉、〈黑
牡丹〉、〈PIERROT〉等小說，喜愛電影的穆時英運用電影藝術
的多樣手法融合在文學寫作上，流動的畫面，獨特的鏡頭構圖，
顏色綫條傳達的視覺意涵，對小說中的人物進行多層次、多角
度的心理描寫，充滿了 1930 年代的上海特色。穆時英的小說內
容刻畫都市人的生活，他們在職場競爭時潛藏的爾虞我詐，背

景中吸引讀者目光的頹廢夜生活和嫵媚交際花，構築出上海萬花筒般的迷離場景與遙遠卻並不陌生的年代。

穆時英的文字描寫畫面感極強，這應該和他對電影的興趣有關，如此的寫作特點也影響著後來的創作者，著名的香港導演王家衛在對談中就曾提到過他對穆時英的作品感興趣，穆時英對於小說段落的安排和不受拘束的斷句手法，使他的作品與都市生活的節奏更加貼合。短短數年間，穆時英出版 4 部小說集：《南北極》、《公墓》、《白金的女體塑像》、《聖處女的感情》。

1939 年，穆時英應新感覺派另一位具代表性的作家劉吶鷗相邀，攜妻子回到上海，這個時候，劉吶鷗已經在汪精衛主持的政府任職。穆時英返滬後，相繼在汪精衛政府主持的《國民新聞》任社長，並在《中華日報》主持文藝宣傳工作，根據友人的回憶，日本人還給他配備卡迪拉克高級防彈轎車。1940 年 6 月 28 日傍晚，穆時英下班乘人力車經福建路時，遭槍擊身亡，[3] 終年 28 歲。不過開槍射擊他的人是誰？以及槍擊他的原因至今仍有不同的說法，就連他是否與日本人合作，也有不同的主張。[4]

3　1972 年康裔在香港《掌故》月刊第 10 期發表《鄰笛山陽：悼念一位三十　年代新感覺派作家穆時英先生》一文，自稱是國民黨中統特務人員，親自　安排穆時英到上海擔任偽職。由於國民黨軍統勢盛，已把槍殺穆時英作為　成績「邀了功」，中統特工組織「只有犧牲穆時英」，保持沉默。許多年　後，署名康裔的作者才第一次為穆時英鳴冤叫屈。

4　1972 年香港昭明出版社出版了司馬長風的《中國新文學史》，對於穆時英　一事，作者曾多次與自稱當年安排穆時英至汪偽政府工作的康裔進行詳　談，仔細詢問相關人物和事件後，司馬長風宣稱「所有疑慮之點均告澄清」，　穆時英的漢奸指控當為冤案。見《中國新文學史》下卷第 5 編第 25 章注　釋。

三、作品選讀與賞析

〈夜總會裡的五個人〉（節選）

「《大晚夜報》！」賣報的孩子張著藍嘴，嘴裡有藍的牙齒和藍的舌尖兒，他對面的那只藍霓虹燈的高跟兒鞋鞋尖正沖著他的嘴。

「《大晚夜報》！」忽然他又有了紅嘴，從嘴裡伸出舌尖兒來，對面的那只大酒瓶裡倒出葡萄酒來了。

紅的街，綠的街，藍的街，紫的街……強烈的色調化裝著都市啊！霓虹燈跳躍著——五色的光潮，變化著的光

潮，沒有色的光潮——氾濫著光潮的天空，天空中有了酒，有了燈，有了高跟兒鞋，也有了鐘……

請喝白馬牌威士忌酒……起士煙不傷吸者咽喉……

亞歷山大鞋店，約翰生酒鋪，ls羅煙商，德茜音樂鋪，朱古力糖果鋪，國泰大戲院，漢密而登旅社……

迴旋著，永遠迴旋著的霓虹燈——

忽然霓虹燈固定了：

「皇后夜總會」

玻璃門開的時候，露著張印度人的臉；印度人不見了，玻璃門也開啦。門前站著個穿藍褂子的人，手裡拿著許多白哈吧狗兒，吱吱地叫著。

一隻大青蛙，佛著兩隻大圓眼爬過來啦，肚子貼著地，在玻璃門前吱的停了下來。低著腦袋，從車門裡出來了那麼漂亮的一位小姐，後邊兒跟著出來了一位穿晚禮服的紳士，馬上把

小姐的胳膊拉上了。

「咱們買個哈吧狗兒。」

紳士馬上掏出一塊錢來，拿了支哈吧狗給小姐。

「怎麼謝我？」

小姐一縮脖子，把舌尖沖著他一吐，皺著鼻子做了個鬼臉。

「Charming, dear！」

便按著哈吧狗兒的肚子，讓它吱吱地叫著，跑了進去。

三、五個快樂的人

白的台布，白的台布，白的台布，白的台布……白的——

白的台布上面放著：黑的啤酒，黑的咖啡，……黑的，黑的……

白的台布旁邊坐著的穿晚禮服的男子：黑的和白的一堆：黑頭髮，白臉，黑眼珠子，白領子，黑領結，白的漿褶襯衫，黑外褂，白背心，黑褲子……黑的和白的……

白的台布後邊站著侍者，白衣服，黑帽子，白褲子上一條黑鑲邊……

白人的快樂，黑人的悲哀。非洲黑人吃人典禮的音樂，那大雷和小雷似的鼓聲，一隻大號角嗚呀嗚的，中間那片地板上，一排沒落的斯拉夫公主們跳著黑人的蹕蹳舞，一條條白的腿在黑緞裹著的身子下麵彈著：——

得得得——得達！

又是黑和白的一堆！為什麼在她們的胸前給鑲上兩塊白的緞子，小腹那兒鑲上一塊白的緞子呢？跳著，斯拉夫的公主們；跳著，白的腿，白的胸脯兒和白的小腹；跳著，白的和黑的一堆……白的和黑的一堆，全場的人全害了瘧疾，瘧疾的音樂啊，非洲的林莽裡是有毒蚊子的。

　　哈吧狗從扶梯那兒叫上來，玻璃門開啦，小姐在前面，紳士在後面。

　　「你瞧，彭洛夫班的獵舞！」

　　「真不錯！」紳士說。

　　舞客的對話：

　　「瞧，胡均益！胡均益來了。」

賞　析

　　〈夜總會裡的五個人〉可以說是穆時英的代表作，小說裡一開始就告訴讀者，寫的是從生活裡跌下來的五個人：破產的投資商人胡鈞益，不再年輕的交際花黃黛茜，研究《哈姆雷特》陷入瓶頸難以脫困的學者季潔，失戀的大學生鄭萍，懷抱升職願望卻收到解雇信市府秘書繆宗旦。他們在一個春天的週末夜在夜總會相遇，大家都戴著快樂的面具，尋求一時的的感官刺激。他們誰也不理解誰，這種不理解是雙向的，也就是既不打算理解別人，也不期望有人理解自己。他們看起來歡歡喜喜的來夜總會度週末，這表面的歡喜中是凝重的孤寂。穆時英的敘述語言猶如鏡頭，帶領讀者看到並聽到街頭賣報的小販，搶眼處是五顏六色的霓虹燈和廣告牌，出入夜總會的人言談舉止流露出的浮華氣質，衣香鬢影與消費商品都是城市的一種包裝。寫作此篇小說時，穆時英才 20 歲，相當的年輕，他對於人的觀察和他的家庭背景有關，穆時英的父親是上海金融界的成功人士，往來多商賈，從小在看多了繁華，同時他也看見了人與人的疏離。

　　1935 年穆時英曾經加入劉吶鷗、黃嘉謨與左翼電影界展開的「軟性電影」與「硬性電影」之爭，他在《晨報》上連載〈電

影藝術防禦戰──斥捐著「社會主義的現實主義」的招牌者！〉，文章長達 4 萬字。1937 年又在香港《朝野公論》上發表〈MONTAGE 論〉，這篇近兩萬字的文章裡論述電影藝術的基礎以及 8 個關於蒙太奇藝術的電影技巧，這些都反映出穆時英對電影藝術揣摩已久，他的小說創作也充滿電影藝術的語言特徵，是對電影藝術的模仿、追求和實驗。穆時英不僅通過小說，也通過理論表述，在電影藝術和小說藝術之間建立交流。當時有一家電影公司邀請穆時英拍一部「國防電影」，穆時英自編自導了一部描寫東北抗日遊擊隊的電影，片名為《十五義士》，但後因影片公司發生變故，電影沒能完成。直到後來去了香港，才算是圓了他擔任導演的願望完成自己的電影作品。

　　他的代表作〈夜總會裡的五個人〉以文字呈現出畫面，他在小說的寫作裡融進了電影拍攝的技巧，字裡行間充滿鏡頭感，鋪天蓋地的霓虹燈，炫目耀眼讓人神智迷離，白馬牌威士忌酒、起士煙、亞歷山大鞋店、約翰生酒鋪、國泰大戲院、漢密而登旅社等一連串的廣告招牌，讓城市日常的消費行為鋪排出小說的背景，也透露出作者的趣味，聲色光影，酒精尼古丁交織出的欲望之夜，這樣的夜裡看不到老舍《月牙兒》的心境淒楚際遇無奈，感受不出沈從文《邊城》的山水秀美人情質樸，穆時英和他同一個時代的作者選擇的創作題材不同，風格也截然不同，在一個以寫實主義為主流的時代，大量運用意識流的手法；當更多的焦點在關注社會底層如駱駝祥子和祥林嫂，期待反抗父權傳統掙脫家庭鉗制如巴金小說《家》中的高覺慧，穆時英筆下的十里洋場，繁華卻疏離的人群，顯然是突起的異軍，曾經遭到左聯陣營的批評，也就一點都不足為奇了。

　　小說〈夜總會裡的五個人〉最後胡鈞益以一顆子彈結束了

生命，若干年後，穆時英則在他熟悉的上海街頭遭人槍殺。胡鈞益看不見自己的未來，當他倒臥在血泊中，閉上眼前看到的是霓虹燈還是星月當空？穆時英在小說裡塑造五個從生活中跌落的人，最後告別人世的是名投資客，這是否透露出作者的價值解讀，思想困境、青春不再、失去戀情或職位，都不至於是人生絕境，而沒有了金錢，甚至還負債，生命卻可能難以為繼？所謂金錢不是萬能，沒有錢卻萬萬不能。驟然降臨的死亡不僅激發讀者的思考，小說裡的另外四個人，也由此得到啟發，而這是穆時英想提供給讀者的五個方向，五種難處絕境，然而正當面臨困境之時又會不會因為另一樁死亡而顯現絕處逢生的契機？有時祇是一念之間。

38　不老的詩人──鄭　敏

王秀雲

一、生平介紹

　　作為有一顆不老詩人的心，鄭敏（1920 年 7 月 18 日-）從 1939 年寫出第一首詩〈晚會〉，直至 21 世紀的今天，仍然筆耕不輟，使得她成為九葉詩派成員中創作生命最長的一位，亦是中國現代詩壇的一株世紀之樹。[1]

　　1939 年鄭敏考入西南聯大外文系，原想攻讀英國文學，註冊時突然感到自己對哲學毫無所知，再加上當時西南聯大哲學系大師雲集，於是轉入哲學系就讀。這個決定，不僅決定了詩人後來的生活道路，亦決定了她詩歌的獨特風格。

　　鄭敏在老師、亦是詩人馮至的影響下，1942 年開始創作詩歌。1948 年赴美國留學，先後在布朗大學和伊利諾州立大學研

---

1 所謂九葉詩派，又稱九葉詩人，是指 20 世紀中國的一個現代詩流派。於 1940 年代末創辦《中國新詩》，在新詩寫作中追求現實與藝術、感性與理性之間的平衡美。成員有辛笛、陳敬容、唐祈、唐湜、穆旦、鄭敏、杜運燮、袁可嘉、杭約赫、方敬、莫洛、金克木、王佐良、徐遲、李白鳳、馬逢華、李瑛、方宇晨、楊禾、呂亮耕、曹辛之等。其中曹辛之、辛笛、陳敬容、鄭敏、唐祈、唐湜、杜運燮、穆旦和袁可嘉九人於 1981 年出版了《九葉集》，因此而得名。

究院學習。1956 年回國，在文學研究所外國文學部從事英國文學的研究工作。1960 年調入北京師範大學外語系講授英美文學。1949-1979 年是鄭敏詩歌創作空白的三十年，亦是她的「愛麗絲」——對鄭敏而言，詩歌就是她內心深處、深埋在無意識中的愛麗絲[2]——沉睡的三十年。大約又經過了五年的徘徊與尋覓，沉睡的愛麗絲才真正的甦醒過來。1984-1986 年是鄭敏詩歌創作中至為重要的一個階段，她說：「首先我解放了自己的詩，在無拘無束中，我寫了不少自由自在的詩。」[3] 能夠在新時期有這樣的突破，一方面是改革開放激發了她的創作熱情，另一方面則是基於她對美國當代詩歌的關注與研究。鄭敏認為二次世界大戰後的美國詩歌之所以超越了 1940 年代的現代主義詩歌，主要在於開放的形式和對「無意識與創作關係的認識」。這種對西方後現代主義的深刻理解，有助於她挖掘出長期被掩埋的創作資源和生命體驗。自 1980 年代中期至今，鄭敏始終保持著旺盛的創作精力，先後出版有《尋覓集》、《心象》、《早晨，我在雨裡採花》、《鄭敏詩集（1979-1999）》等。歲月的淘洗讓她的詩歌煥發出澄澈、明靜的動人光彩，深深打動著讀者的心靈。

　　鄭敏不僅是中國現代詩歌史上一位重要的詩人，同時亦是一位重要的詩歌理論家，這在現代女詩人中是非常難得的。對鄭敏而言，詩歌的創作與理論的探索，猶如一體兩面，她的詩歌有著濃郁的哲學底蘊，而她的論文又不同於一般的哲學著

---

2 鄭敏，〈我的愛麗絲〉，《詩歌與哲學是近鄰：結構－解構詩論》（北京：北京大學出版社，1999 年），頁 414。

3 鄭敏，〈詩歌自傳（一）悶葫蘆之旅〉，《詩歌與哲學是近鄰：結構－解構詩論》（北京：北京大學出版社，1999 年），頁 481。

作，有著明顯的詩化色彩。她說：「我覺得我對理論的研究並不妨礙寫詩，在讀哲學時我經常看到它背後的詩，而讀詩時我意識到作者的哲學高度。……使哲學和詩、藝術同樣成為文化的塔尖的是對生命的悟性。」[4] 這些話很可以說明她在潛心創作的同時，又能對理論進行深入探求的原因。重要詩學著作有《英美詩歌戲劇研究》、《詩歌與哲學是近鄰：結構－解構詩論》、《思維‧文化‧詩學》等。

二、作品風格與藝術特質

鄭敏曾經說自己受三位詩人的影響最深，他們分別是 17 世紀的玄學詩人約翰‧頓、19 世紀的浪漫詩人華茲華斯，和 20 世紀的象徵主義詩人里爾克。他們之所以為鄭敏所鍾愛，主要的共同點是「深沉的思索和超越的玄遠，二者構成他們的最大限度的詩的空間和情感的張力。」[5] 同時，她亦懷著極大的熱情，嘗試以西方的現代精神解讀東方智慧和中國的古老文明，力圖將西方的解構主義與中國的老莊哲學融會貫通。她曾經說過：「無論是中華幾千年的文化傳統還是西方的文藝復興，無不是始於人的覺醒」，鄭敏與她所崇敬的里爾克等詩人雖然所處的時代、地域、文化背景都不甚相同，但同樣有著對宇宙、人生的澈悟和對人文主義理想的堅持。

---

[4] 鄭敏，〈詩歌自傳（一）悶葫蘆之旅〉，《詩歌與哲學是近鄰：結構－解構詩論》（北京：北京大學出版社，1999 年），頁 480。

[5] 鄭敏，〈不可竭盡的魅力〉，《詩歌與哲學是近鄰：結構－解構詩論》（北京：北京大學出版社，1999 年），頁 58。

　　如果說「以哲學作為詩歌的底蘊，以人文的感情作為詩歌的經緯」標誌著鄭敏詩歌的精神境界與思想高度，那麼「使音樂的變為雕刻的，流動的變為結晶的」[6] 則代表了鄭敏詩歌的獨特的藝術追求與藝術風範。鄭敏的詩歌具有一種里爾克式的、深沉的、凝重的雕塑之美。在她的詩中，不時會有著光潔的雕塑般質感的意象出現。正如「九葉詩人」袁可嘉所言，「雕像」是理解鄭敏詩作的一把鑰匙。詩人對於生命的體驗往往來自具體可感的形象。對於藝術有著深厚造詣的鄭敏，非常注重用具體的形象來表達內在的思想，常有一些視覺性很強的詩，具有明顯的繪畫感和雕塑感。鄭敏曾說，她的意願就是讓每首詩有它自己的顏色和光線。在她的筆下，光與影，色與線自然的組合起來，色調融於文字，畫意融於詩情，完全不著一絲痕跡。

　　例如，在前期的代表作〈金黃的稻束〉中，她提煉出一個現代詩歌史上的經典意象──〈金黃的稻束〉；詩人把站在秋後田野中的稻束，想像為有著「皺了的美麗的臉」的「疲倦的母親」的雕像，很自然的就把金黃的稻束與博大的母愛聯繫起來。進而詩人又用「收穫日的滿月」為這座雕像抹上了光輝，用暮色裡的「遠山」為這座雕像添加了背景。而始終伴隨的「靜默」，正足以讓讀者在對歷史的回溯中，感受到母愛的博大深厚。在當代女性詩人中，鄭敏不啻突破了僅關心消解男權、或是解除禁錮的層次，在默想與沉思中，達到了一種新的高度。

---

[6] 馮至，〈里爾克：為十週年忌日作〉，《馮至學術論著自選集》（北京：北京師範學院出版社，1992 年），頁 482。

三、作品選讀與賞析

（一）〈金黃的稻束〉

金黃的稻束站在
割過的秋天的田裡，
我想起無數個疲倦的母親，
黃昏的路上我看見那皺了的美麗的臉，
收穫日的滿月在
高聳的樹顛上
暮色裡，遠山
圍著我們的心邊
沒有一個雕像能比這更靜默。
肩荷著那偉大的疲倦，你們
在這伸向遠遠的一片
秋天的田裡低首沉思
靜默。靜默。歷史也不過是
腳下一條流去的小河
而你們，站在那兒
將成為人類的一個思想。

賞　析

這首詩一開始就將其關注點集中在一束「金黃的稻束」上，說明秋天豐收的景況。它不是擺在那裡，而是「站在」割過後的田野上。當大地空曠，這樣一幅「靜物寫生」出現在秋後的田野上，它比一切更動人，更能調動詩人對歷史和生命的

感受和沉思。由此，詩人想起「無數個疲倦的母親」，而這是賦予生命的母親、產後的母親、默默肩負著生命的艱辛和希望的母親。把母親比做金黃的稻束，二者在性質上或多或少有相似之處，秋天的被割倒的稻束就像一位歷經滄桑的母親，而此時滄桑的見證就是皺紋。因為這種聯想，一種詩的情感被進一步調動起來，「黃昏路上我看見那皺了的美麗的臉」，詩人以動情的筆觸和見證人的眼光賦予這種疲勞以美麗的性質，就更增添了作者對母性的讚揚。

接著，詩人展開對收穫後黃昏景色的刻畫：「收穫日的滿月在／高聳的樹顛上，／暮色裡，遠山／圍著我們的心邊」，由「滿月」來襯托人們因豐收而喜悅的心情。正是在這萬物包裹，大地無比寧靜、飽滿、透明的境界裡，詩人的目光再次投向黃昏田野上那站著的金黃的稻束：「没有一個雕像能比這更静默」，無論是英雄的雕像、偉人的雕像，在此刻，都沒有這樣一種「雕像」更寧靜沉默。它們静默，是因為此時無聲勝有聲，是因為這種母親的疲倦、美麗和堅忍已超出了一切言說。這是一種動人的肯定和讚頌，而又不流於空泛。接下來的「肩荷著那偉大的疲倦，你們……」詩人出遠距離的觀看和聯想，轉向對表現對象直接抒情，進而賦予母性的疲倦和堅忍以超越一切的偉大的性質。稻束的「疲倦」被昇華了，它的含義不再是體力不支，而是充分釋放後的深沉和寧靜。詩人故意留下了空白，讓我們展開更廣遠的想像。正是在這「弱者的偉大」中，在這默默承受一切的生命姿態中，「歷史也不過是／腳下一條流去的小河」，這些詩句變得玄祕起來，你可以添進一切思想，也可以只欣賞這種抽象的神祕感。詩人告訴我們的是，這絕不是一種虛空，絕不是一種即興式的感懷，它偉大、恒久、莊重，

它超越時空，我們會體會到一種似宗教感的東西在冉冉升起。至此，那肩負著偉大的疲倦和辛勞的母親的形象，在一片收割後的田野的映襯下，超越了歷史的進程而具有了永恆性。

在藝術手法上，這首詩有著意象的跳躍和意象的重叠，但卻組織的非常和諧；在跳躍的地方作了有機的過渡，用一根無形的線索把數個意象貫串起來。例如詩的前兩行寫大自然的「稻束」，一个跳躍，卻又寫起了「皺了的美麗的臉」的「疲倦的母親」。從稻束到母親，是兩個意象的重叠，但其中用「我想起……我看見」作了暗過渡，所以雖然跳躍，卻不感突兀。在省略中我們能感到詩人在這裡作出了一個重要的暗示：全詩把「稻束」與「疲倦的母親」連了起來。這連結的線索就是由詩人對那個一切都被顛倒了的社會中的一個社會問題的認識所引起的——即為什麼勞動者卻是貧窮者，對社會貢獻得越多，自己卻喪失得越多？詩人把這些對社會的認識，通過稻束－母親－思想這樣一條藝術線索貫穿起藝術形象，表現了出來。其次，由於獨特的色彩與聲音的掌握和表達，使得詩歌語言帶有一種雕塑的質感和光輝。詩人用「金黃」修飾「稻束」，既是基於稻束本身的質感，也是一種內在精神的把握。在技巧上，它一方面體現了現代主義具體意象和抽象觀念的叠加所產生的特殊效果，也溝通了古典詩歌對意境的要求，體現了對傳統的情境關係的重視。

(二)〈詩人與死〉(節選)

一

　　是誰，是誰
　　是誰的有力的手指

折斷這冬日的水仙
讓白色的汁液溢出

翠綠的，蔥白的莖條？
是誰，是誰
是誰的有力的拳頭
把這典雅的古瓶砸碎

讓生命的汁液
噴出他的胸膛
水仙枯萎

新娘幻滅
是那創造生命的手掌
又將沒有唱完的歌索回。

九

……
你的第六十九個冬天已過去
你在耐心地等待一場電火
來把你畢生思考著的最終詩句
在你的潔白的骸骨上銘刻

不管天邊再出現什麼翻滾的烏雲
它們也無能傷害你
你已經帶走所有肉體的脆弱

盛開的火焰將用舞蹈把你吸吮

一切美麗的瓷器

因此留下那不謝的奇異花朵。

賞　析

〈詩人與死〉最初的創作動機，是 1990 年 1 月，九葉詩人唐祈因醫療事故而意外死亡。悲痛中的鄭敏，聯想到她所喜愛的里爾克組詩〈致奧菲亞斯十四行〉，這首詩也是寫一個小歌女之死。同時，潛在的影響，還有馮至的《十四行集》對生與死的沉思。

「詩人」，指的是九葉詩人唐祈；「詩人與死」，也就是唐祈之死，以及唐祈的右派同伴歌唱家莫桂新的死，還有其他知識分子的死。這些死，都有一個共同點，都是非正常死亡。「詩人」的另一個解釋是作者自己；「詩人與死」，就是她面對以上這些知識分子非正常死亡的態度和思考。

全詩是由 19 首十四行組詩所構成，有著長詩的整體性內在結構。第一首以挽歌開篇，但不只是悲愴的挽歌，而是以一種悲痛而堅定的質疑，追問「是誰，是誰」「折斷」逝者的生命。第二節，又以同樣的質問句式，再次追問「是誰」、「是誰」砸碎古瓶？作者利用這種層層遞進的十四行句式特點，強化敘述者追問的力度，喚醒讀者的注意。翠綠的、蔥白的歡樂「水仙」被折斷，古瓶上正在走向幸福生活的新婚伴侶，被暴力所毀而不復存在；表層的意義是美的毀滅，深層的隱喻則是暗示作為美的創造者的詩人和知識分子，遭暴力所毀而非正常死亡。「汁液」二字的重複則是強調非正常死亡的生命，正處在歡樂而幸福的青春期。

第二組是第四、五、六首，詩人展開寫對唐祈之死的悼念，

並從悼念中衍生出新的主題：對唐祈和知識分子非正常死亡內因的反思。從第三首開始，一直到第十五首，構成了這首長詩最重要的主線。唐祈曾向鄭敏講述他被打成右派後，流放到黑龍江的經歷：著名的歌唱家莫桂新，和唐祈同在一個農場，有一次，農場殺了兩頭豬讓大家吃，因為長期挨餓，大家猛吃，結果發生了流行痢疾，莫桂新就死在唐祈的懷抱裡。有的人還沒有死，每天晚上就有人進來踢一腳說這是「明天的貨」！鄭敏深感遺憾的是，即使經歷了這樣「死亡的黑影」，唐祈仍然沒有覺醒「不知為什麼總不肯／從雲端走下／承認生活的殘酷」。對這樣一個善良而虔誠的理想主義者，現實並沒有給唐祈帶來好運，反而是一生坎坷，最後死於意外的手術事故。

　　唐祈一生熱愛詩歌，關注中國新詩的發展，但是一生寂寞，常常「右手輕撫左手」，這是一個人自我撫慰的寂寞意象；「時間卷去畫幅步步逼近」，唐祈還在寂寞中寫詩，卻不知自己的生命將突然中斷。第九首同樣是一首輓歌，卻充滿著新奇美妙的想象，把唐祈之死詩化，表達對這位死於非命詩友的深切懷念，同時也暗藏著反諷：活著，肉體受到傷害；死了，就帶走了「所有肉體的脆弱」不再受傷。強烈的悲憤，暗藏在反諷中，看似委婉，卻有一種清醒的理性覺悟。

　　鄭敏說：「我這首詩寫的時候意圖是講詩人的命運，在我們特有的情況下我們詩人的命運，也可以說是整個知識分子的命運，同時還有我對死的一些感受。」由此看來鄭敏並不是一個不關心現實，只會仰望星空的詩人。對中國發生的歷史大事件，鄭敏並沒有「失語」！一如著名詩人蔡其矯〈醒夢〉的名句：「紀念碑留給他人，我只傾聽大地的哀歌」，而鄭敏正是一個具有大視野和大胸懷的偉大詩人。

39　尖銳中帶有幽默 ── 張天翼

陳冠勳

一、生平與作品風格

　　張天翼（1906 年 9 月 26 日[1]-1985 年 4 月 28 日），原名元定，號一之，小字漢弟，筆名張無諍、鐵池翰等。祖籍湖南湘鄉，出生於南京。其父張通模為知識分子，清末時曾中舉人，然辭官不就，當過教員、職員。

　　張天翼在中學期間即閱讀大量中國古典小說、外國童話、外國翻譯小說與鴛鴦蝴蝶派作品，於 1922 年開始練習寫滑稽小說、偵探小說，同年 4 月 8 日，於《禮拜六》雜誌第 156 期上發表了第一篇短篇小說〈新詩〉，署名張無諍。1926 年，在《晨報副刊》發表〈黑的顫動〉等作品，自此以張天翼為筆名。1927 年開始信仰馬列主義，此後創作開始採用現實主義創作方法。在 1931 年發表了短篇小說〈二十一個〉後，受到左翼文壇的重視，被稱為「新人」。1932 年開始創作兒童文學，如《大林和小林》、《禿禿大王》、《葫蘆寶的祕密》及《帝國主義的故事》（未完成，後改寫為《金鴨帝國》）。

　　1928 年起的十多年間，是張天翼創作最豐富的時代，諸如

1　一說生日為 1906 年 9 月 10 日。

短篇小說集《從空虛到充實》、《小彼得》、《移行》等,中篇小說〈清明時節〉與長篇小說〈鬼土日記〉、〈洋涇浜奇俠〉等。

　　綜觀張天翼的作品包括長篇小說、中短篇小說與兒童文學,亦有文藝論著,其中以短篇小說與兒童文學較受重視,短篇小說又以幽默與諷刺為其長處。目前沈承寬、黃侯興、吳福輝合編的《張天翼研究資料》是研究張天翼的比較全面的資料彙編。

　　按上述所說,張天翼受到當時左翼文壇的重視,如與魯迅即有書信往來,魯迅曾在信中指出張天翼的優、缺點,對其作品有很大的影響;張天翼的短篇小說〈三天半的夢〉就曾發表於魯迅、郁達夫所主編的《奔流》雜誌上。時人對於張天翼的作品讚賞頗多,然亦有批評之語,如慎吾即認為張天翼的作品似故意「將醜惡的東西來做駭人聽聞的刺激的工具」,把「蛆膿血」當作寫實。張氏於 1938 年所發表的短篇小說〈華威先生〉更引起許多正反兩面的討論:〈華威先生〉一文描述一位看似熱心於救國工作的人,藉著抗戰到處開會、演講、拉攏青年,而實際上這樣的汲汲營營只是為了謀取自己的利益。

　　無法否認的是,「華威先生」這樣的典型人物確實存在,讚揚者以為描述這樣的典型讓人警戒,達到文藝的教育作用(茅盾〈八月的感想──抗戰文藝一年的回顧〉語);然而〈華威先生〉發表時正值抗戰時期,該作品被日本作家譯載於《改造》雜誌 1938 年 11 月號上,因此持反對意見者認為:雖然小說本身「對於救亡工作的病症的指摘,是有不可磨滅的意義,對本國的知識層,絕對是像藥般有益的」,卻也擔心「看中國在抗戰中有這樣幹不出所以然的幹部人物,而得一種輕蔑對方的快慰」、「符合著法西斯主義的宣傳,而增強他們侵略的信念」

（林林〈談〈華威先生〉到日本〉語）。暫且不論正反方意見孰優孰劣，筆者以為張天翼能夠寫並且敢於寫，已突出其他作家許多。

就目前而言，大陸讀者明顯較台灣讀者熟悉張天翼這位作家。在台灣，比起同一時期的作家如茅盾、丁玲等人，張天翼較不為人所熟知。在台灣的學術研究方面，因張氏曾發表文藝論著〈《西遊記》札記〉一文，故研究《西遊記》的論文皆會提及此一著作。針對張天翼的小說、兒童文學等作品，現在並無專文研究，多是在通論性的書籍中一筆帶過，偶有如夏志清《中國現代小說史》、蔣興立《左翼上海：三〇年代左翼都市小說論》中以專節介紹者；但對比當時魯迅等人對於張天翼的稱讚，目前研究張氏與其著作的人卻不多，實為可惜。

夏志清將張天翼的作品分為「煽動性的、意識性的、諷刺性的」三類：

> 在煽動性的故事裡，如前所言，我們遇到暴動或者起義，便有一套標準的社會主義寫實方式的陳腔濫調……第二類意識型的左翼小說，它們的主題不外是，小資產階級的知識分子，遭遇到革命經驗時的搖擺不定。……張天翼最好的小說，屬於諷刺的範疇。在這些小說裡，他不大分辨階級和個人：不論鄉紳、小資產階級，或者普羅階級，都一視同仁，成為他諷刺的題材。……（張天翼）拒絕將他對於社會的寫實觀察，跟共產主義樂觀派的教調結合在一起。

夏志清的評論甚為懇切，也從夏氏的分析可知，張天翼作品中有其屬於「左翼」、「社會主義」的成分，然也有別於一般左翼作家的作品，而且這類作品表現的更加優秀。

二、作品選讀與賞析

〈包氏父子〉（節選）

老包打市民銀行走到學校裡去。他手放在口袋裡，緊緊地抓住那卷鈔票。

銀行裡的人可跟他說不上情。把鈔票一數：

「還少二十！」

「先生，包國維的操衣還是新的，這二十……」

「我們是替學校代收的，同我說沒有用。」

鈔票還了他，去接別人繳的費。

繳費的擁滿了一屋子，都是像包國維那麼二十來歲一個的。他們聽著老包說到「操衣」，就哄出了笑聲。

「操衣！」

「這老頭是替誰繳費的？」

「包國維，」一個帶壓髮帽的瞅了一眼繳費單。

「包國維？」

老頭對他們打招呼似地苦笑一下，接著他告訴別人——包國維上半年做了操衣的：那套操衣穿起來還是挺漂亮。

「可是現在又要繳，現在。你們都繳的麼？」

那批小夥子笑著你瞧瞧我，我瞧瞧你，誰也沒答。

老包四面瞧了會兒就走了出來：五六十雙眼睛送著他。

「為什麼要繳到銀行裡呢？」他埋怨似地想。

天上還是堆著雲，也許得下雪。雲薄的地方就隱隱瞧得見青色。有時候馬路上也顯著模糊的太陽影子。

　　老包走不快，可是踏得很吃力：他覺得身上那件油膩膩的破棉袍有幾十斤重。棉鞋裡也濕祿祿的叫他那雙腳不大好受。鞋幫上雖然破了一個洞，可也不能透出點兒腳汗：這雙棉鞋在他腳汗裡泡過了三個冬天。

　　他想著對學堂裡的先生該怎麼說，怎麼開口。他得跟他們談談道理，再說幾句好話。先生總不比銀行裡的人那麼不講情面。

　　老包走得快了些，袖子上的補釘在袍子上也摩擦得起勁了點兒。

　　可是一走到學校裡的註冊處，他就不知道要怎麼著才好。

　　這所辦公室寂寞得像座破廟。一排木欄杆橫在屋子中間，裡面那些桌旁的位子都是空的。只有一位先生在打盹，肥肥的一大坯伏在桌子上，還打著鼾。

　　「先生，先生。」

　　叫了這麼七八聲，可沒點兒動靜。他用指節敲敲欄杆，腳在地板上輕輕地踏著。

　　這位先生要在哪一年才會醒呢？

　　他又喊了幾聲，指節在欄杆上也敲得更響了些。

　　桌子上那團肉動了幾動，過會兒抬起個滾圓的腦袋來。

　　「你找誰？」皺著眉擦擦眼睛。

　　老包摸著下巴：

　　「我要找一位先生。我是——我是——我是包國維的家長。」

　　那位先生沒命的張大了嘴，趁勢「噢」了一聲：又像是答應他，又像是打呵欠。

　　「我是包國維的家長，我說那個制服費……」

　　「繳費麼？——市民銀行，市民銀行！」

「我知道，我知道。不過我們包國維——包國維……」

老包結裡結巴說上老半天，才說出了他的道理，一面還笑得滿面的皺紋都堆起來——腮巴子挺吃力。

胖子伸了懶腰，咂咂嘴。

「我們是不管的。無論新學生老學生，制服一律要做。」

「包國維去年做了制服，只穿過一兩天……」

「去年是去年，今年是今年，」他懶懶地拖過一張紙來，拿一支鉛筆在上面寫些什麼。「今年制服改了樣子，曉得吧。所以——所以——啊——噢——哦！」

打了個呵欠，那位先生又全神貫注在那張紙上。

他在寫著什麼呢？也許是在開個條子，說明白包國維的制服只穿過兩次，這回不用再做，繳費讓他少繳二十。

老包耐心兒等著。牆上的掛鐘不快不慢的——的，嗒，的，嗒，的，嗒。

一分鐘。二分鐘。三分鐘。五分鐘。八分鐘。

那位先生大概寫完了。他拿起那張紙來看：嘴角勾起一絲微笑，像是他自己的得意之作。

紙上寫著些什麼：畫著一滿紙的烏龜！

老實說，老包對這些藝術是欣賞不上的。他噓了口氣，臉上還是那麼費勁地笑著，嘴裡喊著「先生先生」。他不管對方聽不聽，話總得往下說。他象募捐人似的把先生說成一個大好老，菩薩心腸：不論怎樣總得行行好，想想他老包的困難。話可說得不怎麼順嘴，舌子似乎給打了個結。笑得嘴角上的肌肉在一抽一抽的，眉毛也痙攣似地動著。

「先生你想想：我是——我是——我怎麼有這許多錢呢：五十——五十——五十多塊。……我這件棉袍還是——還

是——我這件棉袍穿過七年了。我只拿十塊錢一個月，十塊錢。我省吃省用，給我們包國維做——做……我還欠了債，我欠了……有幾筆……有幾筆是三分息。我……」

那位先生打定主意要發脾氣。他把手裡的紙一摔，猛地掉過臉來，皺著眉毛瞪著眼：

「跟我說這個有什麼用！學校又不是慈善機關，你難道想叫我布施你麼！——笑話！」

老包可愣住了。他腮巴子酸疼起來：他不知道還是讓這笑容留著好，還是收了的好。他膝踝子抖索著。手扶著的這木欄杆，象鐵打的似的那麼冰。他看那先生又在紙上畫著，他才掉轉身來——慢慢往房門那兒走去。

賞　析

〈包氏父子〉是一篇語言運用靈活、諷刺性極高的有小說，甚至曾經改編成電影劇本躍上大銀幕（1983年由謝鐵驪導演執導），〈包氏父子〉的內容大意為：老包是劉公館裡的聽差，雖然薪資不高、生活貧苦，但老包望子成龍，將一切希望都寄託在兒子包國維身上。老包期望兒子將來能學成致仕，自己可以當個老太爺，於是不惜向朋友借貸，只為了繳交兒子的學費；可惜包國維只與富家子弟郭純為伍，滿腦子只想著耍帥、談戀愛等等，甚至厭惡自己的出身低下而鄙視父親，故事的結尾因為替郭純出頭而慘遭學校開除，老包除了幻想破滅外，還為要賠償兒子打人的醫藥費，揹了一身的債。

張天翼在這篇短篇小說中所描述的是社會底層人生活的窘態，如文中刻畫老包的穿著：棉鞋穿了三年、棉袍穿了七年，鞋已破、衣服有補釘，還得省吃儉用，只為了供給兒子讀書。

至於兒子包國維穿的是膠鞋，但成天幻想著父親替他買皮鞋、西裝或白絨運動衫，甚至一條獵褲。

　　文中的皮鞋是富有的象徵，在同時期的穆時英作品中亦常用高跟鞋說明時下女性崇尚流行的表現。〈包氏父子〉中除皮鞋外，不斷提及的是生活中很零碎的、物質上的瑣事，比如「過年過節什麼的——賞就是三塊五塊」、「雪花精」、「司丹康」等，表現出他們「拼命往上爬」的欲望：父親希望靠兒子脫離社會底層的生活、兒子則巴結富家子弟,此篇名為「包氏父子」，父子倆實有相似之處；再進一步思考，父親過分的寵溺兒子，認為是自己對不起兒子，無法給他優渥的生活；兒子不務正業、自豪自己留級、瞧不起父親、調戲女生卻認為是英雄的行為等等，父子倆人的價值觀扭曲皆至此，則是張天翼諷刺筆法高明之處。

　　此外，小說在一開始即揭露了中西文化與新舊思想的衝突，文章中寫道：

　　　　離過年還有半個多月，可是聽說那些洋學堂就要開學了。……年也不過地就得去上學！

　　　　不作興過年嘛，這是新派，這是……。

　　　　洋學堂是不過年的，我曉得。洋學堂裡出來就是洋老爺，要做大官哩。

或是

他喊起他兒子來也是照著學堂裡的規矩——連名帶姓喊的。

　　過年是華人重要的傳統節日，意義非凡自然不在話下，卻因為上「洋學堂」而不過年，因此讓老包的眾友人們議論紛紛。西方的洋學堂甚至改變了東方傳統對人稱呼的習慣——連名帶

姓是不禮貌的。但是身為父親的老包，對於這些改變似乎不以為意，甚至在言談中還透露著些許的自豪與得意：

> 老包笑了笑。可是馬上又拼命忍住肚子裡的快活，搖搖腦袋，輕輕地噓了口氣：「哪裡談得到這個。我只要包國維爭口氣，像個人兒。不過——噯，學費真不容易，學費。」

另外，張天翼小說中語言詞彙的運用，也讓讀者莞爾，在〈包氏父子〉中常以「學堂與學校」、「操衣與制服」做為對照，或是不知「學費」為何物，文中的老包笨拙地使用著他不熟悉的新詞彙，然而在情急之下卻還是脫口而出他習慣的舊詞彙：

> 先生，包國維的操衣還是新的，這二十……
>
> 「我們是替學校代收的，同我說沒有用。」鈔票還了他，去接別人繳的費。
>
> 繳費的擁滿了一屋子，都是像包國維那麼二十來歲一個的。他們聽著老包說到「操衣」，就哄出了笑聲。

對於這些文化、思想的衝突，蔣興立認為「張天翼捕捉到這群拼命往上爬的人是如何無所不用其極。」〈包氏父子〉中的人物確實如此，老包即便受到眾人的訕笑亦無所謂，心心念念的還是預期之外的制服費，制服費後所代表的是老包對於兒子功成名就，能脫離這個階層的想望。張天翼運用誇大的手法讓角色形象更鮮明，而在這些人物行為的背後，代表的卻是傳統文化的改變。

諷刺手法是張天翼短篇小說最為人稱道之處，文中描述父子各有頗為精彩的諷刺橋段，如寫兒子包國維整天與富家子弟郭純廝混，不斷巴結只為得到郭純的認同，如郭純在與其他人聊天時，包國維只能乾坐在旁邊，想融入卻無法，小說中描寫

道：

> 包國維打算插句把嘴，可是他沒說話的材料。他想：
> 「現在要不要再笑一陣？」

或是

> 他要郭純記得他包國維也在旁邊，他就故意把碗呀
> 筷子的弄出響聲。

張天翼以一針見血地寫出了包國維的尷尬，明明是話不投機的人，卻只因對方富有而勉強相處。這段所寫的不只是青少年希望獲得同儕的認同問題，更是在諷刺成年人們在巴結別人時何嘗不也是如此醜態盡露？另一段亦是包國維在郭純家時，得知自己成為候補球員時，開始幻想「有幾千幾萬看球的人，大家都拍手──讚美他包國維的球藝」、「女生都圍著他，她們在他跟前撒嬌，誰也要挨近他，挨不到的就堵著嘴吃醋，也許還得打起架來」、「十幾個新聞記者都搶著要給他照相，明星公司又請他站在鏡頭前面──拍新聞片子！當天晚報上全登著他的照片，小姐奶奶們都把這剪下來釘在帳子裡。誰都認識他包國維。所有的女學生都擠到電影院裡去看他的新聞片，連希佛來的片子也沒人愛看了。」到了最後，包國維才發現一切都是自己的幻想，而將他從幻想拉回現實的是卻是他「黑黝黝的什麼也瞧不明白，只有股黴味兒往鼻孔裡鑽」的家。

再者，上文所節選父親為了兒子繳費到處奔走的情況更是精彩，父親為了二十塊錢的制服費，焦急地與學校職員討價還價，緊張的神情躍然紙上。而學校的職員只是慢條斯理的塗塗寫寫，結果揭曉：職員只是在「畫烏龜」！而張天翼還稱其為「藝術」。一快一慢的荒謬對比，造成喜劇性中帶有絕望、悲傷的黑色幽默效果。

　　然張天翼的作品往往存在著模式，即「小說前半部鋪陳小人物攀高踩低的醜態，在結尾劇情急轉直下，使主角前面的種種苦心付之一炬」，學者以為這種模式寫法若用於長篇小說則顯得力道不足，此其為創作之限制。